Oceanside Public Library
330 N. Coast Highway
Oceanside, CA 92054

D1178527

Comentarios y sugerencias:
editor@fce.com.mx

SECCIÓN DE OBRAS DE HISTORIA

FIDEICOMISO HISTORIA DE LAS AMÉRICAS
Serie Breves Historias de los Estados de la República Mexicana

Coordinada por
ALICIA HERNÁNDEZ CHÁVEZ
Coordinador adjunto
MANUEL MIÑO GRIJALVA

Breve historia de Hidalgo

SP
972.46
RUI

ROCÍO RUIZ DE LA BARRERA

BREVE HISTORIA
DE HIDALGO

EL COLEGIO DE MÉXICO
FIDEICOMISO HISTORIA DE LAS AMÉRICAS
FONDO DE CULTURA ECONÓMICA
MÉXICO

Oceanside Public Library
330 N. Coast Highway
Oceanside, CA 92054

Primera edición, 2000

3 1232 00816 9288

Se prohíbe la reproducción total o parcial·de esta obra
—incluido el diseño tipográfico y de portada—,
sea cual fuere el medio, electrónico o mecánico,
sin el consentimiento por escrito del editor.

D. R. © 2000, FIDEICOMISO HISTORIA DE LAS AMÉRICAS
D. R. © 2000, EL COLEGIO DE MÉXICO
Camino al Ajusco, 20; 10740 México, D. F.

D. R. © 2000, FONDO DE CULTURA ECONÓMICA
Carretera Picacho-Ajusco, 227; 14200 México, D. F.

ISBN 968-16-5976-7

Impreso en México

DEC 1 1 2007

PRESENTACIÓN

EL FIDEICOMISO HISTORIA DE LAS AMÉRICAS nace de la idea y la convicción de que la mayor comprensión de nuestra historia nos permitirá pensarnos como una comunidad plural de americanos y mexicanos, al mismo tiempo unidos y diferenciados. La obsesión por caracterizar la historia exclusivamente como nacional desdibuja el hecho de que la realidad de México es más compleja y pluridimensional y de que, por lo tanto, la dimensión regional es parte sustantiva de ella. El desarrollo histórico de cada una de las regiones mexicanas, desde su primer poblamiento hasta su plena configuración como estados soberanos en la República Mexicana, nos muestra hasta qué punto nuestro pasado y nuestro presente se han caracterizado por una convivencia plural en la comunidad nacional.

El Colegio de México promueve y encabeza este proyecto que, como los otros de esta colección, fue patrocinado por el gobierno federal. El estímulo de está serie nace de la idea de Luis González y del interés mostrado por Miguel de la Madrid H., director general del Fondo de Cultura Económica, quien hizo posible que se sumaran esfuerzos académicos e institucionales con el apoyo generoso de los gobiernos de cada entidad federativa. El Fideicomiso Historia de las Américas dio forma a esta idea y elaboró, con historiadores de distintas instituciones, las obras que hoy presentamos. Confiamos en que sean recibidas con interés por el público.

Al personal del Fondo de Cultura Económica debemos el excelente cuidado de nuestras publicaciones. En especial, mi reconocimiento a Lucía Guzmán de Malo y a Alejandro Ramírez Flores.

ALICIA HERNÁNDEZ CHÁVEZ
Presidenta
Fideicomiso Historia de las Américas

LLAMADA GENERAL

ESTA SERIE de Breves Historias de los Estados de la República Mexicana, que entregan a la opinión pública dos instituciones culturales de gran prestigio, obedece al próposito de dar a conocer la vida y milagros del México plural y desconocido, o si se quiere, de los múltiples estilos de vida que se juntan en una nación cinco centenaria, ahora de dos millones de kilómetros cuadrados y noventa millones de habitantes.

Como es del dominio común, constituyen al llamado México plural de fines del siglo XX: 32 unidades político-administrativas muy mentadas, 56 etnias indígenas que tienden a desaparecer, 200 regiones o cotos económicos y 2 400 comunidades que reciben los nombres de municipios, patrias chicas, terruños o matrias. Las etnias, generalmente pobres y al margen del desfile nacional, reciben la atención de antropólogos y demás científicos sociales. Las regiones rara vez se vuelven interesantes para los estudiosos de la vida económica. De los municipios se ocupan muchas veces cronistas improvisados y sentimentales y muy pocos historiadores con título. De los estados, hay numerosas monografías que suelen ser frutos de la impovisación, las prisas y los gustos políticos, que no del espíritu de objetividad y otras cositas.

Los volúmenes de la colección que aquí y ahora lanza el Fondo de Cultura Económica y El Colegio de México se proponen recoger historias profesionales, hechas con rigor científico y simpatía y escritas sin bilis y en el lenguaje de la tribu. El elenco de autores está formado por profesionales de la historia u otra ciencia social, oriundos y vecinos del estado que estudian y escritores de obras serias y legibles.

La doctora Alicia Hernández Chávez, al frente del elenco autoral, con sabiduría, gracia y cuchillito de palo, ha conseguido reunir una treintena de textos de dimensiones decentes, de alrededor de 200 páginas cada uno, bien documentados, que narran, definen y ubican los sucesos históricos de que se ocupan y que logran mantener despiertos y aun regocijados a sus lectores.

Es normal que la gran mayoría de las entidades políticas llamadas estados se ocupen de las llegadas y salidas de gobernadores, de golpes y pactos entre políticos, de disputas por el poder y acciones administrativas del gobierno estatal. En el caso presente se agregan a pensamientos y conductas políticas —no sólo para estar a la altura de los tiempos que corren— acaeceres ambientales, económicos y de cultura. En definitiva, se proponen historias que abarcan todos los aspectos de la vida: la globalidad de las sociedades investigadas.

Aquí se juntan historias de estados diferentes, hechas con el mismo patrón metodológico y dirigidas a todos los públicos locales. Se ha partido de la seguridad de que los pobladores de cada estado quieren saber las virtudes y las proezas de su entidad federativa y los vicios y desgracias de los estados vecinos. Se esperan lectores que ya han superado la etapa de la letra que se adquiere con sangre, que piden diversión en la lectura. También aspira a servir de buen modo a niños, adolescentes y jóvenes enclaustrados en escuelas, colegios y universidades.

LUIS GONZÁLEZ

PRÓLOGO

EL DEVENIR HISTÓRICO DEL ESPACIO que en la actualidad conocemos como estado de Hidalgo permite comprender la concentración de la actividad social, económica y política en la parte sur de la entidad y el rezago del resto del territorio; este último aún en nuestros días se mantiene, en mayor o menor medida, al margen de un proceso gradual y permanente que hace posible su adecuada y progresiva articulación entre la población, la explotación de sus recursos y los grandes movimientos sociales y políticos que tuvieron lugar desde la época prehispánica hasta los albores del siglo xx. Si bien esta situación se modificó a partir de la década de los años treinta —al iniciarse la paulatina incorporación de la entidad al proceso de construcción del México moderno—, su transformación aún no ha concluido, a pesar de infatigables esfuerzos.

Con un alto índice de población dispersa, la difícil atención a las necesidades básicas origina un alto grado de marginación y fuertes desajustes entre potencialidad y uso de recursos respecto de la localización de los asentamientos humanos. Puesto que este hecho, como otros que caracterizan a Hidalgo, no tuvo lugar de manera espontánea, el presente trabajo tiene como objetivo fundamental comprender el comportamiento histórico del espacio que nos ocupa en función de las variables que determinaron su evolución en el marco de la vida nacional. Se pretende mostrar, a grandes rasgos, el papel que desempeñó la conjugación de las variables que constituyen el gobierno, la sociedad y su cultura, la economía, la tecnología y los vínculos con el ámbito internacional, en diversos periodos y formas, a lo largo de la existencia de lo que hoy es el territorio hidalguense.

Desarrollar, aunque de manera breve, una historia general que pueda servir de punto de referencia ha requerido la consulta obligada de crónicas y estudios de la historia local, así como de obras con temas más amplios en los que se inserta, de manera parcial, información sobre Hidalgo. Pese a la amplitud de esta bibliografía, en la que destacan recientes aportaciones, existen periodos y regiones que no han sido investigados o que están en ese proceso. Aunque insalvables estas ausencias en el corto plazo, confío en que, con el tiempo, lograremos rescatar el pasado escondido bajo tierra hidalguense, rica en vestigios arqueológicos y en amplios y múltiples acervos documentales de archivos propios y foráneos.

Aprovechar de manera adecuada las fuentes consultadas requirió necesariamente la búsqueda de un equilibrio entre la vasta información sobre algunos temas y periodos y la escasa y limitada sobre otros. En lo tocante a la época prehispánica, se estudia el paso del hombre desde tiempos remotos y el establecimiento de variados grupos sociales, hasta quedar, en buena medida, bajo el control de los mexicas, con lo que el espacio hidalguense (a excepción del noroeste, considerado, con las reservas del caso, parte de la frontera chichimeca) pasó a formar parte del ámbito político-territorial que respaldaba la Triple Alianza. En cuanto a la Colonia, resalta el surgimiento y desarrollo de actividades económicas con formas de explotación extensiva que se convirtieron en tradicionales, a la par que se devastaban núcleos indígenas en proceso de evangelización: hechos determinantes que influyeron en la división política del territorio, arraigada hasta nuestros días. A partir de la consumación de la lucha por la Independencia, transcurre un siglo de turbulencias, en medio del cual se gesta el futuro del estado, para finalmente iniciar el impulso hacia un progreso que ha resultado por demás heterogéneo hacia el final de este milenio.

A lo largo de cuatro capítulos en que se abordan estas etapas, si bien se hace una revisión de los acontecimientos, se busca darles el significado que han tenido en la conformación de lo que hoy es el estado. Lograr este objetivo significó enfrentarse a diferentes problemas metodológicos, en tanto que se trataba de estudiar un espacio integrado por distintas regiones geográficas y culturales durante el prolongado periodo que comprende desde la época prehispánica hasta los últimos años del siglo xx. Ante el riesgo de incurrir en análisis particulares, como sucede cuando se trata de escribir una historia general, se privilegiaron elementos unificadores que dan una explicación de conjunto, mientras se sacrificaron otros de carácter local, tanto por su acontecer como por sus consecuencias de mediano y largo plazo. Asimismo, para facilitar esta visión global, la presentación de los apartados se definió en un sentido más bien temático —de manera especial en la segunda parte—, aun cuando se atiende un orden cronológico. Finalmente, en el marco del gran esfuerzo de síntesis que significa este trabajo, con el propósito de exponer el devenir histórico del estado en términos de su formación económico-social, se recurrió a la minería como hilo conductor entre la Colonia y las primeras décadas del presente siglo, debido a su preponderancia en el impulso de la economía regional.

Concluyo este preámbulo con mi agradecimiento a la doctora Alicia Hernández Chávez, por la confianza depositada al invitarme a formar parte de un magnífico equipo de académicos involucrados en este proyecto de historias regionales, así como por su prolongada paciencia para ver concluida la del estado de Hidalgo. En el entusiasta y constante rescate del pasado hidalguense, agradezco de manera particular a mis colegas sus atinados comentarios: a Oswaldo Sterpone, a José Vergara Vergara y, especialmente, a Verónica Kugel, por el detenido análisis del texto y la acertada orientación sobre inquietudes específicas; y a Miriam Ita, quien, desde otra perspectiva, me orientó con sugerencias.

Confío en que, a más de 130 años de la fundación del estado de Hidalgo (1869-1999), esta breve historia sea una aportación tanto para el versado en la historia de la entidad, por su visión de conjunto, como para el lector que la desconoce, al descubrirle un nuevo panorama.

Rocío Ruiz de la Barrera

Tulancingo de Bravo, Hidalgo,
Universidad Tecnológica de Tulancingo,
diciembre de 1998

I. NUESTRO ESTADO: LOS CONTRASTES GEOGRÁFICOS DE UN ESPACIO EN COMÚN

EL ESTADO QUE SE UFANA de haber sido designado con el nombre del Padre de la Patria es una superficie sumamente accidentada de 20 664 km² (equivalente a 1% del territorio nacional), situada al oriente de la zona central del país, entre los límites de seis entidades: San Luis Potosí, al norte; Veracruz y Puebla, al oriente; Tlaxcala y México, al sur; y Querétaro, al poniente.

Si bien el medio natural se ha modificado desde la prehistoria a la fecha, a causa de efectos naturales o de la intervención humana, aún prevalecen los rasgos fundamentales de la configuración geográfica de su territorio.

Las particularidades de relieves, cuencas y suelos, en estrecha correspondencia con el clima, y su interrelación, han determinado diversos ámbitos naturales. A su vez, éstos fueron decisivos en el desarrollo del hombre, al facilitarle distintos tipos de recursos disponibles para subsistir —de manera esporádica o permanente—. Es decir, existe congruencia entre espacios físicos, entendidos como escenarios de grupos sociales, y acontecimientos, en términos de procesos económicos, políticos y sociales. En el periodo del México prehispánico al colonial, y de éste al desarrollo del sistema capitalista, en el marco de un Estado-nación independiente, la articulación de esos hechos permitió la integración y el crecimiento de áreas que en un inicio estaban aisladas, además vínculos más o menos estrechos entre ellas.

En los albores de la vida independiente, el actual territorio hidalguense era la porción que prácticamente, fuera de la cuenca hidrográfica, conformaba el norte del antiguo Estado de México. Décadas después, en 1869, se constituyó en la entidad federativa que hoy conocemos, con la aspiración de convertirse en un todo compacto, homogéneo, con intereses comunes y medios uniformes para conseguir prosperidad. Desde entonces Hidalgo ha caminado hacia ese objetivo, entre las sacudidas que significaron la transición de la administración de Benito Juárez a la de Porfirio Díaz, y de ésta a los gobiernos revolucionarios. Finalmente, a partir de la época contemporánea se han reforzado acciones tendientes a lograr el desarrollo del estado, no obstante la acentuada disparidad de las distintas regiones geográficas que lo conforman.

Aunque esta heterogeneidad obedece a distintas causas, tiene como origen la accidentada orografía que caracteriza el territorio hidalguense —resultado de convulsiones del planeta hace millones de años—, que da lugar a espacios contrastantes (véanse mapas 1 y 2). La cálida Huasteca, al noreste de la entidad (perteneciente a la cuenca del bajo Pánuco, en lo que aún es parte de la planicie costera del Golfo de México), se caracteriza por lomeríos de poca altura, selvas con flora tropical, extensos pastizales y campos propios para cultivos de tierra caliente, drenados por ríos jóvenes que bajan por cañadas y barrancos.

Por el oriente, prominentes y escarpadas cumbres de rocas sedimentarias, generalmente carbonatadas, dan lugar a la imponente Sierra Madre Oriental. Esta cadena montañosa, al internarse en la parte central del estado, de oriente a noroeste, da lugar a la abrupta morfología del suelo, que recibe distintas denominaciones: Sierra Alta, entre Molango y Zacualtipán, caracterizada por cumbres elevadas y abruptas con peñascos erizados; Sierra Baja, en el entorno de Metztitlán, con profundos acantilados; Sierra de Tenango, no tan escarpada y con menos abismos que las anteriores, y Sierra Gorda, entre Jacala y Zimapán, ya en el occidente, con notables barrancas.

Hacia el centro-sureste, entre los montes de esa barrera fisiográfica, se forma una depresión que da lugar a la estepa conformada por el fértil Valle de Tulancingo, que es regado por el río del mismo nombre (el cual nace en los montes de Ahuazotepec, en la frontera con el estado de Puebla); la limitada planicie de Atotonilco el Grande (por donde dicho afluente se prolonga) y la vega de Metztitlán (donde el río adquiere esta denominación), para continuar y unirse con el Amajac (cauce que se origina en los escurrimientos del costado noroeste de la serranía) al norte de Pachuca, capital del estado.

Por otra parte, la Sierra Madre Oriental determina no sólo la conformación de la superficie, sino también las condiciones climáticas. En el área noreste de la entidad, a lo largo de la serranía, la temperatura es templada y el suelo se encuentra permanentemente húmedo, gracias a los vientos procedentes del Golfo, que propician la descarga de las nubes cuando tropiezan con sus ya muy devastadas laderas de encino, pino y oyamel. En contraste, las condiciones son totalmente opuestas en el flanco contrario de las cumbres y, por ende, en el área suroeste de la entidad.

La misma sierra constituye una muralla natural que, al impedir el paso de dichas ráfagas, limita el nivel de precipitación pluvial y, en consecuencia, la concentración de humedad. Este fenómeno, sumado a la porosidad del suelo, explica en parte la naturaleza semidesértica del Valle del Mezquital (denominado así desde mediados del siglo XVIII por sus formaciones xerófilas, entre las que destaca el mezquite). Aunque con algunas excepciones, la aridez es particularmente acentuada en el oriente de esa región geográfica (Actopan e Ixmiquilpan), por estar a la sombra inmediata de la serranía.

Menos deshidratada es la porción restante, debido a que la ausencia de cadenas montañosas en el norte permite la caída de un poco de lluvia hacia el sudoeste, en torno a Chapantongo. Este espacio corresponde al Eje Neovolcánico, dominio litológico más reciente que el de la sierra, a la cual se superpone al atravesar la parte sur del estado. Su topografía es menos intrincada que la anterior, pues se caracteriza por macizos de cerros boludos, mesetas y afloramientos montañosos aislados en forma de conos volcánicos. La composición del suelo, a lo largo de esta franja (lavas porosas, escorias y tobas), propicia su permeabilidad, con la consecuente filtración de aguas superficiales que limitan la acumulación de humedad y la formación de cuerpos sustantivos de agua. Y si bien esta característica da lugar a la formación de mantos freáticos, en función de la precipitación pluvial, éstos quedan más o menos distantes de la superficie, dependiendo del grosor de los estratos residuales.

Así, esta franja comprende el suroeste del Valle del Mezquital, cuya aridez también obedece al acentuado espesor de material residual que coexiste en ambos dominios litológicos. Esta área se refresca gracias a la cuenca del Río Tula (procedente del Estado de México), que riega los terrenos de aluvión, por los cuales fluye en dirección hacia Ixmiquilpan, donde converge con el Río Actopan, para luego correr hacia el occidente y, más tarde, enriquecer su caudal con la vertiente del Río Alfajayucan. Su recorrido continúa hasta confluir con el Río San Juan, al cual ya se han sumado los afluentes menores que irrigan Huichapan, para dar origen al Moctezuma, que se prolonga bordeando la frontera noroeste de la entidad y recibe, ya al norte del estado, el desagüe del Amajac, al salir éste de suelo hidalguense.

En el sureste esta provincia fisiográfica está conformada por la serranía que corre entre Pachuca y Singuilucan, después de haber bordeado la planicie que va de Pachuca a Tizayuca (única población del territorio hidalguense que constituye parte de la Cuenca del Valle de México), para, por fin, dejar frente a sí la extensa y salobre llanura de Apan, característica que también responde, aunque en menor proporción, al material residual sobre la que se encuentra.

Con el transcurrir del tiempo, medido en siglos, estos distintos ámbitos geográficos dejaron poco a poco de ser espacios totalmente desarticulados entre sí para integrar, dentro de una estructura político-territorial, un conjunto de regiones geográficas interrelacionadas en torno a realidades comunes. Este proceso, en el que han participado desde grupos humanos que formaron parte de distintas civilizaciones precolombinas hasta los integrantes del pueblo hidalguense en la época contemporánea, distribuidos en 84 municipios, es el que se describe a lo largo de las páginas siguientes.

Si bien es cierto que estos protagonistas sumaron esfuerzos para cimentar las bases de una comunión de intereses, también lo es que a quienes formamos parte del Hidalgo moderno nos corresponde su consolidación.

De cara al siglo XXI, frente a nuevos retos, con tecnologías innovadoras y la transición política que se vive, quizá los tiempos se aceleren para dejar atrás la simple unificación de espacios geográficos diversos en torno a un devenir común y pasar a una estrecha compatibilidad armoniosamente estructurada, que facilite el desarrollo homogéneo de la entidad, en respuesta al anhelo de quienes impulsaron su creación.

PRIMERA PARTE

TESTIMONIOS DE UN PASADO LEJANO

II. NUESTRAS RAÍCES PREHISPÁNICAS

L A RIQUEZA DEL PASADO PREHISPÁNICO es notoria a simple vista en múltiples casos, pues en el territorio existen múltiples sitios arqueológicos, pinturas rupestres (excepto en la Huasteca, que carece de formaciones rocosas aflorantes) y vestigios de unidades con centros cívico-religiosos, pueblos y aldeas de variadas extensiones que denotan el quehacer humano desde tempranas épocas. Sin embargo, la historia precolombina del territorio hidalguense aún está en proceso de investigación. A los estudios que actualmente se realizan para rescatar este pasado se suman, por una parte, los de quienes se ocupan minuciosamente de analizar los asentamientos o aspectos particulares de alguna civilización en periodos más o menos extensos en dimensiones espaciales restringidas, o como parte de un área de influencia más amplia, incluso fuera de los límites de la entidad; por otra, están las síntesis históricas contenidas en obras de referencia y capítulos introductorios de trabajos que abordàn temas específicos. En esta oportunidad se presenta, aunque breve, una visión general (con un pretendido equilibrio entre la abundancia de información sobre algunos sitios y la insuficiencia de otros) de los procesos mediante los cuales la mayor parte del actual estado de Hidalgo quedó comprendido dentro de un mismo marco político territorial en el último siglo de la época prehispánica.

La presencia más temprana de seres humanos en algunos sitios del estado —aunque de manera discontinua, según algunos indicios— tuvo lugar, aproximadamente, 11 000 años atrás. Entre los primeros pobladores destacan los de carácter nómada, con una economía orientada hacia la explotación de recursos vegetales y animales en distintas regiones (de acuerdo con la estación del año y dependiendo de la abundancia, podían permanecer días o semanas, pues agotado el recurso se trasladaban a otras áreas). En el centro nuclear del Valle del Mezquital su presencia se relacionó, muy probablemente, con la megafauna (mastodontes y mamutes) existente en lo que en la actualidad son los arenales del área Ixmiquilpan-Actopan, y en particular con los depósitos de sílex de la misma zona, los que aprovechaban para manufacturar puntas acanaladas que sirvieran como proyectiles. Asimismo, otro de los sitios más antiguos donde hubo ocupación humana fue el fecundo Valle de Tulancingo, conforme a los hallazgos de una punta de flecha y un hacha de mano en la Cueva del Tecolote.

En un contexto distinto, en medio de los desbordamientos del Río Tulancingo, los seres humanos encontraron la oportunidad para acopiar, de suelos y encharcamientos, la abundante flora y fauna del lugar. Por otra parte, la Sierra de las Navajas, situada a unos cuatro kilómetros al oriente de la de Pachuca, también fue un lugar estratégico adonde llegó el ser humano entre los años 8000 y 6000 a.C. Ahí su objetivo fue explotar, tal vez recolectado, los filones de una inconfundible y única obsidiana verde dorada (véase mapa 3). Su interrelación con este espacio muestra cómo, ya desde entonces, dicho vidrio volcánico era clave en la manufactura de puntas de proyectil (en tanto era susceptible de una talla más homogénea que permitía hojas con mayor filo). La asociación de este material con mamutes fósiles en Santa Isabel Iztapan, Estado de México, denota su trascendencia, al referir un desplazamiento, tal vez cíclico, de grupos nómadas entre ambos puntos. De igual manera, hallazgos en otros sitios, relacionados con artefactos toscamente tallados en material pétreo, permiten considerar que el área que hoy ocupa Hidalgo fue alternativamente territorio de paso y asiento de grupos en tránsito.

En el transcurrir de un largo periodo, los migrantes del Altiplano Central aprendieron a mejorar las técnicas de talla y, en consecuencia, ampliaron el tipo de instrumentos de punción y corte; transformaron fibra vegetal en canastas y lazos para trampas; piedras, en muelas y morteros; arcilla, en piezas de cerámica, y a manipular genéticamente especies vegetales y animales. Los hábitos nómadas se transformaron al crecer la población y perder por ende espacios para la explotación tradicional de recursos. Conforme se intensificó la manipulación genética, dejaron una amplia y variada dieta para ser dependientes de una alimentación basada en buena medida en el maíz, cuyo cultivo dio paso al inicio de la vida sedentaria.

A partir de entonces se generó un sentido de propiedad territorial respecto de las zonas de asentamiento, y surgió la necesidad de interactuar con otras para intercambiar productos naturales o elaborados.

Expresado de manera tan sintética pareciera que estos episodios ocurrieron de manera natural y simultánea, pero no fue así. Alrededor de unos cuatro a dos siglos antes de Cristo, al parecer grupos provenientes de la Cuenca de México y del Bajío se asentaron temporalmente en algunos sitios de Actopan, Cardonal, Chapantongo, Huichapan y Tecozautla. En contraste, al norte de dicha cuenca ya despuntaban pequeñas aldeas dispersas en los espacios que comprenden los actuales municipios de Epazoyucan y Tizayuca.

El legado de la cultura teotihuacana

El significado que adquirió Teotihuacan durante los primeros siglos de nuestra era fue de una inusitada civilización en la que interactuaban la ritualidad de su centro religioso, la dimensión y estratificación de una gran sociedad urbana —integrada aproximadamente por unos 100 000 habitantes y organizada en clases sociales y grupos profesionales—, la compleja economía que requería del excedente de producción de pueblos cercanos y distantes para satisfacer necesidades de consumo, y la expansión territorial del estado, con la consecuente ampliación de poder mediante la conquista militar, el sometimiento o la persuasión sobre los beneficios del intercambio comercial.

Entre los lugares que formaban parte de la órbita política y económica del estado teotihuacano a partir del siglo III de nuestra era, estaban los que se localizan en Hidalgo. Su presencia se extendió por el área central y occidental del Valle del Mezquital, particularmente en las inmediaciones de Chapantongo y Huichapan, donde la unidad de asentamiento se vinculó a los manantiales del lugar; y en el sur, en el entorno próximo a Tula, donde destaca la zona arqueológica de Chingú (véase mapa 4). Se trata de sitios generalmente ubicados en lomas y tierras bajas asociadas al valle aluvial y a los extensos yacimientos calizos de la región, de donde obtenían la materia prima para el material de construcción.

Estos asentamientos seguían las pautas urbanas de la zona metropolitana. El edificio central quedaba enmarcado en una plaza y delimitado por otros de menor altura. Asimismo, había conjuntos departamentales unificados, cerrados, que rodeaban patios y cuya distribución indicaba una diferencia económica y social de la población, pues la gente común habitaba en la periferia, en pequeñas unidades habitacionales.

Sus pobladores interactuaban en esos lugares con grupos humanos procedentes del Bajío y del occidente de México. Sin embargo, es notable, igual que en la sede del imperio, la presencia de extranjeros venidos del Valle Central de Oaxaca, sugerida especialmente por las tumbas al estilo de Monte Albán, distintas a las de la cultura teotihuacana, que acostumbraba incinerar a sus muertos o enterrarlos en fosas.

En lo que respecta al sureste de la entidad (véase mapa 4), el amplio radio de acción de la civilización teotihuacana llegaba a Tepeapulco, núcleo asentado al pie del cerro del Jihuingo en el que destacaba una plaza central y un templo piramidal de tres cuerpos, y al valle de Tulancingo, incluida la planicie de Atotonilco el Grande. Huapalcalco, en particular, es un claro ejemplo de su influencia, plasmada en la edificación y decoración del centro ceremonial (como lo muestran los murales de los patios aledaños a la pirámide central y la última superposición de esa estructura, sucesivamente reedificada).

En este caso, la presencia teotihuacana cumplía con una

doble finalidad. Por una parte, ocupar la ubicación estratégica de Tulancingo, punto natural de tránsito entre las costas del Golfo de México y el Altiplano, presumiblemente importante en la red de intercambio que involucraba a diversos grupos a partir del control que ejercía Teotihuacan sobre la producción y distribución de objetos y productos naturales. Entre estos últimos destaca la obsidiana verde dorada, segunda razón para controlar esa área, ya que al poniente de Tulancingo se localizan los yacimientos de Sierra de las Navajas. La obsidiana constituyó de manera preponderante la base de la lítica tallada del imperio, a partir de un sistema de extracción superficial y a cielo abierto, una producción especializada a gran escala y una distribución masiva y regular sobre grandes áreas, que requería de instituciones vinculadas con la existencia del estado. Los fragmentos de este material han contribuido a señalar un complejo patrón de interacción entre el control de materias primas y el crecimiento del comercio, y entre estos aspectos y el ejercicio del poder político de Teotihuacan durante su expansión.

Asimismo, cabe destacar que nuevos estudios en el área de Epazoyucan y Zempoala han puesto al descubierto un sistema de asentamientos teotihuacanos. Hasta el momento se han identificado dos localidades con asentamientos tan grandes y complejos como los de Huapalcalco.

Con el desmoronamiento y el subsecuente colapso de Teotihuacan (ante una crisis socioeconómica propia y respecto de los sujetos tributarios) como centro geopolítico y económico que conformó la civilización indígena del Altiplano Central, se debilitaron los núcleos de población, como consecuencia también de la ruptura de los vínculos con la metrópoli. Por lo tanto, en medio de una inestabilidad política y económica, se modificó el patrón de distribución de estos asentamientos, aparentemente autónomos. Algunos contiuaron la ocupación y civilización teotihuacana, otros generaron elementos culturales diferentes a partir de la transformación radical de las tradiciones precedentes; a estos elementos se sumaron los de nuevos grupos étnicos provenientes de otras regiones. Es posible que algunos de esos grupos fueran de la misma civilización teotihuacana, que habían emigrado a tierras norteñas con la finalidad de establecerse, pero sin lograrlo, debido al retraimiento de la frontera norte, por lo que regresaban 'al espacio ocupado por sus ancestros.

LOS TOLTECAS Y SU EXPANSIÓN IMPERIAL

En esta fase de migración hubo grupos con tradiciones culturales diferentes que desempeñaron un papel preponderante en la región sudoccidental de Hidalgo para contribuir, en el largo plazo, a la conformación de un nuevo centro geopolítico: Tula. Se trata de los pueblos ñähñu (denominado otomí en lengua náhuatl) y coyotlatelco, que llegaron durante el siglo VII, unos 250 años antes que los tolteca-chichimecas. Los ñähñus, según unas fuentes, llegaron al Altiplano procedentes de una parte del litoral del Golfo de México, al parecer desde la desembocadura del Río Coatzacoalcos, un poco más al norte que los olmecas. Una vez en la meseta, perfeccionaron su civilización, entonces esencialmente nómada, en contacto con los pinome-chocho-popolocas de la región de Tlaxcala, desde donde continuaron su camino para establecerse en el valle de Tula. Uno de sus emplazamientos fue un pequeño pueblo llamado Mamemhi o Mameni, nombre con el que hasta la fecha los ñähñus de esa región designan a la ciudad de Tula.

La cultura coyotlatelca es una de las menos estudiadas del Altiplano Central. A la fecha no hay un acuerdo general sobre su origen, pero existen dos teorías al respecto. Una plantea que se constituyó cerca de la Cuenca de México y era sólo una transformación de la teotihuacana, y otra propone que múltiples elementos de esta tradición tienen su origen en regiones de la Sierra Madre Occidental situadas entre Jalisco y Zacatecas, y tal vez del Bajío. De haber sido así, se considera que entraron por el occidente del actual Valle del Mezquital, para poblarlo de norte a sur, alrededor del año 650. Esta corriente migratoria empezó a establecerse en posiciones de defensa estratégica sobre sitios escarpados en la región Huichapan-Tecozautla, donde ocuparon, de manera permanente y semipermanente, cuevas y abrigos rocosos. Continuaron hacia Tula, donde su asentamiento coincidió con la última fase de la civilización teotihuacana.

Puesto que las tierras bajas estaban ocupadas, y tal vez porque existían condiciones de inestabilidad política a las que fueron vulnerables, se establecieron en sitios que antes no habían sido ocupados, aun cuando el difícil acceso a distintos recursos naturales no facilitaran las condiciones de vida. Es decir, igual que en la parte noroccidental del Mezquital, se situaron en elevaciones rodeadas de acantilados, sin relación directa con tierras irrigadas, e incluso distantes de fuentes de agua.

Tras el abandono de la ocupación teotihuacana, entre los siglos VIII y IX, los coyotlatelcos trasladaron sus lugares de asentamiento inicial a lomas y tierras bajas, entre las que destaca Tula.

A diferencia de los aspectos característicos de la época teotihuacana, en términos generales los asentamientos coyotlatelcos, con una tradición cultural común pero con variaciones locales o temporales en términos de su inmigración a la zona, constituían aparentemente una serie de entidades autónomas. Sin embargo, algunos indicios recientemente localizados en Epazoyucan y Tenango permiten inferir que mantenían relaciones de intercambio de larga distancia y que contaban con un sistema político organizado. Por otra parte, cabe señalar que, si bien se interrumpieron los canales teotihuacanos para la distribución comercial de la obsidiana y los artefactos con ella manufacturados, hubo sitios como el de Epazoyucan donde se mantuvo el uso de instrumentos de este material. En cambio, en unidades coyotlatelcas ubicadas en torno a Tula se generó una industria alternativa a partir de la tosca manufactura basada en la talla de materias primas locales de mala calidad, como la riolita y el basalto (posiblemente recolectados en forma de guijarros ovoidales transportados por los ríos próximos).

Por otra parte, entre los siglos IX y X llegaron los nonoalcas, quienes poseían una tradición mesoamericana más definida. Este pueblo, probablemente desprendido de los pipiles (de la línea de los teotihuacanos que vivían en Cholula) y expulsado por los olmeca-xicalancas entre 750 y 800, había peregrinado hacia el sur para luego regresar por Huejutla y Tulancingo hasta llegar a Tula.

Las unidades coyotlatelcas se ubicaron en torno a un pequeño centro urbano, asentado en lo que hoy es el sitio arqueológico denominado Tula Chico; los grupos ñähñus se distribuyeron en pequeños asentamientos, como el que en esta lengua significa Tula; y los nonoalcas contribuyeron, de manera paralela, a formar la cuna de lo que sería la civilización tolteca, misma que ha destacado en dos aspectos: el arqueológico, pues los toltecas hicieron innovaciones en los espacios interiores: eran amplios y sostenidos por columnas, con una decoración espectacular en términos de colores y grabados en piedra, aunque la modestia del material (adobe y tierra) limita su esplendor; y el histórico, en tanto simboliza directa y efectivamente a la cultura tolteca. Fue una civilización basada en una población pluriétnica, con los tolteca-chichimecas a la cabeza, como primer grupo de filiación náhuatl, que contaba con una organización social compleja y estratificada que constituyó un centro dominante de poder, aunque sólo fuera durante poco más de dos siglos, a partir de la conjugación de dos aspectos fundamentales. Uno de éstos fue el logro de una vida sedentaria en una zona de agricultura marginal, pero cuya base agrícola se amplió y enriqueció gracias a la construcción de estratégicas obras de regadío a lo largo del Río Tula y de dos afluentes menores, el Rosas y el Salado, al occidente y oriente, respectivamente. Otro aspecto fundamental fue el control de un mayor territorio, a partir de una política expansionista marcadamente militar y una dominación tributaria directa basada en un sistema de su propia creación.

La civilización tolteca se conformaría como tal después del asentamiento definitivo en Tula de los tolteca-chichimecas, pueblo de ascendencia chichimeca (cazador-recolector) pero con un desarrollo social más cohesionado y una subsistencia basada en cultivos. Este grupo, procedente del norte de Jalisco y el sur de Zacatecas, bajo el mando de Mixcóatl, se apoderó de varias secciones de los valles centrales a principios del siglo x. Una de ellas se ubicó entre Tula y Jilotepec, donde se mezclaron con la población local, dando lugar así a las raíces étnicas de la cultura tolteca, en tanto la expansión continuó hacia lo que hoy es el estado de Morelos. A la muerte del caudillo, Ihuitímatl despojó del trono al hijo de aquél, Ce Ácatl Topiltzin, el legítimo heredero. Durante su destierro vivió en Xochicalco, donde adoptó el culto y nombre de Quetzalcóatl, convirtiéndose en sumo sacerdote. Finalmente, tras derrotar al usurpador, ocupó la sede del poder que le correspondía cuando su pueblo se hallaba establecido en el Colhuacan, al pie del Cerro de la Estrella. Desde ese lugar decidió trasladar la capital hacia el norte de la zona lacustre. Primero se asentaron temporalmente en el valle de Tulancingo (Tollantzinco, el lugar de la pequeña Tula), en Huapalcalco, donde Quetzalcóatl llegó a construir un *Uapalcalli* (casa de tablas verdes, por dar la impresión de ser una casa construida de troncos sobre una pirámide), su casa de ayuno. A pesar de la fertilidad del lugar, decidieron trasladarse a Tula (Tollan-Xicocotitlan, lugar de los tules junto al Xicócotl, Cerro Jicuco), que, no obstante ser un terreno de agricultura marginal, parecía ofrecer como principal ventaja el control de la cuenca lacustre y del actual Valle del Mezquital, por estar situado, precisamente, en el límite entre ambos espacios.

La conformación de esta nueva civilización se caracterizó por haber sido resultado de una fusión cultural de distintos grupos (con origen, lengua y costumbres diferentes). Unos procedentes de sitios ajenos al Altiplano y otros ya asentados en ese espacio recogieron la influencia teotihuacana. Fue esta población la que se estableció en el área inmediata de dominio, donde vivían aproximadamente 60 000 habitantes. Unos 32 000 se localizaban en un núcleo urbano de alrededor de 16 km^2, caracterizado por edificaciones que formaban grupos habitacionales que se disponían alrededor de un patio. Los demás pobladores, en su mayoría campesinos, se encontraban dispersos en aldeas pequeñas o medianas ubicadas en los valles ribereños y en las lomas cercanas.

El estado tolteca incorporó poblaciones de la cuenca lacustre, como Colhuacan y Jaltocan, a la vez que se extendió hacia el Valle del Mezquital. A partir del año 950, mientras los coyotlatelcos abandonaron gradualmente sus núcleos en sitios distintos, densamente poblados, los toltecas crearon otros nuevos a los que se integraron los coyotlatelcos y el grupo ñähñu. Estos sitios eran pocos, dispersos y con construcciones de terrazas en el somontano bajo de algunos cerros, en estrecha correspondencia con la disponibilidad de recursos básicos: los manantiales en el área de Huichapan-Tecozautla, los bancos de arcilla de la zona de Chapantongo, los yacimientos de sílex en Ixmiquilpan-Actopan, el acceso a la zona de barrancas y las fértiles tierras del valle de Actopan.

Por lo que se refiere a la expansión imperial, ésta descansaba en un sistema tributario organizado en cuatro secciones, cada una de las cuales quedaba sujeta a una cabecera que, a su vez, dependía del centro, en el sentido literal de la palabra, con sede en Tula. Hacia el oeste estaba lo que ahora es San Isidro Culiacán, en el Bajío, y otra cabecera que no ha sido identificada; en la parte meridional, en el actual Estado de México, estaba Tenango del Valle, y en el oriente, Tulancingo, desde donde debió emanar la influencia tolteca en un amplio radio de acción, que incluía Tizayuca (donde existen vestigios de una urbe tolteca) y Tolcayuca (donde también hay evidencias de esa cultura). A diferencia de la hegemonía político-comercial ejercida por el imperio teotihuacano, ninguno de esos ejes controlaba los valles poblano-tlaxcaltecas, quizá debido al firme asentamiento de los olmeca-xicalancas en esa zona. Con las excepciones citadas, los toltecas siguieron algunas vías de expansión y comercio similares a las desarrolladas desde tiempos antiguos, con el objetivo de controlar las rutas de materias primas estratégicas, por ejemplo las del entorno cercano, como la cal de los yacimientos inmediatos, el ixtle de las llanuras aledañas y la obsidiana de la Sierra de las Navajas —explotada esta última de manera sistemática nuevamente para que, previa selección y reducción inicial de los bloques, se transportaran a Tula, una de las áreas con talleres de producción especializada de instrumentos de obsidiana más extensa en Mesoamérica—, hasta productos clave de las distantes costas del Golfo, como plumas y pieles preciosas, hule y algodón, a pesar del obstáculo que significaron los olmeca-xicalancas en el control del trayecto más corto. Por ello, los toltecas tenían acceso al corredor Veracruz-Tabasco y de ahí al sur hasta Yucatán, a través del camino más largo: Tulancingo, Acaxochitlán, Huauchinango y la Huasteca.

Indiscutiblemente, el predominio tolteca sobre esta última región resultaba estratégico para los fines expansionistas del estado. En consecuencia, estaba sujeta al sistema impositivo, aunque no era el único tipo de contacto. Al parecer existía una presencia de los huastecos en la vida de Tula, sin que ello significara una migración. Ambas circunstancias debieron influir para que los huastecos fueran dependientes directos de Tula y no de Tulancingo, que era la cabecera más próxima (véase mapa 4). Pero, ¿quiénes eran esos tributarios? Eran un pueblo que enfrentaba el ambiente natural que caracteriza a la Huasteca, aprovechando, de manera extensiva, las tierras cultivables y los recursos del lugar. Por lo tanto, se establecían en sitios cercanos a fuentes de agua en valles y mesetas donde, en ausencia de materiales pétreos, edificaban sus construcciones sobre plataformas circulares de arcilla. Por esta razón, existía un número considerable de pequeños asentamientos (no mayores de 100 unidades habitacionales, que albergaban familias nucleares). Esta dispersión geográfica propiciaba que cada entidad fuera políticamente independiente. Cada una era gobernada por un señor que en apariencia no guardaba ningún compromiso político o económico con las demás, sin ninguna posibilidad de que su desarrollo tendiera hacia la formación de un estado. Con este patrón demográfico y político, los huastecos (cuyas raíces habían dejado siglos atrás en Campeche y Tabasco), procedentes de la actual área fronteriza entre Veracruz y Tamaulipas, arribaron a la zona nororiental de Hidalgo a partir del año 900.

La hegemonía tolteca ejercida sobre esa región y la que recaía en las demás cabeceras se empezó a debilitar cuando Ce

Ácatl Topiltzin Quetzalcóatl, después de haber gobernado sabiamente hasta finales del siglo x, enfrentó conflictos internos expresados en una rivalidad entre los tolteca-chichimecas seguidores de Quetzalcóatl y los nonoalcas, partidarios de Tezcatlipoca, que, al parecer de manera permanente, buscaron dominar a los primeros. Víctima de sus adversarios, después de ser depuesto abandonó la ciudad para dejar el poder a Huemac, ascendiente de una nueva dinastía. A su vez, después de 60 años de gobierno, ambos grupos se rebelaron en contra de este último, por lo que, al igual que su antecesor, también tuvo que abandonar Tula. Esta decadencia acabó en el colapso de Tula entre 1150 y 1200, que significó el abandono del centro ceremonial, pero no del área.

ÑÄHÑUS Y NAHUAS: BASE DEL IMPERIO TENOCHCA Y DE LOS SEÑORÍOS INDEPENDIENTES

El desmoronamiento del centro ceremonial de Tula coincidió con la penetración, en distintos momentos, de migraciones chichimecas procedentes del norte, las cuales pudieron haber influido en la caída de este imperio, ya que es probable que hayan desequilibrado la relación demanda-oferta de alimentos enmedio de una sequía, situación que incluso pudo propiciar enfrentamientos. Sin mayor resistencia después de la disgregación del pueblo tolteca, la entrada al Altiplano quedó completamente libre. Quizá como lo hicieron otros grupos nómadas antes que ellos, los chichimecas se instalaban de manera eventual en refugios situados en lugares de difícil acceso, con una visión panorámica de la zona y próximos a veneros de agua, en un entorno potencial para la caza y la recolección. Estas escenas o las de ritos, que involucraban alguna deidad animal o celeste, las representaban en acantilados, peñascos, abrigos rocosos y cuevas, mediante trazos esquemáticos o complejos de figuras humanas, zoomorfas y geométricas (véase mapa 5).

La mezcla de estas hordas con la población remanente del

imperio tolteca y la de las diversas localidades del Altiplano propiciaría una diversidad étnica y cultural que tendería hacia un mestizaje y un proceso de sedentarización. Es el caso de las tribus comandadas por Xólotl, de ascendencia pame (idioma de la familia otomiana); su coexistencia con el grupo acolhua, de estirpe nahua, influyó para superar su precaria organización social y propiciar una interrelación en beneficio mutuo, que dio lugar al señorío del Acolhuacan, cuya sede inicial fue Coatlichan, para luego trasladarse a Texcoco, ligeramente hacia el norte, en la parte oriental del valle.

También penetraron pueblos de ascendencia chichimeca, pero con un desarrollo social más cohesionado y una subsistencia basada en cultivos, como el mexica o el acolhua, de filiación nahua. Éste fue el último grupo importante que se estableció temporalmente en Tula para continuar su camino, instalándose en distintos sitios hasta asentarse, por último, en Tenochtitlan.

Forzados por estas invasiones, los ñähñus conformaron un señorío independiente con cabecera en Jilotepec, a corta distancia de Tula, hacia el suroeste, el cual incluía, en lo que actualmente es Hidalgo, a Huichapan, San José Atlán (en Huichapan), Santiago Tlautla (en Tepeji del Río), Tecozautla y Zimapán. Posteriormente, a partir del núcleo de este asentamiento, se realizaron movimientos migratorios hacia Zumpango. Cuando los mexicas atravesaron el norte de la cuenca, en el siglo XIII, ya se encontraba establecida la sede un nuevo gran estado ñähñu en Jaltocan, el cual se extendía al oriente de la frontera de Jilotepec, límite que significaba la independencia de ambas jurisdicciones, en términos de alianza, entre pueblos hermanos. En contraste, ambos señoríos tenían un enemigo común: el imperio tepaneca (de Azcapotzalco, del cual formaban parte los mexicas, con funciones militares y participación de los tributos de los pueblos sometidos). En busca del ejercicio de una hegemonía preponderante, este reino emprendió una guerra devastadora contra el de Jaltocan, que concluyó con el desplome del predominio ñähñu en esa zona al concluir la siguiente centuria. Sin ninguna posibilidad de recuperarse, sus habitantes se dispersaron. Una parte, acogida por el soberano de Texcoco, se refugió en Otumba (nombre que en náhuatl se deriva de ese asentamiento, Otompan); otra se dirigió a Tlaxcala, y un número representativo, incluida la nobleza, ocupó el este del territorio ñähñu (que más tarde pasaría a dominio tlacopaneca), Jilotepec y los pueblos que habían estado sujetos a Jaltocan; es decir, al oriente de la región central del actual estado de Hidalgo.

Del sur de Pachuca a los llanos de Apan se encontraban núcleos ñähñus dispersos, aunque en algunas localidades eran mayoría. Igualmente se localizaban en el espacio comprendido en el norte de Pachuca, hacia la frontera con la Huasteca, y en la intrincada serranía, hasta lo que sería el señorío de Tutotepec, donde predominaron sobre la población tepehua, asentada previamente. Como resultado de ese movimiento migratorio, los ñähñus se constituyeron en el grupo étnico más extendido, en términos numéricos, en el actual territorio hidalguense.

En términos de poder, destaca en Metztitlán el predominio de los ñähñu (véase mapa 5). En esa región, chichimecas ubicados en los lugares más abruptos del noreste sierra coexistían con mezclas de ascendencia totonaca, totopanecas de origen tepehua, olmeca xicalanca y ñähñu. A esta población pluriétnica se sumó la nueva presencia ñähñu encabezada por la nobleza de Jaltocan. De esa época data el origen del señorío independiente en que se constituyó ese espacio, gracias a las escarpadas y agrestes montañas que dificultaron las incursiones militares de sus enemigos. Aunque posteriormente se incorporó población nahua, cuya lengua llegó a prevalecer, destaca en general la preponderancia del núcleo ñähñu y, en particular, su influencia en la esfera político-religiosa, con sede en Metztitlán. Al parecer, éste era el centro rector de una confederación integrada por pequeños estados autónomos en calidad de tributarios o aliados, como Huazalingo, Malila, Molango, Tlanchinoltipac, Xochicoatlán y Yahualica, mientras que Tianguistengo estaba directamente subordinado al poder dominante, o era una unidad autónoma bajo su hegemonía.

Con una economía fundamentada en el aprovechamiento de

productos agrícolas y minerales, sus asentamientos se ubicaban en espacios cultivables, con veneros de agua. También, aunque de manera precaria, debido a las frecuentes inundaciones en la vega, plantaban algodón mediante técnicas de humedal y obras de riego en pequeña escala. En lo que se refiere a la minería, en Zacualtipán explotaban yacimientos de caolín, con el que hacían cerámica.

Limitados por territorio hostil para realizar un libre intercambio comercial, los huastecos habían configurado una importante red de intercambio entre la costa del Golfo y las poblaciones a lo largo de la sierra. Huejutla, punto intermedio entre ambos espacios geográficos, constituía el centro de redistribución de donde partía la ruta que se prolongaba a Molango y Xochicoatlán, Metztitlán y Metzquititlán, hasta concluir al noroeste de Pachuca y Atotonilco, que ya formaban parte del territorio sujeto a la Triple Alianza.

Esta coalición quedó integrada por Tenochtitlan, con los mexicas; Texcoco, con los acolhuas; y Tlacopan (Tacuba), con los tlacopanecas (los tepanecas de Tlacopan), en 1433, tras la destrucción militar de la hasta entonces supremacía de Azcapotzalco sobre los pueblos asentados en el Valle de México, en 1428. La subversión de los mexicas en unión con otros poderes dio la pauta para integrar una nueva estructura política que se expandió más allá de la zona nuclear formada por los reinos aliados, área de influencia en la cual quedó comprendida buena parte del actual territorio hidalguense. Las regiones sojuzgadas mantenían su propia estructura política y sus señores, pero se les superponía una organización político-económica imperial que los controlaba y recaudaba sus tributos.

En el suroccidente de lo que hoy es el estado de Hidalgo (véanse mapas 6 y 7), los tributarios de Tenochtitlan en el dominio de Tlacopan eran las poblaciones del señorío ñähñu de Jilotepec, y los de la región conocida como Teotlalpan, al norte del Valle de México, que incluía el noroeste de la cuenca y los reinos de Tula y Apazco, lo cual corresponde prácticamente al Valle del Mezquital, como se detalla en el cuadro II.1.

CUADRO II.1. *Pueblos del actual estado de Hidalgo pertenecientes a los diferentes reinos o señoríos*

Reino o señorío	Pueblos
Apazco	Atitalaquia, Chilcuautla, Ixmiquilpan, Mixquiahuala, Nextlalpan (en Tepetitlán), Tezontepec, Tlahuelilpan, Tlamaco (en Atitalaquia), Tula, Xipacoyan (San Marcos en Tula de Allende)
Cuauhtitlán	Tepeji del Río
Tula	Actopan, Ajacuba, Atotonilco de Tula, Itzcuicuitlapilco (en San Agustín Tlaxiaca), Tecomatlán (en Ajacuba), Tepatepec (en Francisco I. Madero), Tetepango, Tornacuxtla (en San Agustín Tlaxiaca)
Jilotepec	Huichapan, San José Atlán (en Huichapan), Santiago Tlautla (en Tepeji del Río), Tecozautla, Zimapán

En esta región los lugares con mayor disponibilidad de agua y tierra fértil fueron los asentamientos de la población políticamente dominante, ligada con los mexicas, mismos que se constituían en cabeceras *(altepeme),* como Actopan, Alfajayucan, Ixmiquilpan y Huichapan, que a la fecha son sedes del poder local. Desde esos centros de poder se controlaban los pueblos organizados en barrios *(calpules),* que si bien eran extensos también se encontraban dispersos en un amplio espacio geográfico, en correspondencia con el mejor aprovechamiento de los recursos, pues el área semidesértica ofrece ciclos distintos de abundancia.

En el sureste había tres unidades dependientes de Texcoco, del cual eran tributarios (véanse mapas 6 y 7). Estaban constituidas en *calpixcazgos* (comunidades semiautónomas, que no necesariamente correspondían a una sola unidad política). Eran gobernadas por recaudadores de tributo, denominados *calpixques,* quienes vigilaban que los caciques locales entregaran a

CUADRO II.2. *Pueblos del actual estado de Hidalgo que pertenecía a los calpixcazgos*

Calpixcazgo o pueblo	Pueblos
Calpixcazgo de Tecpilpan	Tizayuca, Villa de Tezontepec (fundado por acolhuas), Zempoala (conquistada por Texcoco) y Epazoyucan, al cual posiblemente estaba sujeto Pachuca.
Calpixcazgo de Tepeapulco	Apan (sujeto vigilante de la vulnerable llanura, en tanto zona limítrofe de la hostilidad tlaxcalteca); Tepeapulco, probablemente Tlanalapa.
Calpixcazgo de Tulancingo	Valle de Tulancingo y vertientes orientales de la Sierra, además de Tulancingo y el actual Santiago Tulantepec; muy probablemente, Acatlán, Cuautepec y Metepec.
Pueblo de Singuilucan	Singuilucan.

tiempo las cantidades pactadas y auxiliaran en la política imperial; estas unidades se detallan en el cuadro II.2.

El señorío de Tulancingo era uno de los 14 grandes del reino de Texcoco, el cual se asentaba sobre una traza urbana en lo que hoy es Santiago Tulantepec, además de los caseríos dispersos que había entre este sitio y Huapalcalco. En torno a esta traza urbana vivía un próspero núcleo de población que tenía el privilegio de disponer de una amplia diversidad biótica y de acceder a productos de tierra caliente por su proximidad a la cuenca del Río Pánuco. Así, con estas características, Tulancingo, donde se habían asentado chichimecas expulsados de territorio acolhua y adonde inicialmente habían llegado, debió tener una trascendencia mayor dentro de la composición política de la zona central del Altiplano que la de una ciudad de paso en la ruta comercial hacia el Golfo. Pero a pesar de ubicarse en un espacio separado fisiográficamente de la Cuenca de México, con un fuerte potencial de recursos humanos y naturales, no logró constituir un centro de poder mayor. Por el contrario, Tulancingo fue sometido, primero, por los mexicas al servicio de los tepanecas de Azcapotzalco en 1419. Posteriormente, en el marco de la Triple Alianza, quedó sujeto a Texcoco mediante las armas, pero se le restituyó a su señor, quien de nueva cuenta a la cabeza de su pueblo intentó, infructuosamente, reconquistar su independencia destruyendo las guarniciones acolhuas que estaban en Singuilucan. Por su parte, Nezahualcóyotl, aunque mantuvo en el poder a su jefe, castigó su rebeldía sometiéndolo, una vez más, con sumo rigor.

Además de la obligación de dar servicio militar y de gobierno en Texcoco, que era lo ordinario para las ciudades con reyes, Tulancingo también debía tributar. Por esta razón, a partir de entonces Nezahualcóyotl estableció un *calpixque* encargado de centralizar el tributo, que incluía servicios para los jardines reales. Adicionalmente, como mecanismo de equilibrio de poder, además de las guarniciones que ya había en Singuilucan, estableció un núcleo de población con habitantes que había desplazado de Texcoco.

Otros tributarios de Tenochtitlan que estaban en el dominio de Texcoco eran, por una parte, los pobladores de la zona centro-sur, colindante con el sureste de Metztitlán, que comprendía Acaxochitlán, Atotonilco el Grande, Huasca y Hueyapan (véanse mapas 6 y 7) y, por otra, los del territorio entre Zimapán, Jacala y Chapulhuacán, cuya trascendencia obedecía a un objetivo distinto de la imposición de cargas tributarias, pues era impracticable debido al carácter itinerante de los chichimecas pames que lo habitaban. Sin embargo, controlar ese territorio era indispensable, desde la perspectiva militar, para sojuzgar a la Huasteca. Lograr este objetivo había resultado imposible a través del territorio fronterizo con Metztitlán (Ixmiquilpan, Actopan y Atotonilco el Grande, cuya posición geográfica lo convertían en sitio estratégico de la base militar del norte de la cuenca, desde donde salían las expediciones), hecho que impedía someter primero a ese señorío para luego continuar hacia la

Huasteca. Metztitlán fue prácticamente impenetrable debido a que estaba bien organizada la resistencia, que se beneficiaba de las características orográficas de la región.

Así, el control acolhua de la franja Zimapán-Chapulhuacán permitía el acceso a Ojitipa en Tancanhuitz (en el extremo sureste de San Luis Potosí), como cabecera de provincia, para facilitar el desplazamiento hacia lo que hoy es la Huasteca hidalguense. El control de este espacio quedaba en cierta medida comprendido dentro de la provincia tenochca de Tzicoac, en la que destaca el pueblo de Ixcatlán, en Huejutla.

Sobre esta estructura política, que, con excepción de Metztitlán y Tutotepec, abarcaba la mayor parte del territorio del actual estado de Hidalgo, se erigía otra estructura político-territorial organizada en provincias tributarias bajo el dominio imperial de los mexicas (véanse mapas 6, 7 y 8), donde se concentraba la recaudación del tributo. Estas provincias tributarias se señalan en el cuadro II.3.

A partir de esa superposición de provincias por el dominio imperial, la supremacía de los mexicas sobre territorio tlacopaneca y acolhua propició movimientos de población hablante del náhuatl. Su presencia contribuía a garantizar el control de los tributos. Estos se efectuaban en especie, mediante servicios personales (guerreros, hombres de carga o prestadores de servicios); y en mercancía: textiles (enaguas, huipiles, mantas, taparrabos, trajes de guerrero), alimentos (chía, frijol, maíz, miel de maguey), piezas de caza (águilas vivas, cuernos y pieles de venado), pertrechos de guerra (arcos, escudos, flechas y lanzas), cal de la región de Tula y obsidiana verde dorada de la Sierra de las Navajas. Este vidrio volcánico, explotado a partir de bocaminas y tiros de uno a 27 metros, se tallaba en forma de navajas (cuchillos, puntas y raspadores para cortar maguey y pieles) en el entorno de los depósitos, donde operarios y artífices acampaban con un aporte constante de alimentos y herramientas. Puesto que estas navajas constituían un producto estratégico en la economía prehispánica, Texcoco y Tenochtitlan las compartían por partes iguales con un férreo control, desde el proceso

CUADRO II.3. *Pueblos del actual estado de Hidalgo que pertenecían a provincias tibutarias del Imperio mexica*

Provincia	Pueblos
	En la Huasteca
Tzicoac	Ixcatlán (en Huejutla)
	En el sureste, bajo dominio acolhua
Acolhuacan	Epazoyucan, Pachuca, Temascalapa, Tepeapulco, Tezontepec, Tizayuca,Tlaquilpan, Zempoala
Atotonilco el Grande[a]	Acaxochitlán, Atotonilco, Huascazaloya, Hueyapan, Singuilucan, Tulancingo
	En el suroeste, bajo dominio tlacopaneca
Ajacuba	Ajacuba, Atengo (en Tezontepec), Ixmiquilpan, Mixquiahuala, Temoaya (en San Agustín Tlaxiaca), Tepatepec (en Francisco I. Madero), Tetepango, Tezontepec, Tlahuelilpan, Xochichiuhca (en Ajacuba)
Atotonilco de Tula	Apazco, Atotonilco de Tula,[a] Otlazpan (posteriormente congregado con Tepeji del Río), Tehuehuec (en Tula)
Hueypoxtla[b]	Acayuca (en Zapotlán de Juárez), Actopan, Tezcatepec (en San Agustín Tlaxiaca), Xicalhuacan (en Tizayuca)
Jilotepec[b]	Michimaloya en Tula, Tasquillo o Tlaxcoapan, Tecozautla, Tepetitlán Tlaxcoapan,

[a] Cabecera, actualmente en el estado de Hidalgo.
[b] Cabecera, actualmente en el Estado de México.

de obtención de materia prima hasta el de distribución local y regional.

Debido a que tanto la obsidiana verde dorada como la caliza eran imprescindibles en el marco de una civilización en la que la tierra era el medio de producción fundamental —la primera en la elaboración de navajas y la segunda como material básico para la construcción—, estos recursos naturales eran el aporte sustantivo de la economía prehispánica en el actual territorio hidalguense. Sin embargo, su explotación se circunscribía a zonas específicas del sur, donde se concentraban densos núcleos demográficos con una distribución más o menos homogénea. En contraste, la participación económica del resto de la población, en su mayoría geográficamente dispersa (por el contexto semidesértico del Valle del Mezquital, la interposición de lomeríos entre valle y valle en la Huasteca, las barreras orográficas que ofrecía la serranía donde se localizaban los chichimecas y, aunque fuera del control imperial, los señoríos independientes), se refería a los alimentos básicos y prendas elementales de vestir, además de su fuerza de trabajo. En tanto, los pueblos asentados en el actual Hidalgo fueron parte del radio de acción de los centros dominantes de poder: Teotihuacan, Tula, Jaltocan, Azcapotzalco-Tlacopan, Texcoco y, finalmente, Tenochtitlan, cabeza de la Triple Alianza.

Los procesos que se gestaron en estos núcleos repercutieron en la conformación del espacio sobre el que aquí se habla. Si bien su desarrollo fue definido por una relación inmediata con la explotación directa de la tierra, en un ámbito local, también estuvo marcado, de manera determinante, por su inclusión en un nivel más amplio de integración político-territorial.

En este contexto, siempre destacó la dependencia económica de los pueblos sometidos a un centro dominante de poder. En los casos de Teotihuacan y Tula, su fragilidad conllevó, en un momento determinado, la dispersión de sus pobladores y la desintegración de otros núcleos de población del ámbito imperial.

En cuanto al imperio tenochca, éste se fundamentaba en un régimen político-económico distinto de una sujeción político-administrativa (al no haber un gobierno uniforme ni centralizado). Es decir, bajo el liderazgo de los tenochcas existía una alianza de poderes que controlaba sus propios territorios y los sojuzgados a partir de una red de obligaciones tributarias, lo cual les permitía controlar los recursos fundamentales de la economía (tierra y trabajo) y designar las líneas de distribución de la riqueza. Esta configuración político-económica tenía como principal ventaja su flexibilidad en materia de organización territorial, pues se ampliaba en función de la cantidad de pueblos sometidos o aliados; aunque también tenía un fuerte inconveniente: la dependencia económica del centro dominante de poder. Frente a la eventualidad de que este centro de poder perdiera su posición hegemónica, su decadencia sería igualmente compartida por aliados y tributarios.

SEGUNDA PARTE

LA CONFIGURACIÓN INICIAL
DE UN ESPACIO COMÚN

III. ESTABLECIMIENTO Y DESARROLLO DE UN NUEVO RÉGIMEN

AL MISMO TIEMPO QUE EL IMPERIO TENOCHCA extendía sus dominios en tierra firme entre los siglos XIV y XV, la corona española los ampliaba allende el mar, hacia una masa continental que hasta entonces le había sido totalmente desconocida. Sólo algunos años después de concluida la empresa realizada por Cristóbal Colón, los emisarios reales se harían presentes, cada vez con más frecuencia, en lo que sería la América hispana.

DE UNA INCURSIÓN A LA CONQUISTA DEL PODER

Con la debida aprobación para explorar el territorio de México, Diego de Velázquez, gobernador de Cuba, envió una expedición al mando de Hernán Cortés. Previo desembarco en la costa de Yucatán, se organizó una caravana que inició el reconocimiento de suelo continental bordeando el litoral del Golfo. Haciendo a un lado el objetivo original de la incursión, y a pesar de no estar acreditado para fundar ciudad alguna, Cortés estableció la Villa Rica de la Vera Cruz. A partir de la tradición municipal española, el capitán —elegido por la voluntad expresa de los vecinos de la nueva ciudad, sus hombres— daba origen a una fuente de la cual derivarían para sí, y no para Velázquez, los derechos sobre la conquista de nuevas tierras una vez que la corona reconociera ese ayuntamiento. Fue a ese lugar donde Moctezuma le hizo llegar ricos obsequios con la petición de que se retirara. Sin embargo, esa distinción estimuló las pretensiones del peninsular para seguir su marcha hacia el interior del país.

Su llegada a Tlaxcala significó la derrota de Xicoténcatl y una posterior alianza con su pueblo, enemistado con los mexicas. Su paso por Cholula marcó un fuerte castigo a los indígenas como respuesta anticipada a una posible emboscada. Y, finalmente, su arribo a la imponente Tenochtitlan fue el principio del ocaso del hasta entonces poderoso imperio mexica.

Aunque Moctezuma no contaba con la unanimidad de la corte para recibir a los españoles, con la anuencia de su sobrino Cacama, rey de Texcoco, les brindó todo tipo de atenciones. En ese contexto, Cortés se enteró del arribo de Pánfilo de Narváez, quien traía consigo la orden de aprehenderlo por los desacatos cometidos y regresarlo a Cuba. Decidido a enfrentarlo, Cortés hizo prisionero a Moctezuma y ocupó pacíficamente la ciudad para dejarla a cargo de Pedro de Alvarado. Éste, debido a su incompetencia para mantenerla bajo control, propició la conocida Matanza del Templo Mayor.

Los asesinatos cometidos por los españoles durante ese episodio, sumados al hecho de haberle abierto la puerta al enemigo y no haber resistido el allanamiento de la ciudad, restaron toda autoridad a Moctezuma y exaltaron la indignación de su pueblo.

Sometido Narváez, Cortés regresó a la capital del Imperio, donde no pudo evitar la muerte de Moctezuma ni el sitio al que fueron sujetos los españoles y sus aliados tlaxcaltecas. Aunque lograron escapar de este asedio, conocido como la Noche Triste, los conquistadores fueron perseguidos y obligados a librar la batalla de Otumba, de la cual salieron vencidos. Finalmente, los peninsulares se repusieron de este revés, mientras la supremacía del pueblo mexica se debilitaba: como núcleo de población fue abatido por la peste, que segó, entre muchas otras, la vida de Cuitláhuac, sucesor de Moctezuma, y como integrante de la Triple Alianza, perdió su posición hegemónica, al quebrantarse la unidad de la nobleza indígena por las divergencias suscitadas con la llegada de los españoles, además de las ya existentes.

La antigua rivalidad por el reino de Acolhuacan, sostenida entre Cacama —quien se había mantenido en Texcoco gracias al apoyo brindado por Tenochtitlan— e Ixtlilxóchitl —relegado a Otumba—, puso de manifiesto, en un momento tan crítico, el resentimiento de este último cuando se alió abiertamente con Cortés.

Gracias a su colaboración y a la de sus aliados fuera del Valle de México, al temor de los pueblos vecinos de que se les consideraba aliados de los mexicas, y a las extenuadas huestes de Cuauhtémoc sobrevino en 1521 la caída de la devastada Tenochtitlan y, junto con ella, las sedes del poder de Texcoco y Tlacopan.

Después de someter los reinos que integraban la Triple Alianza, no fue difícil ocupar el territorio que había estado bajo su dominio. Así, el espacio del actual estado de Hidalgo quedó sometido con cierta resistencia por parte de los naturales aunque sin los rigores de la conquista que habían tenido lugar en México-Tenochtitlan, excepto en los señoríos de Tutotepec, por haberse rebelado, y, en menor medida, el de Metztitlán. La franja habitada por chichimecas, entre Zimapán y Jacala, sólo quedó bajo control hispano hacia finales del siglo XVIII.

La organización territorial: la respuesta de las instituciones a nuevas necesidades

El actual territorio hidalguense corresponde a lo que al inicio de la Colonia fueron las provincias menores de Metztitlán, Pánuco, la antigua Teotlalpan, Texcoco y Jilotepec, en el marco de la provincia mayor de México (una franja diagonal en dirección suroeste-noreste que comprendía lo que hoy son el Distrito Federal y los estados de Hidalgo, México, Morelos, Querétaro, parte de los de Guanajuato, Guerrero, San Luis Potosí y Veracruz —la Huasteca, en los dos últimos casos—). Sin embargo, esta división no constituyó de manera alguna la base de una administración regional, sino que más bien respondió, en su momento, a los límites previos a la Conquista. Los españoles recorrieron estos espacios para conocer y organizar la tierra recientemente ocupada.

Excepto para Cortés, quien logró obtener un dominio semejante al de la nobleza española, la retribución de los demás soldados por los trabajos realizados durante la conquista fue la asignación oficial de encomiendas, es decir, de un número determinado de indígenas con el fin de confiarles su bienestar cristiano (doctrina y protección), a cambio de la prerrogativa de recibir de ellos un tributo en especie o en trabajo, sin que ello significara propiedad sobre la tierra en que habitaban ni el derecho de ejercer jurisdicción judicial, dominio o señorío.

Cortés asignó encomiendas en el Valle de México inmediatamente al concluir la conquista. Por lo tanto, cuando recibió, en 1523, la orden real que las prohibía, logró que esa institución continuara de manera condicionada. Sin embargo, la corona buscó desalentarla al no reasignarlas cuando sus tenedores originales las abandonaban o morían declarándolas intransferibles (aunque se logró la sucesión hereditaria hasta una cuarta y quinta generaciones, con el correspondiente pago de derechos); más tarde, la corona confiscó las que pertenecían a funcionarios coloniales.

Uno de los criterios para adjudicar encomiendas fue el desempeño del soldado respecto de la capacidad productiva del territorio encomendado, lo cual dependía de la interrelación entre la fertilidad del suelo y la cantidad de tributarios. En lo que hoy es Hidalgo, este principio destacó precisamente en la persona de Hernán Cortés, a quien se le encomendó el importante *calpixcazgo* alcohua de Tepeapulco, por cédula real del 6 de julio de 1529 (aunque a mediados del siglo XVI pasó a tributar a la corona).

Así, en el transcurso de la década de 1530 se habían distribuido encomiendas según los méritos, en las cuales el terreno era más o menos generoso para distintos usos: para la agricultura, el comprendido entre Tulancingo, Atotonilco el Grande y la Vega de Metztitlán, y en algunos valles aislados en el Mezquital, regados por afluentes; para la cría de ganado mayor y el fomento de cultivos tropicales, el de las verdes praderas de la cálida Huasteca; igualmente, para la cría de ganado menor y mayor y la agricultura de temporal, la zona sureste de la actual entidad; y el menos deseado, el localizado en la salobre zona occidental, aunque contaba con gran cantidad de fuerza de trabajo.

No todos los pueblos quedaron definitivamente en manos privadas: se mantuvieron bajo la corona aquellos que, por resultar poco atractivos, no habían sido otorgados en encomienda, además de las que no se reasignaban por las causas ya mencionadas. Así apareció como alternativa, a partir de 1530, el corregimiento: un sistema de gobierno y recaudación de tributos para los indígenas sujetos a la corona. Sin embargo, con el creciente número de conflictos ocasionados por el desmedido abuso y la severidad de los encomenderos hacia la población indígena en la exacción, toda encomienda quedó sujeta a algún tipo de corregimiento a partir de 1550.

Esta disposición tenía como finalidad que los corregidores atendieran a la población indígena al conocer, en primera instancia, la jurisdicción civil y penal en casos que afectaran a indígenas —encomendados o no— y españoles. Mas las funciones administrativas de aquéllos no tenían los mejores resultados a causa de dos situaciones: en principio, porque al establecerse donde simplemente no se habían otorgado encomiendas, su distribución no era uniforme ni coherente, ni dependía de un centro regional que los atendiera en forma constante. Dos ejemplos contrastantes son, uno, la provincia de Teotlalpan, donde había una decena de corregimientos, prácticamente uno contiguo al otro, sin considerar la distancia respecto de los pueblos en encomienda; y otro, la de Metztitlán, que con una intrincada orografía sólo contaba con el corregimiento de Molango, situado en pleno corazón de la sierra. Además, los bajos salarios de los corregidores los inducían a violar los principios básicos de su cargo, el cual se hizo costumbre que estuviera en venta.

Más tarde, en atención a la actividad económica generada en los reales de minas y en las comarcas vecinas, con el consecuente asentamiento de población española, gradualmente algunos corregimientos fueron elevados al rango de alcaldía mayor, y ejercían, en teoría, jurisdicción sobre otros. De hecho, tanto corregimientos como alcaldías mayores, con iguales funciones, acabaron

CUADRO III.1. *División territorial, 1530-1787*

Cabecera	Rango	Poblaciones sujetas a la cabecera
Provincia de Metztitlán		
Subdelegación de Metztitlán		
Molango	C 1531;	- - - - -
y Malila	AM 1560-1570	
Metztitlán	AM; SD 1781	Metztitlán, Molango, Chapulhuacán, Jacala, Lolotla, Tepehuacán, Tianguistengo, Tlanchinolticpac, Zacualtipán
Subdelegación de Yahualica		
Xochicoatlán	C 1531	- - - - -
Yahualica	C 1536-1545;	
	AM; SD 1786+ - - -	Calnali, Huautla, Huazalingo, Xochiatipan, Xochicoatlán, Yahualica
Provincia de Pánuco (lo que corresponde a la Huasteca hidalguense)		
Subdelegación de Huejutla		
Huejutla	C 1550; AM; SD 1787	Huejutla
Provincia menor de Teotlalpan (lo que corresponde al Valle del Mezquital)		
Subdelegación de Actopan		
Itzcuicuitlapilco	C 1531-1568	- - - - -
Actopan	AM 1568; SD 1787	Actopan, Itzcuincuitlapilco, Yolotepec
Subdelegación de Atitalaquia/Tetepango-Hueypoxtla		
Ajacuba	C 1530-1543	- - - - -
Atengo	C ¿-?	- - - - -
Atitalaquia	C 1530; AM; SD 1787 (parcialmente)	Ajacuba, Atengo, Atitalaquia, Atotonilco de de Tula, Mixquiahuala, Sayula, Tecomate, Tepatepec, Tetepango, Tezcatepec, Tezontepec, Tlacotlapilco, Tlahuelilpa, Tlamaco, Tornacustla, Yeitecomac
Sayula	C 1530	- - - - -
	1530; AM ¿-1786	- - - - -
Tetepango	C 1530; AM ¿-1786	
Tlahuelilpa	C 1530	- - - - -
Mixquiahuala	C 1540; AM ¿-1786	- - - - -
Yeitecomac	C 1540	- - - - -
Tornacustla	AM *ca.* 1560- *ca.* 1570	- - - - -

Cabecera	Rango	Poblaciones sujetas a la cabecera

Subdelegación de Huichapan

Cabecera	Rango	Poblaciones sujetas a la cabecera
Chapantongo	C ¿-?	- - - - -
Huichapan	AM 1640; SD 1787	Alfajayucan, Chapantongo, Huichapan, Nopala, Tasquillo, Tecozautla

Subdelegación de Ixmiquilpan

Cabecera	Rango	Poblaciones sujetas a la cabecera
Ixmiquilpan	C 1535; AM 1540; SD 1787	Chilcuautla, Cardonal, Ixmiquilpan

Subdelegación de Tula

Cabecera	Rango	Poblaciones sujetas a la cabecera
Tula	C 1544; AM 1563; SD 1787	Nextlalpan, Michimaloya, Otlazpa, Suchitlán, Tepeitic, Tepetitlán, Tepeji, Tula, Xipacoya
Sayula	C 1530	Véase Atitalaquia
Tlahuelilpa	C 1530	Véase Atitalaquia

Subdelegación de Zimapán

Cabecera	Rango	Poblaciones sujetas a la cabecera
Zimapán	AM C 1590; SD 1787	Zimapán

Provincia menor de Texcoco (lo que corresponde al sureste de la entidad)
Subdelegación de Pachuca

Cabecera	Rango	Poblaciones sujetas a la cabecera
Tizayuca	C 1531-1552	- - - - -
Pachuca	AM 1552; SD 1787	Atotonilco el Chico, Omitlán, Pachuca, Pachuquilla, Real del Monte, Tizayuca, Tolcayuca, Villa de Tezontepec, Zapotlán

Subdelegación de Tepeapulco

Cabecera	Rango	Poblaciones sujetas a la cabecera
Tepeapulco	C 1531; SD 1787	Apan, Tepeapulco, Tlanalapa
Apan	AM 1623	- - - - -

Subdelegación de Tulancingo

Cabecera	Rango	Poblaciones sujetas a la cabecera
Singuilucan	C 1557-1575	- - - - -
Tulancingo	AM 1575	Acatlán, Acaxochitlán, Atotonilco el Grande, Huascazaloya, Singuilucan, Tulancingo, Tutotepec

Subdelegación de Zempoala

Cabecera	Rango	Poblaciones sujetas a la cabecera
Zempoala	C 1531, AM 1640-1786; 5D 1786	Epazoyucan, Talistaca, Tecajete, Tlaquilpa, Zacuala, Zempoala

C: Corregimiento   AM: Alcaldía mayor   SD: Subdelegación

comprendiendo el gobierno local en su totalidad dentro de radios de acción insuficientemente definidos. Sin un funcionario regional intermedio, los corregidores estaban formalmente subordinados al virrey y a la audiencia. Además, la relativa distancia de la autoridad —en la ciudad de México— ocasionaba que defraudaran a la corona al utilizar el puesto para su enriquecimiento personal, permitir atropellos o cometer abusos sobre la población indígena. Esta última, a pesar de depender de las denominadas repúblicas de indios, establecidas en los pueblos con rango de cabecera, no dejaba de estar sujeta a la autoridad española, al igual que los indígenas que fueron reubicados en congregaciones como mecanismo para concentrar a los naturales.

Sin embargo, en el largo plazo, al concluir el reinado de los Habsburgo, la dinastía de los Borbones dio paso al "despotismo ilustrado" (predominio de los intereses del monarca y del Estado sobre los de individuos o corporaciones). La corona, dispuesta a reabsorber los atributos de poder hasta entonces delegados, tomó entre otras decisiones la de reformar el aparato administrativo de gobierno.

La ineficacia administrativa ocasionada por la centralización de funciones en el virrey y la audiencia y el riesgo político que significaba, entre otras razones, determinaron, en 1786, la creación de jurisdicciones político-administrativas denominadas intendencias, a cargo de un intendente o gobernador general, quien ejercería todos los atributos del poder (justicia, guerra, hacienda, fomento económico y obras públicas). Con base en la distribución previa de las unidades territoriales y con la finalidad de precisar el ámbito administrativo de los intendentes a cargo de esas demarcaciones —integradas, a su vez, por unidades menores, las subdelegaciones (antiguas alcaldías mayores)—, su jurisdicción se definió a la par de su delimitación territorial.

Lo que hoy es Hidalgo quedó constituido por 13 subdelegaciones en el norte de la intendencia de México (incluía los actuales estados de Guerrero, Hidalgo, México, Morelos y Querétaro y el Distrito Federal), que, a su vez, correspondía, en buena medida, a la inicial provincia mayor de México. La evolución de la división territorial puede apreciarse en el cuadro III.1 y en el mapa 9.

LA ECONOMÍA ENTRE LOCALIDADES Y REGIONES: RELACIONES RECÍPROCAS, CONSECUENCIAS DESIGUALES

Para comprender cómo se conformó la organización administrativa resulta imprescindible tener presente el desarrollo de la economía colonial, ya que en función de ésta, y del consecuente asentamiento de población española, se establecieron en un principio encomiendas y corregimientos. La encomienda procuró la mano de obra y los medios financieros para crear y desarrollar las primeras empresas económicas; de igual manera, es cierto que la economía indígena generó un excedente que, desde tiempos prehispánicos, circulaba por medio del tributo y del comercio. Así, la producción de alimentos mediante la encomienda pudo abastecer las necesidades durante los primeros años posteriores a la Conquista. Sin embargo, este remanente disminuyó, en términos relativos y absolutos, conforme se incrementaba la población española, con su consecuente aumento de demanda de comestibles; en contraste, se registró un continuo descenso de la población autóctona —ocasionado, entre otras causas, por las epidemias (ante las que los indígenas se hallaron inermes, por serles desconocidas)— y, por lo tanto, una disminución en el tributo.

Ante esta realidad, las autoridades novohispanas fomentaron el abandono de la encomienda en aras del control directo de la tierra. Con la pretensión de evitar el desarrollo de una aristocracia rural, se consideró que el suelo, propiedad de la corona, se cediera a particulares mediante mercedes de tierras. Éstas se otorgaban a quienes las solicitaban para establecerse de manera permanente en una población, bajo cierta regulación, a partir de la década de 1530. Con la finalidad de edificar casa y huerto, se asignaba un solar; y para fomentar la pequeña propiedad y la producción de alimentos españoles (principalmente trigo y carne) en estancias destinadas al cultivo o a la cría de ganado (mayor: vacuno o caballar; menor: ovejas y cabras), se concedían de una a cuatro caballerías (una equivalía a 42.7953 hectáreas) y de uno a dos sitios (el de ganado mayor era de 1755.61 hectáreas, el de menor, de 780.27 hectáreas). En Hidalgo, si bien la mayoría de las mercedes quedaron en manos de los españoles, 32% se otorgó a la población nativa, muy probablemente porque los colonos habían rechazado esas tierras debido a su aridez y baja calidad, inapropiadas para el cultivo. Este inconveniente significaba, en otro sentido, abundancia de terrenos para pastar, localizados a distancias razonables de la ciudad de México. Ambas condiciones determinaron que la mayor parte de las mercedes otorgadas fueran para ganado menor y mayor (donde había amplios pastizales). Sin embargo, como las mercedes estaban en función de la tierra disponible, prácticamente dejaron de otorgarse después de 1620. Por otra parte, como la apropiación de la tierra era susceptible de ser traspasada, la corona no pudo evitar su tráfico, lo que permitió la gradual ampliación y concentración del suelo en un menor número de manos.

Cabe señalar que, en tanto la actividad ganadera en el Valle de Irolo (localizado en los llanos de Apan) había cobrado tal auge en la década de 1530, Tepeapulco fue sede de una de las dos reuniones anuales de la Mesta (asociación de grandes propietarios de ganado), en 1540, para dirimir los problemas entre los ganaderos del centro de la Nueva España (marca de nuevos animales, registro de fierros de herrada, venta de animales y atención a las quejas de los pueblos indios para pagar los daños que el ganado ocasionaba en sus cultivos). Los ganaderos ejercían una fuerte presión, fundamentalmente sobre los pueblos con un régimen de cultivo temporalero (no así en los que practicaban el riego, como Tulancingo), lo cual se acentuó con la despoblación causada por las epidemias. Así, se extendieron las tierras mercedadas para la crianza de ganado vacuno y caballar en Tepeapulco y Zempoala, y se registró la consecuente difusión de estas especies. Pero las continuas destrucciones de una cerca de contención ganadera en Tepeapulco, con los consecuentes perjuicios en las milpas indígenas por la invasión del ganado, dieron lugar en 1551 a un prolongado juicio de ganaderos que concluyó con la orden del virrey de expulsar 10 000 reses y caballos.

La periódica y más o menos estable actividad agropecuaria, salvo en épocas de crisis, se intensificó a partir del hallazgo de yacimientos argentíferos. Con los primeros denuncios, el interés por trabajar las minas, con el aliciente de obtener fabulosos rendimientos, propició que se concentraran esfuerzos en torno a una actividad azarosa. Ésta inyectó dinamismo a la actividad agrícola, pastoril y ganadera, con lo que la economía de subsistencia se convirtió en una de corte mercantil, a partir del intercambio de productos que la explotación minera exigía.

El descubrimiento de los primeros filones con más plomo que plata, tuvo lugar alrededor de 1537 en lo que se conocería como Real y Minas de Santa María de la Concepción de Cardonal, en las cercanías de Ixmiquilpan. Ahí se localizó lo que aparentemente fue el primer fundo minero de la Nueva España, cuya explotación comenzó en el decenio de 1540 Alonso de Villaseca, a quien se sumaron otros interesados. Posteriormente, surgieron el Real de Tlaulilpa (que en el futuro se convertiría en Pachuca, aunque estaba un poco al norte de esa ciudad), donde se asentó la cabecera de ese campo minero; y los aledaños de Real del Monte, Real de Atotonilco (actualmente conocido como El Chico) y Real de Arriba (al norte de Tlaulilpa) (véase mapa 10). Aunque el primer denuncio que se conoce para esta comarca data de 1552, Pedro de Medinilla, dueño de las minas de Cardonal, realizaba transacciones con el óxido de plomo (greta) de sus minas, el cual, desde 1550, se utilizaba en las minas de la comarca de Pachuca. Este dato significa que al menos desde ese año se había otorgado alguna concesión para fundir plata de los minerales carentes de plomo, único medio conocido hasta entonces para extraer ese metal.

Pachuca y Real del Monte, los centros mineros más cercanos a la capital del virreinato (a 93 y 99 kilómetros, respectivamente, al noreste de la ciudad de México), fueron, de modo alterno, los más prósperos a lo largo de la Colonia en el marco de lo que hoy es Hidalgo, aunque la riqueza no se reflejó en la comarca minera ni siquiera con construcciones civiles, como las espectaculares de Zacatecas o Guanajuato, por ejemplo.

Asimismo, en la década de 1550, la explotación de las minas del Real de Capula ofrecía tales expectativas que Tornacustla fue la sede de una alcaldía mayor, que se suprimió en 1569, cuando el lugar quedó prácticamente despoblado al quedar sólo metales pobres. Por último, Zimapán, que no contaba con más de 400 habitantes nativos, debido a la aridez de la tierra y a su vecindad con la zona chichimeca, empezó a despuntar a mediados de la década de 1570, al tomar forma el Real de San Juan. El interés por explotar estas minas de plomo-plata retuvo a sus pobladores, aun ante la dura realidad de encontrarse en frontera de guerra.

La explotación de minas de plata se intensificó a partir de 1555, cuando Bartolomé de Medina empezó a refinar ese mineral con el sistema de beneficio de patio, también denominado de amalgamación. Éste consistía en combinar el mercurio (azogue) con otros minerales, previa transformación de la mena en una mezcla de lodo argentífero, con azogue, sal y otras sustancias, la cual, colocada en amplios espacios enlozados, se revolvía para lograr una incorporación adecuada de los elementos químicos. Este método, desarrollado en el ingenio de la Purísima Concepción, en Pachuca, fue utilizado desde entonces durante más de tres siglos en la América hispana, pues permitía tratar minerales de baja ley, incosteables mediante el proceso de fundición.

Algunas plantas de amalgamación realizaban la molienda del mineral con fuerza hidráulica, para disminuir el costo del mantenimiento de mulas o caballos. Sin embargo, el sistema de amalgamación no era la técnica más usada en Cardonal y Zimapán, pues el exceso de plomo obstaculizaba el beneficio de menas más ricas en plomo que en plata. Así, la alternativa metalúrgica para aprovechar minerales sulfurosos de plomo, que perduró hasta el siglo xx, fue distinta. Primero, se obtenía el plomo argentífero mediante la calcinación: se colocaba el mineral sobre una capa de leña y se cubría con tierra, dejando entradas de aire en el nivel del suelo y salidas de gases de óxido azufroso en la cúspide. Una manera más tecnificada era mediante hornos castellanos, constituidos por cinco troneras: una para que circulara el aire, otra para introducir la leña, otra para meter el plomo, otra para vaporizar y la última para expulsar la liga.

Con el objetivo de aumentar la capacidad de producción en el largo plazo, las innovaciones en esos hornos se aplicaron a su diseño y tamaño, así como al de los mecanismos para conducir el aire. Finalmente, se realizaba la separación de la plata y el plomo en hornos de reverbero (en el que el mineral está en contacto directo con el fuego).

Debido a que las tierras en las inmediaciones de esos reales carecían de los medios para generar un mínimo de autosuficiencia, se crearon importantes complejos regionales. De esta manera, la actividad comercial se convirtió en un agente indispensable para el desarrollo de esos minerales; primero, como productores de metal y, con el tiempo, como centros de población. Fue en este contexto que surgió una economía mercantil. Por una parte, esta economía estaba necesariamente ligada al mercado internacional, debido a la importación, garantizada con plata, de la materia prima indispensable para extraer el metal, como el mercurio procedente de Almadén, España, o del Perú, y esclavos negros, necesarios conforme descendía la población indígena. Por otra parte, se desarrolló un comercio interno dirigido inicialmente a satisfacer las demandas de alimento, sustancias, herramientas y materiales de los reales mineros, que, al crecer y convertirse en asentamientos urbanos con diversos requerimientos, acentuaron la compra-venta de bienes y servicios mediante relaciones de larga distancia con otros puntos, dentro y fuera de la provincia de México. Entre otros efectos, se adquirían productos agrícolas de los valles de Puebla y Tlaxcala, o sal de Tehuacán, Puebla y de la costa del Golfo; y vendían fuertes remesas de greta enviadas de las minas de Cardonal y

Zimapán a las de Zacatecas para utilizarla como fundente con el fin de licuar las menas de plata que tenían un bajo contenido natural de este mineral. Fueron precisamente los mineros de Cardonal —con importantes intereses en las minas de Zacatecas— quienes solicitaron al virrey en los primeros meses de 1551 que se construyera un camino de Ixmiquilpan al camino real que unía a la ciudad de México con Zacatecas, el cual partiría de Cuautitlán y Tula, y seguiría a San Juan del Río, donde se bifurcaría rumbo a dicho real; este camino permitiría también integrar los fundos mineros con la capital del virreinato.

Dentro de un radio de influencia más o menos distante de las minas, se daba un intercambio entre las cinco provincias menores que conforman lo que hoy es el estado de Hidalgo. La topografía de los reales apenas favorecía la agricultura, pues el abasto de agua era exiguo y la población indígena disminuía por las epidemias; así, estos recursos fundamentales para la explotación minera tenían que traerse de fuera. En torno a las minas se generó de este modo una interrelación de actividades mineras, agrícolas, artesanales, forestales y de servicios, como la arriería y el crédito, y de mano de obra forzada —mediante el repartimiento de indígenas, quienes trabajaban por tiempo limitado y de manera rotativa a cambio de una remuneración preestablecida, que servía para contribuir al pago del tributo— y voluntaria de los indígenas denominados naboríos. Gradualmente se conformó una red de necesidades y satisfactores que dio lugar a vínculos regionales y a amplios sistemas de interacción.

Al surgir esta trama de intercambios en el marco de un sistema más señorial que capitalista, que explotaba de manera extensiva a la población indígena, se fomentó una integración económica desigual en el actual territorio hidalguense.

Por una parte, fueron en buena medida los mismos mineros quienes se encargaron de fortalecer el intercambio regional. Tales fueron los siguientes casos: Gaspar Rivadeneyra era propietario de minas en las tres comarcas mineras, así como de haciendas de beneficio, estancias de cultivo y sitios de ganado menor cerca de los reales de minas; Agustín Guerrero, yerno de

Alonso de Villaseca, tenía minas en Real del Monte y Cardonal; Macedonio Zarujano, en Pachuca y Zimapán, y Alonso de Villaseca, en Pachuca y Cardonal, así como estancias de labor en Jilotepec, Ixmiquilpan, Metztitlán y la Huasteca. Todo esto les permitía abastecer sus propias minas y las de otros, además de obtener rendimientos, aun cuando las minas no produjeran.

Asimismo, de manera independiente, otros productores y comerciantes hacían llegar su producción a los reales. De los bosques más cercanos se proveía leña para los hornos destinados a la fundición y calcinación de mineral, y madera tanto para entibar paredes y resguardar tiros y labores en las minas como para construir instalaciones en las haciendas de beneficio. De los sitios de ganado que prevalecían sobre las estancias de cultivo, se abastecía a las minas y haciendas de beneficio de mulas, necesarias para mover malacates y arrastres, para repasar la torta y para transportar bastimentos a minas y establecimientos metalúrgicos, mineral entre aquéllas y éstos, y la plata a las cajas reales; también se les abastecía de materiales para el laboreo, sebo para las velas, cueros para malacates y carne para alimentar a los trabajadores de las minas, cuando menos a los naboríos. De las estancias llegaban víveres para la manutención de operarios, y grano y forraje para las bestias.

Las poblaciones comprendidas entre Tulancingo y Atotonilco el Grande se convirtieron en el principal y más cercano emporio agrícola. Ixmiquilpan fue un centro artesanal proveedor de jarcias y tilmas. La Huasteca era la región natural menos vinculada con el mercado organizado en función de los centros mineros, salvo las propiedades de Alonso de Villaseca, cuya intermediación era clave para concentrar en ese lugar el elemento indispensable para el beneficio: la sal, procedente de Campeche o de Tampico, que vía Tulancingo llegaba primero a Pachuca y Zimapán. Por otra parte, aun sin haber un nexo con las minas, existía un intercambio recíproco entre esta zona y Tulancingo. A cambio de harina de trigo, de la Huasteca se recibía azúcar y frutos tropicales, los cuales llegaban a la población asentada en torno a los reales.

En cuanto a la mano de obra, ésta procedía de las distintas

provincias menores, a excepción de la Huasteca, pues los esclavos eran una minoría en la población laboral de las minas. Esta situación obedecía, en parte, a la relación inversamente proporcional entre la fuerte inversión de capital que se requería y la falta de liquidez que argumentaba la mayoría de los mineros. Por ello se recurrió a la remisión de cuadrillas de indios en repartimiento de los pueblos circunvecinos. Sin embargo, conforme se ampliaba el número de minas y sus trabajos se profundizaban, la población nativa disminuía. Así, por ejemplo, de 22 pueblos que daban 1 001 indígenas de repartimiento cada semana en la década de 1550, hubo una reducción de 30%: 693 indígenas para 1580. En consecuencia, eran comunidades cada vez más distantes las que se veían obligadas a enviar indios de repartimiento a los reales. Destacaban las siguientes relaciones: Zimapán recibía indígenas de las provincias de Teotlalpan y Jilotepec; Actopan e Ixmiquilpan remitían a Pachuca y Zimapán; y de Alfajayucan, Atengo, Chapantongo, Huichapan, Mixquiahuala, Tecozautla, Tepatepec y Tepatitlán enviaban también a Zimapán, ya que era difícil reclutar y conservar mano de obra chichimeca a causa de su rebeldía. Pachuca y Zimapán contaban con mano de obra procedente de la provincia de Metztitlán, fundamentalmente de San Agustín Eloxochitlán, San Agustín Tecpaticpan, San Francisco Tlahuelompa, San Nicolás Nonoalco, Santa María Zoquizoquipa y Tianguistengo.

Los indios de la zona de Tutotepec, que al principio atendían labores agrícolas en Tulancingo, fueron transferidos a las minas de Pachuca, junto con los de Acatlán, Epazoyucan, Huasca, Singuilucan, Tepeapulco, Tezontepec, Tlaquilpa, Tornacustla, Zempoala y, por supuesto, Pachuca, poblaciones todas comprendidas dentro de la provincia de Texcoco.

Al parecer, la única población indígena que estuvo excluida del trabajo en las minas fue Tulancingo, por su trascendencia en el abasto de víveres. Cabe señalar que esta particularidad, sumada al intenso intercambio comercial que tenía lugar en esa población debido a su posición geográfica, propiciaría, en el largo plazo, un desarrollo propio.

Las minas demandaban mano de obra con cierto grado de especialización, el cual los indígenas, sustraídos temporalmente de las labores agrícolas, no lograban adquirir. En consecuencia, los mineros estuvieron dispuestos a contratar mano de obra libre para cierto tipo de trabajo a cambio de una retribución mayor que la obtenida en las tareas agrícolas. Pagaban un salario con una parte en efectivo y otra en especie, integrada por alojamiento y alimentación, además de un estímulo que generaba moneda: se daba mediante la pepena, que consistía en extraer el metal que quisieran después de la jornada para venderlo libremente; esta práctica constituyó el antecedente del partido, porción del mineral otorgada al trabajador como parte de su remuneración.

A pesar de los riesgos y condiciones deplorables de trabajo que padecían los indios, además del método de endeudamiento para retenerlos, el incentivo que significaba participar de una parte de la producción, sumado a la exención del tributo, los impulsaba a servir como peones en las minas. Así, los naboríos, en su gran mayoría de filiación nahua, vivían únicamente de su fuerza de trabajo en las minas, y se desprendían de la tierra como su medio de producción tradicional. Cuando procedían de lugares cercanos regresaban a su actividad agrícola, pero los de regiones distantes se instalaban solos o con sus familias en los reales, donde reprodujeron, con su descendencia, ese tipo de fuerza laboral.

La integración de este sistema económico, "minas-estancias de labor-sitios de ganado-pueblos de indios", constituía una organización de la producción superior a la de la encomienda, cuyo último objetivo era el servicio privado y el beneficio personal. Aunque la encomienda ya había fragmentado las unidades económicas regionales, la explotación de las minas fue el detonante para reestructurar por completo las relaciones de producción prehispánica e implantar, gradualmente, la economía española sobre la indígena, pues se impuso la economía monetaria sobre la natural.

Los reales más prósperos lograron crecer gracias a la diversificación de otras actividades económicas y a las relaciones regionales de intercambio, lo cual propició que, pese a la disminución de la fuente de riqueza en épocas de decadencia de la producción, se convirtieran en núcleos de la dinámica económica. De manera preponderante, en parte por tener una ubicación más accesible y un clima menos severo, fue el caso de lo que hoy es Pachuca, punto de concentración del quehacer administrativo de la autoridad colonial y de intercambio comercial de los reales de esa comarca, hecho que ya se apreciaba al despuntar el siglo XVII.

La población de lo que inicialmente fuera Tlaulilpan, menor al millar de habitantes a mediados del siglo XVI, llegó a casi 3 500 en los cuatro reales a principios del siguiente. De igual forma, los mineros que aplicaron la misma estrategia —autoproducir las materias primas que demandaba el trabajo de minas y haciendas propias y de terceros— lograron acumular importantes fortunas. Entre ellos destaca el acaudalado Alonso de Villaseca, quien desde Ixmiquilpan, donde residía de manera casi permanente, destinó parte de su riqueza a cimentar la fuente de recursos de la misión evangelizadora de la orden religiosa de la Compañía de Jesús.

Alonso de Villaseca siempre había tenido la intención de constituirse en patrono del colegio que formaran los jesuitas para propagar la fe cristiana en la Nueva España. Para ello estaba dispuesto a aportar los fondos que en condiciones específicas, desde su perspectiva, eran los necesarios. A partir de 1572 donó en secreto algunas de sus propiedades en la ciudad de México y suministró un subsidio anual de 2 000 pesos. Cuatro años más tarde otorgó una dote de 40 000 pesos, con la finalidad de adquirir los medios que, a su vez, generarían las sumas necesarias para establecer y administrar lo que sería el Colegio Máximo de San Pedro y San Pablo (en atención a los deseos del benefactor, quien los tenía por protectores).

Los recursos se obtendrían, de manera relativamente segura y continua, de las actividades productivas generadas por tierras de cultivo y estancias de ganado que debían adquirirse con tan fuerte aportación. Aunque los jesuitas dudaban de la conveniencia de constituirse en miembros de la aristocracia rural, no podían desdeñar esa oportunidad. Así, con la intervención disimulada del bienhechor, la orden adquirió tres sitios de ganado menor que nombraron Santa Lucía, parte de los cuales estaba en los pueblos de Tezontepec y Tizayuca, en la jurisdicción de Pachuca.

Con el tiempo, las propiedades se ampliarían y diversificarían en cuanto al uso del suelo, gracias a donativos, mercedes o adquisiciones, hasta alcanzar dimensiones extraordinarias, parte de las cuales quedarían comprendidas, parcialmente, en lo que hoy es Hidalgo.

La presencia jesuita en ese espacio contribuyó, más bien, a la integración económica regional que a la cristianización; en tanto, fundamentalmente franciscanos y agustinos, y en cierta medida el clero secular, habían emprendido una vasta labor en ese sentido al finalizar la década de 1570. Por esta razón, con el propósito de evitar conflictos no efectuaban bautismos, matrimonios ni funerales en sus propiedades, sino en casos de extrema necesidad (aunque se percibe, en cierta medida, su influencia en algunas devociones).

No hubo otra empresa económica comparable con ésta en lo que hoy es Hidalgo, aunque cabe señalar que los conventos agustinos, como los de Epazoyucan e Ixmiquilpan, tenían y daban en arrendamiento estancias de ganado menor (con varios cientos de cabezas) como fuente de ingresos para cubrir sus necesidades.

LA CONQUISTA ESPIRITUAL:
ENTRE SOBERBIAS CONSTRUCCIONES, EL QUEBRANTO INDÍGENA

La corona, la Iglesia y los particulares debían compartir la responsabilidad de cristianizar a la población nativa; en especial los encomenderos, pues adquirieron ese compromiso. Con la anuencia de las autoridades y el celo cristiano de los colonos, los esfuerzos en ese sentido no se hicieron esperar. Por una parte, se estableció el clero secular organizado en diócesis, cada una de las cuales era gobernada por un obispo o un arzobispo. El territorio perteneciente a cada una de esas zonas se dividía en parroquias y capillas, sujetas, en ese caso, al Obispado de México, elevado a la categoría de Arzobispado en 1545.

En otra vertiente estaba el clero regular, al que pertenecían las órdenes religiosas que llegaron y construyeron amplios centros para la residencia de los frailes y el adoctrinamiento de los indios (véanse mapas 11, 12, 13, 14 y 15).

Los primeros en emprender su labor fueron los franciscanos, quienes levantaron conventos en lo que formaba parte de la provincia del Santo Evangelio, correspondiente a la de México, con sede en la ciudad del mismo nombre. Su presencia se hizo notar a mediados del siglo XVI en tres importantes centros prehispánicos: el primero, en la capital del reino de Tula, en la localidad de ese nombre (de donde se desprenderían visitas como las de Michimaloya, Nextlalpan, Sayula de Tepetitlán, Tepetitlán y Tlahuelilpan); el segundo, en Tepeapulco, sede de uno de los más ilustres *calpixcazgos* acolhuas (también con visitas en Tepechichilco y Tlanalapa) y donde, además de emprender trabajos para la conducción de agua hasta el claustro y una fuente pública para uso común, siguieron su práctica generalizada de recoger, antes de 1535, niños y niñas en escuela-internados, para obtener efectos multiplicadores, y el tercer centro fue en Zempoala, donde se congregó esta cabecera y la de Tecpilpan, sede del calpixcazgo del mismo nombre, Tlaquilpa y Zacuala (hasta entonces unidades sociales independientes). El éxito de esta reducción, promovida por los frailes, obedeció a la alternativa que se ofreció a la comunidad para que enfrentara sus necesidades de agua en forma fácil y sin riesgos de contagio, mediante el monumental acueducto que corre de Tecajete a Otumba, pasando por Zempoala. Esto resolvió la ausencia de corrientes continuas, la insuficiencia y la contaminación del vital líquido al abrevar el ganado en jagüeyes (enormes ollas cavadas en terreno más o menos impermeable donde se almacena hasta la fecha el agua en época de lluvias).

Con el posterior arribo de los agustinos, la tarea evangelizadora se compartió y el territorio se redistribuyó. Dentro de lo que esta orden denominó Provincia del Santo Nombre de Jesús, quedó incluida la parte central del territorio hidalguense —fundamentalmente, las provincias de Teotlalpan y Metztitlán— y la Huasteca. Además, en la zona oriental emprendieron su labor a partir de una frontera imaginaria trazada entre Epazoyucan y Tutotepec, hacia el norte; y en el lado oeste apenas tocaron la provincia de Jilotepec, con presencia en Chapantongo, sin incursionar más hacia el occidente, espacio hacia el que se extendieron los franciscanos.

De manera contrastante con la austeridad de estos últimos, predominaron en opulencia y número los conventos agustinos. Sus primeras edificaciones se irguieron en Atotonilco el Grande, cabecera de provincia tributaria en la época prehispánica, y Acatlán, importante núcleo de población indígena, ambos dentro del fértil valle del sureste de la actual entidad. Después siguió el de Epazoyucan, donde emprendieron trabajos para la conducción del agua y la ocupación del convento de Zempoala, previo acuerdo de ambas órdenes en el sur. En el área central se edificó el convento de Actopan (uno de los más destacados en el país por su dimensión y riqueza arquitectónica), a medio camino de la cabecera de este nombre y de su gemela en Tenatitlán; el de Ixmiquilpan, también entre la cabecera de este nombre y la de Tlazintla, y el de Tezontepec, en el suroeste. En la sierra también se edificaron algunos: en Metztitlán, Chapulhuacán, Molango y Tutotepec, y otro más en Huejutla, en la Huasteca. Los conventos cubrían las distintas regiones naturales. Los seis primeros parecieran haber sido dispuestos de dos en dos, más o menos cercanos uno del otro, con radios de influencia más amplios gracias a la ausencia de barreras naturales y a que se construyeron donde había numerosas concentraciones de población, aunque con distintos patrones de asentamiento. Algunas de estas concentraciones se agrupaban en torno a un núcleo, y otras, junto a los cursos permanentes de agua. Las dos situadas en el corazón del Valle del Mezquital se localizan entre cabeceras gemelas, las cuales habían coexistido en la época prehispánica con un sentido de mutua pertenencia, en representación de los dos linajes fundamentales en la región: el de los sometidos y el de los dominadores.

Durante la Colonia, con la división de las encomiendas, una delimitación más precisa fragmentó la población y, con la finalidad de influir igualmente en ambas, el convento se edificó en un terreno intermedio. En contraste, en la sierra el número de conventos es mayor, debido a que lo abrupto del terreno dispersaba a los gupos más pequeños, alejados y diseminados en los claros del bosque. Aunque este patrón era similar en la Huasteca, la porción que corresponde a lo que hoy es Hidalgo se atendió desde el convento de Pánuco.

Ambas órdenes concluyeron la construcción de sus conventos entre las décadas de 1560 y 1590. Los franciscanos se arraigaron en Huichapan, Tepeji del Río, entre esta cabecera y la de Otlazpa, Apan, Tulancingo (con dos visitas: San Antonio Teliztaca y Singuilucan), Tultitlán, Orizatlán, Alfajayucan, Tepetitlán y Tecozautla. Y los agustinos, en Ajacuba, Chapantongo, Zacualtipán, Xochicoatlán, Lolotla y Nahuapan, en las cercanías de Molango. El complejo conjunto que conformaron estos grandes centros y las unidades menores como puntos de apoyo intermedio se refleja en los mapas 11, 12, 13, 14 y 15.

Por otra parte, al finalizar el siglo arribaron los franciscanos descalzos (denominados así por ser los que observaban sus reglas de manera más estricta) de la Provincia de San Diego, quienes fundaron el convento de San Francisco, en Pachuca, para atender los reales y las poblaciones aledañas a esta comarca minera, cuya población iba en aumento.

La necesidad de evangelizar a los indios pames y jonaces que se mantenían infieles, entre Zimapán y Jacala, en el marco de la Sierra Gorda (entre lo que hoy son los estados de Hidalgo, Querétaro y Guanajuato), favoreció en el largo plazo (hasta 1733) la conversión del convento a colegio, dependiente de la provincia de San Diego, para proyectarse como propagador del cristianismo entre indígenas no bautizados o insuficientemente catequi zados. Limitadas sus actividades a la jurisdicción indicada, escogieron como punto de acceso la sierra del Real de Minas de Zimapán, de donde partieron para fundar, durante 40 años, las misiones de Adjuntas, La Misión, San Juan Bautista Pacula, San José Fuenclara Xiliapan, Nuestra Señora de Guadalupe de Cerro Prieto y Tolimán. El colegio obtuvo su autonomía de la Provincia de San Diego en 1771, lo que le permitió desarrollar con mayor libertad actividades misioneras hasta Coahuila, Nuevo León y Tamaulipas.

La estructura administrativa no concordaba necesariamente con la religiosa, pues el movimiento evangelizador que puede observarse a partir del trazo de la red misionera (con la fundación de conventos, doctrinas, parroquias y visitas) obedeció a criterios tales como la ubicación geográfica de los núcleos de población indígena en relación con su jerarquía en la esfera administrativa y/o religiosa prehispánica, su patrón de asentamiento y su densidad demográfica. Sin embargo, este último parámetro es impreciso debido al descenso prolongado y acentuado de la población nativa a lo largo del siglo XVI y hasta mediados del XVII. Ciertamente, lo que hoy es Hidalgo sufrió un proceso análogo al decremento generalizado en toda la Nueva España, aunque no de manera completamente homogénea.

De las descripciones geográficas que se conocen del territorio hidalguense, en el siglo XVI hay referencias imprecisas de la depresión demográfica de las jurisdicciones de Ajacuba, Atitalaquia, Tornacustla y Yeitecomac. Al parecer en lo que hoy es el Valle del Mezquital la población no disminuyó drásticamente. Aunque pudiera tratarse de errores involuntarios o deliberados en las fuentes de los visitadores, cabe la posibilidad de interpretar el descenso de la población como un comportamiento relativamente estable. Además, su recuperación en el largo plazo es notable. Mientras en términos globales sólo se logró duplicar el número de sobrevivientes, para el caso particular de la amplia alcaldía de Ixmiquilpan (que incluía 16 pueblos, cinco haciendas de labor y 19 de beneficio de metales, y varios ranchos) la población indígena se quintuplicó hacia finales de la Colonia.

Este porcentaje es aparentemente muy elevado, si se considera la inexistencia de movimientos migratorios atraídos por alguna actividad económica; la pobreza general de su tierra fue el factor que evitó la perturbación de grandes contingentes de españoles y castas (concentrados fundamentalmente en los pueblos de Ixmiquilpan, Chilcuautla y Tlazintla), lo que permitió, a la par de un limitado mestizaje, su conservación como una zona étnica bastante pura. A esto pudo sumarse el apego a una tierra donde se había aprendido a sobrevivir a pesar de su aspereza para permitirles una actividad campesina. Por tanto, en la recuperación demográfica debió influir la actividad económica que propiciaron las minas de Cardonal y las actividades artesanales que, gracias al pequeño comercio, se desarrollaron en este y otros centros mineros, como Pachuca y San Luis Potosí, e incluso en las ciudades del Bajío.

En contraste, las experiencias de Huejutla y Tepeapulco fueron terribles. En el primer caso, los entrevistados consideraban que la población había disminuido en 75% para 1580. En el segundo, a partir de distintas fuentes se estima una baja demográfica de 80% a 90% para 1620, a raíz de la epidemia desencadenada por los recaudadores de tributo de Cortés en 1529, y cuyas graves consecuencias en un año impulsaron a los franciscanos a fundar en ese lugar, hacia 1530, el primer hospital de lo que hoy es Hidalgo.

IV. ESPACIOS PARA EL DESARROLLO REGIONAL: DE HACIENDAS, MINAS Y ARRIEROS

PARALELAMENTE A LA DISMINUCIÓN DEMOGRÁFICA, la autoridad española trató de terminar con la dispersión de caseríos y concentrar a la población nativa para ejercer sobre ella un mayor y mejor control, tanto en materia civil como religiosa. Para ejecutar la política de reducción era necesario conocer la etnografía, la topografía, el clima, los recursos, las comunicaciones, el patrón de asentamiento y los cultivos, así como el parecer oficial, religioso y el de los mismos indígenas, a los que se persuadía para que aceptaran. Sin embargo, la mayoría protestaba. Entre las décadas de 1590 y 1600, se redujeron con cierto éxito algunos pueblos en distintas jurisdicciones. El caso más conocido es el de Zempoala, pero esta política también se siguió en el Valle de Tulancingo (como Santa Ana Hueytlalpan) y en el Valle del Mezquital (Tlacotlapilco, por ejemplo).

Los indios se resistían porque buscaban conservar sus tierras y demás pertenencias, sobre todo los cultivos de largo plazo, como el maguey, el nogal y el nopal de grana, que se daba en Tulancingo. Como no todos los pueblos se pudieron sustraer a la congregación, los indios prefirieron, en el momento de negociar su traslado, ir a los lugares adonde consideraban que podían atender los bienes que dejaban. Pero esto no siempre fue eficaz, pues, al invadir sus tierras, los españoles los despojaban de ellas.

A los indios congregados se les otorgó nuevas tierras y aguas alrededor del pueblo, en lugar de las que ya poseían. Esta medida contribuyó a romper la organización económica existente, ya que los indígenas, al encontrarse en un nuevo ámbito y estar limitados a las tierras que rodeaban el pueblo, ya no pudieron disponer de los recursos que habían explotado tradicionalmente. Ésta fue una de las razones que provocaron la resistencia y, a la larga, también la declinación de la población nativa.

A finales del siglo XVI, el despoblamiento ocasionado por la depresión demográfica y la migración forzada o voluntaria, además de la necesidad de hacer viable el pastoreo de manera extensiva debido a la reducción de pastos —por la creciente demanda de productos agrícolas y ganaderos—, propiciaron una expansión territorial y económica sobre las tierras hasta entonces propiedad de la población indígena.

Mediante la adquisición o la invasión de terrenos se ampliaron poco a poco las propiedades originales, contra los deseos de la corona y en perjuicio de la población indígena. Este fenómeno estimuló en el largo plazo la consolidación de la hacienda de labor (véase mapa 16), que se caracterizó por ejercer pleno dominio sobre los recursos naturales, los mercados regionales y locales y la fuerza de trabajo de la población nativa.

Conforme ésta se recuperó, se manifestaron los conflictos sobre despojo de tierras. Sin resultados favorables e imposibilitados para sostenerse, los indígenas recurrieron a la hacienda como única fuente alternativa de ingreso, pues no podían integrarse directamente a la economía minera (que, a cambio de una mejor remuneración, demandaba trabajadores más especializados), artesanal o comercial.

Cabe señalar que, en atención a los propósitos de su colegio, y mediante compras y donaciones, los jesuitas incluían como parte de su patrimonio las haciendas de labor y cría de ganado mayor y menor de Altica, Florida, el rancho San Pablo, La Concepción, San Francisco Chicabasco, San Francisco Hueytepeque, San Ignacio, San Javier, San Pablo o Tulancalco, Santa Lucía, Tepenené y el trapiche eriazo de Quesalapa. Estas propiedades se localizaban fundamentalmente en las jurisdicciones de Actopan, Atitalaquia-Tetepango, Ixmiquilpan y Pachuca, y se extendían hasta Chapantongo y Zimapán.

Las haciendas de los llanos de Apan, que en un principio se dedicaron al cultivo de alverjón o haba, cebada, frijol, maíz y trigo, así como a la cría de ganado menor, introdujeron gradualmente, con fines comerciales, la explotación del maguey (antes de la Conquista, las espinas se utilizaban como agujas para coser; la fibra, el *ichtli,* en la transformación de cuerdas y textiles; las pencas, como material de construcción o combustible, y el centro de la planta y el aguamiel, en su estado natural o en melaza, como alimento).

Estas haciendas se expandieron conforme caían las restricciones prehispánicas respecto del carácter ritual del consumo de pulque entre la población nativa, lo cual propició, primero, su difusión local entre indígenas y mestizos y, posteriormente, su comercialización, en particular entre quienes laboraban en las minas. Esta zona ya abastecía esta bebida energética y embriagante a los centros mineros hacia finales del siglo XVI, a la vez que se desarrollaban otros mercados en las poblaciones aledañas y, por supuesto, en la ciudad de México.

Puesto que la planta requería de seis a 15 años para crecer y producir, al principio las haciendas desarrollaron una economía mixta, basada tanto en las actividades de las que ya se ocupaban como en la nueva labor. Sin embargo, la creciente demanda del producto, así como lo seguro y reducido de la inversión para explotarlo (requería poco capital y poca mano de obra, ya que el maguey crecía sin necesidad de grandes cuidados y producía por mucho tiempo), afianzó, en la segunda mitad del siglo XVIII, las haciendas productoras de pulque. En esta situación se encontraban las situadas cerca de Actopan e Ixmiquilpan, las de los alrededores de Pachuca y Tulancingo, de mayor peso, y principalmente las localizadas en los llanos de Apan, que si bien dieron a ese espacio cierto auge económico, no fomentaron un desarrollo propio.

La red de distribución del pulque que se extendió a las comarcas mineras próximas se mantuvo vigente durante toda la época colonial gracias a la productividad de las minas, en mayor o menor escala. A este respecto, a mediados del siglo XVI, comenzó en la comarca de Pachuca la producción de plata; aunque ésta fue modesta al principio, aumentó poco a poco, hasta los primeros años del siglo XVII, cuando vivió una etapa menos floreciente. Si bien la producción declinó, las minas tuvieron momentos de auge y decadencia. Esto obedeció fundamentalmente a la disminución de la riqueza de la mena y, sobre todo, al aumento paulatino de la profundidad de los filones, con la consecuente inundación de los tiros. La carencia de una tecnología adecuada para desaguarlos generaba una dificultad y un costo crecientes, pues se empleaba un burdo sistema de malacates (máquina movida por tracción animal, compuesta de un tambor y un eje en que se enredaban las sogas que sostenían las botas de cuero que contenían el agua; estas botas se confeccionaban con dos cueros crudos enteros, cosidos en las orillas y unidos con un anillo de fierro en la parte superior).

Adicionalmente, había una escasez permanente de mano de obra y una insuficiencia de recursos financieros para sufragar los gastos de inversión y operación para la explotación y extracción de la plata, que en ocasiones provocaba la suspensión de labores. Esto sucedía aun en las minas que eran propiedad de varios socios —quienes se unían para compartir el riesgo de tan azarosa actividad— y a pesar del crédito otorgado por la corona para la adquisición de azogue, cuya importación monopolizó, y del financiamiento de capital usurero y comercial (para adquirir anticipadamente insumos y herramientas).

Con todo, la producción de plata era de tal importancia que, en 1675, se establecieron las Cajas Reales en Pachuca para almacenar la plata que por concepto de impuesto correspondía a la corona.

A principios del siglo XVIII, después de realizar una fuerte inversión para rehabilitar la mina del Encino en Pachuca, don Manuel de Moya disfrutó atractivos rendimientos entre 1716 y 1726. Sin embargo, tras esa bonanza minera en Pachuca y Real del Monte, enfrentó condiciones críticas, pues la profundidad a la que se hallaban los minerales dificultaba su rentabilidad y factibilidad. Aun en estas condiciones, en 1739 José Alejandro de Bustamante y Bustillo, interesado en las minas de Real del Monte, elaboró un plan para revivirlas. Su objetivo era drenar, mediante un túnel, las minas que, a lo largo de la veta Vizcaína, se encontraban sobre el nivel de este socavón para luego habilitarlas. Tan ambiciosa empresa requería la provisión de fuertes cantidades en el largo plazo, razón por la que buscó socios para emprender el proyecto. A ese afán se sumó el próspero comerciante Pedro Romero de Terreros, en 1741.

Aunque Bustamante murió antes de concluir su obra, Romero de Terreros fue el único socio que la continuó hasta consumarla, en 1762. Los largos años de tenacidad le permitieron llegar a mayor profundidad y encontrar una veta pródiga, acierto que se reflejó en el aledaño valle de Hueyapan (entre Atotonilco y Tulancingo), donde adquirió una antigua planta refinadora y otras haciendas de labor que transformó en ingenios, los cuales se echaban a andar con energía hidráulica. Adquirió haciendas de labor para garantizar en buena medida el abasto de materias primas agrícolas y forestales, necesarias en minas e ingenios.

Desarrollar una economía mixta había sido práctica común de sus predecesores. Sin embargo, en este caso se trataba de un soberbio complejo minero-metalúrgico-agrícola, cuya explotación le permitió amasar una cuantiosa fortuna que le valió ser considerado uno de los hombres más ricos de su época y verse favorecido con el título nobiliario de conde de Regla, en 1769.

Romero de Terreros es una figura polémica debido a sus contrastantes facetas. Parece haber sido generoso, humanitario, cívico y religioso, y entre sus méritos destacan el haber cumplido con la intención de Bustamante de destinar parte de las utilidades a fundar un Real Monte de Piedad que suministrara fondos a los necesitados; obsequiar a la corona dos buques de guerra y facilitarle un millón de pesos que nunca le fueron devueltos; apoyar a los franciscanos del Colegio de Propagación de la Fe de Pachuca con los gastos de reformación y ampliación del edificio en el que se preparaba a los misioneros en su tarea evangelizadora y al extender su radio de acción en el noreste mexicano, razón por la que fue nombrado síndico y patrono perpetuo de la institución. En otra vertiente, Romero de Terreros, en su posición de empresario que buscaba concentrar en sus manos todos los elementos de producción, aparece como una figura injusta y ambiciosa. Situación particular fue su decisión de disminuir el salario de los peones sin calificación y reducir el partido (forma de pago en especie) que tradicionalmente recibían los operarios, con el argumento de que el mineral con que se quedaban era de mayor calidad que el que entregaban. A pesar de los esfuerzos del gobierno colonial por conciliar los intereses de ambas partes, el desacuerdo provocó una disputa laboral entre el obstinado conde y los irritados y violentos trabajadores, que paralizó la explotación de las minas entre 1766 y 1775. Finalmente, cuando se reabrieron las minas, el partido siguió vigente.

Fue justamente en ese periodo cuando la dinastía de los Borbones aplicó las reformas al orden político-administrativo mantenido por la casa de los Habsburgo. Con el objetivo de suprimir a la Compañía de Jesús, por su gran influencia, riqueza y carácter independiente, se decretó la expulsión de los jesuitas en 1767, y muchas de sus grandes propiedades fueron adquiridas por Romero de Terreros, quien había puesto su atención en la tierra cuando percibió que la veta explotada podía agotarse.

Así, en las postrimerías de la colonia, don Pedro, al igual que sus predecesores en la explotación minera, contribuyó a mantener, en cierta medida, las relaciones interregionales, sobre todo debido al interés común entre el complejo minero-metalúrgico-agrícola en torno a las minas de Real del Monte, las de Cardonal y. Zimapán, y las fincas de labor en las inmediaciones de Actopan, Ixmiquilpan y Pachuca (cuyos magueyales facilitaron al conde su incorporación al mercado del pulque).

Ciertamente éste es un caso excepcional, ya que en general el ramo de la minería reclamaba en la comarca, al igual que en el resto de la Nueva España, una reorganización. En el marco de las reformas borbónicas, que también buscaban extraer los mayores beneficios de sus colonias, la corona, decidida a estimular la producción argentífera con el fin de garantizar el flujo de plata hacia la metrópoli, dictó una serie de disposiciones que privilegiaron a los mineros. Autorizó la creación de un consulado (asociación que agrupaba a todos los mineros en una organización con privilegios y derechos especiales), presidido por un Real Tribunal de Minería, con sede en la ciudad de México, que contaba con diputaciones situadas en la población más importante de las principales zonas mineras, como fue el caso de la establecida en Pachuca, donde se atendían este real y los vecinos.

El tribunal fue creado en 1777 con el objetivo de conocer todos los asuntos relacionados con la minería y resolverlos ágilmente. Entre sus logros destacan la promulgación de las Ordenanzas de Minería, en 1783, para sustituir la anticuada legislación del siglo XVI, prácticamente en desuso; la determinación de establecer más tarde el Colegio de Minería para formar futuras generaciones de ingenieros en minas, y la creación, en 1784, del Banco de Avío, con el fin de apoyar el financiamiento de minas inactivas. Para esta última institución, los centros mineros de Pachuca y Real del Monte eran un objetivo importante, aunque la mayoría de las minas se trabajaban en compañía (entre varios empresarios mineros).

El Banco de Avío recibió solicitudes de préstamos con bajos intereses, y de los 21 préstamos otorgados, 10 se concedieron a minas de la zona que aquí se estudia. Entre estos préstamos destaca el de mayor monto, destinado a la sociedad de José de la Torre Calderón, quien trabajaba además la del Encino (que había estado en bonanza hasta 1726). Al finalizar el siglo, nuevamente en excelentes condiciones, proporcionaba trabajo a un buen número de familias y generaba los recursos necesarios para cubrir con oportunidad sus pagos y hacer abonos ocasionales sobre la deuda adquirida. Lamentablemente, su destrucción, a causa de un incendio en mayo de 1786, incrementó el monto de la ya cuantiosa pérdida que registraba el banco, misma que acabó por arruinarlo, de manera definitiva, en ese mismo año.

Aun con fracasos como el anterior, la explotación en pequeña escala en estos y otros reales mantenía las redes comerciales que aún tenían con las poblaciones más o menos distantes (véase mapa 17). Este intercambio contribuyó a fomentar sistemas de transporte formalmente organizados. Huichapan destacó por su arriería de larga distancia en las rutas de la zona noroccidental (en la que sobresalían los centros mineros).

Aunque en menor medida, también participaban de este giro las poblaciones circunvecinas de Alfajayucan, Chapantongo, Nopala y Tula. Su posición era estratégica por su baja densidad de población, su disposición de tierras para el reposo y la manutención de mulas (llanuras con abundantes pastos y agua, y una gran producción de cebada, alimento fundamental del ganado en el periodo colonial) y su cercanía al camino real hacia el norte (el que partía por Cuautitlán y Tula y seguía a San Juan del Río, donde se dirigía rumbo a Ixmiquilpan, Zimapán y Huichapan).

Enlaces similares debieron existir para el Golfo de México y los valles de Puebla y Tlaxcala. La vinculación de espacios, por más rudimentaria que fuera, denota la existencia de economías regionales no aisladas, sino con cierto grado de complejidad.

V. TRES SIGLOS DESPUÉS:
CONCLUYE EL RÉGIMEN COLONIAL

AL COMENZAR EL SIGLO XIX, el actual territorio hidalguense gozaba aparentemente de riqueza y bienestar. La agricultura, la minería y el comercio prosperaban a partir de un relativo crecimiento del mercado interno. Parecía que las consecuencias que se vivían en la ciudad de México y el Bajío desde 1808, a raíz de la invasión francesa a España, encabezada por Napoleón, no tenían repercusión alguna en este espacio. Sin embargo, al descubrirse la conspiración de Querétaro, se propagó rápidamente la exhortación del párroco de la villa de Dolores, en Guanajuato, para unirse a la lucha contra el mal gobierno.

EN APOYO A LA CAMPAÑA DE HIDALGO

La amplia difusión del movimiento encabezado por el Padre de la Patria contagió al territorio hidalguense, en buena medida gracias al incansable ir y venir de los arrieros. Cayetano Anaya, hombre destacado en este giro, procedente del viaje que hacía cada año a Chihuahua, llegó a Nopala el 30 de septiembre de 1810 con una proclama firmada por Miguel Hidalgo y Costilla. Al principio el comunicado generó gran desconcierto entre los habitantes del lugar y la región aledaña, pero sólo unas semanas bastaron para involucrar a los interesados en la causa insurgente, comandados por líderes regionales.

Destacan los hermanos Andrés, Cayetano, José Mariano y Juan Pablo Anaya, relacionados con un gran número de familias del mismo apellido que habitaban, de manera predominante, en Huichapan; Julián Villagrán, arriero poseedor de una hacienda y de un considerable número de bestias de carga, originario y vecino de Huichapan que fungía como capitán de milicias del batallón de dicho lugar, y su hijo José María, todos vinculados en mayor o menor medida con familias dedicadas a la arriería.

Es por tanto necesario comprender su participación como dirigentes en esta rebelión. Aunque en proceso de investigación, existe la hipótesis de que habrían resultado afectados por la real cédula sobre enajenación de bienes raíces y cobro de capitales de capellanías y obras pías para la consolidación de vales reales (es decir, capital líquido que la Iglesia novohispana prestaba a productores y comerciantes que requerían de ese apoyo, bajo prenda hipotecaria y pago de un interés módico y de largo plazo).

Conforme a esta disposición, aplicada entre 1805 y 1809, y pese al descontento generado, los afectados tuvieron que redimir en el corto plazo para que el capital se enviara a España.

Aun cuando el mandato ya no estaba vigente para entonces, quedaba la incertidumbre de futuras exacciones a la par de una economía lesionada, de la que eran protagonistas la clase propietaria rural (fundamentalmente de haciendas en el sur y oeste del estado, algunas con deudas contraídas desde mediados del siglo xviii), la dedicada al modesto comercio de provincia y la de los trabajadores vinculados con ambas.

Inicialmente, Andrés y José Mariano Anaya —este último designado comandante general por Ignacio Allende— se dispusieron a organizar el movimiento, haciendo partícipes del mismo a sus familiares y a Julián Villagrán.

Para convencer al capitán se sumó su hijo, y finalmente, comisionado por Miguel Hidalgo, el brigadier insurgente Miguel Sánchez (antiguo mayordomo de la hacienda de San Nicolás de los Agustinos, en Michoacán), acuartelado para entonces en San Juan del Río, le insistió sobre el particular.

Así, mientras el ejército rebelde avanzaba hacia la ciudad de México, Julián Villagrán se convirtió en el dirigente de la insurrección al proclamar, en Huichapan, la lucha por la independencia el 28 de octubre de 1810. Se inició con la destrucción del ya inaceptable orden social sin un programa concreto, pero con el amplio respaldo que le brindaban los Anaya, los religiosos

Mariano Lezama, José Antonio Magos García y Mariano Rivera, de Huichapan, y Mariano Aguilar, de Nopala; los subalternos de Villagrán, unos 80 hombres, entre lanceros, dragones e infantes; la población indígena, que al parecer lo respetaba; los reos que fueron liberados; su hijo, y sus conocimientos militares, para sacarle partido a sus seguidores.

Desde su espacio de acción, a lo largo de casi tres años lograron desquiciar a las tropas realistas. Se movilizaban entre Zimapán, Huichapan y Nopala (aunque llegaron a extenderse a Tula, Actopan e Ixmiquilpan, adonde José Mariano Anaya también se había presentado, en noviembre de 1810, para reclutar hombres de las comunidades indígenas), territorio cuya ubicación resultó estratégica durante la primera etapa de la lucha independentista. Por una parte, estaba próximo al camino a Querétaro, cerca de San Juan del Río; de esa manera interferían frecuentemente las comunicaciones y el transporte de plata que salía de Zimapán a la ciudad de México, y efectos de comercio y guerra entre ésta y el norte del país, donde había focos insurgentes activos; por otra parte, estaba resguardado por la impenetrable sierra, donde prácticamente desaparecían los insurgentes de la incansable persecución del ejército realista desde noviembre de 1810. Igualmente, este grupo de insurgentes burlaba las compañías de patriotas que integraban los sirvientes de la hacienda de Tlahuelilpan, cuyo dueño, el conde de la Cortina, logró mantener fieles a más de 70 000 habitantes de las jurisdicciones vecinas.

Desatado el movimiento, diversos líderes locales lo propagaron, como el cura José Francisco Sánchez en la Sierra Alta. Fue justamente en el corazón de ese territorio, en Molango, donde fue aprehendido don Pascasio Ortiz de Letona (comerciante y agricultor de Guadalajara), embajador del movimiento insurgente ante el Congreso de los Estados Unidos, por designación del padre Hidalgo, cuando, en diciembre de 1810, iba camino a Veracruz para embarcarse al país vecino con la finalidad de obtener apoyo. La amenaza de los realistas de tomar prisioneros, sólo por ser sospechosos de apoyar la insurgencia, y la publicación de bandos de indulto provocaban la retracción de poblaciones completas a la causa independiente.

Por otra parte, destaca en la lucha por la independencia el cura de Nopala, José Manuel Correa, quien, relegado en esa zona, compartía día con día la miseria del pueblo, que aún se recuperaba de la última crisis agraria (1785 y 1786). Desconcertado por el curso incierto de los acontecimientos, al principio atendió los deseos tanto de realistas como de insurgentes, hasta que a finales de septiembre de 1811 fue conducido a Zitácuaro ante la recien instalada Suprema Junta Nacional Americana, presidida por Ignacio López Rayón, e integrada por José María Liceaga y el cura José Sixto Verduzco, entre otros; ahí se explicó a Correa que se gobernaba en nombre de Fernando VII, y que los propósitos eran organizar el ejército y libertar a la patria de la opresión que sufría. Convencido de que la causa era justa y santa, aceptó defenderla con el grado de brigadier y comandante en jefe de Huichapan y Jilotepec, en apoyo a las fuerzas de Villagrán. Sin embargo, más tarde surgieron serias diferencias que contribuyeron a disolver la Junta de Zitácuaro, a mediados de 1812.

Correa, en contraste con Villagrán, aceptó subordinarse a López Rayón, quien se hizo cargo de la intendencia de México, de conformidad con el acuerdo de separarse y operar en distintas zonas con el fin de organizar y robustecer las fuerzas diseminadas en el país. De López Rayón recibió el grado de mariscal de campo. Por su parte, al percatarse de que Julián Villagrán desconocía su autoridad, Rayón resolvió entrevistarse con él en Huichapan. Bien recibido por el hijo, conmemoró durante su estancia el segundo aniversario del Grito de Dolores, el 16 de septiembre de 1812. Durante su permanencia, que se prolongó hasta octubre, enterado de que Ixmiquilpan estaba en poder de los realistas, consideró que, sumando fuerzas, se podría tomar la plaza. Mas los esfuerzos resultaron infructuosos, pues al parecer los Villagrán obstaculizaron el envío de municiones para que fracasara la empresa.

Rayón se quejó con Morelos de la conducta de los Villagrán,

cuya insubordinación, al igual que la de otros jefes del rumbo del norte, que actuaban de manera por demás independiente, era la respuesta al posible debilitamiento de su autonomía en lo que consideraban su propia zona de influencia. López Rayón y José María Morelos lamentaban que sus movimientos no se sumaran al objetivo común, pero les animaba que al menos distraían la atención de las tropas realistas.

Desde esta perspectiva, el apoyo de los Villagrán se mantuvo hasta mayo de 1813 (dos meses después de que el virrey Félix María Calleja había tomado posesión del cargo), cuando finalmente fueron aprehendidos por los realistas. Primero el hijo fue fusilado y decapitado para exhibir su cabeza; más tarde, el padre corrió con igual suerte, sólo que después de someterlo a un juicio sumario que lo sentenció a muerte. Igualmente fue capturado el cura José Antonio Magos, aunque él sí consiguió su libertad.

EN FAVOR DEL PROYECTO POLÍTICO DE MORELOS

Otra zona en que se escenificaron constantes y violentos enfrentamientos, sin constituir triunfos definitivos, fue la de los llanos de Apan, que se extendía hacia Pachuca y Tulancingo. Esta demarcación quedaba comprendida en lo que la insurgencia definió como el Departamento del Norte, el cual también incluía la Sierra de Puebla.

Al sureste de la actual entidad hidalguense no llegó comisionado alguno de los conspiradores hasta finales de octubre de 1810, sin que su presencia tuviera mayor trascendencia. Casi al concluir ese año, José Antonio Centeno, vecino de Calpulalpan, enviado por Hidalgo, se ocupó de levantar y armar gente en Zacatlán, Puebla, y en mayo de 1811 entró en Singuilucan, Tulancingo y Apan.

Meses más tarde se configuraron otras partidas de rebeldes encabezadas por distintos jefes, entre los que destacaron José Francisco Osorno, quien se autonombraba general del norte, en tanto diferentes grupos lo reconocían en cierta medida como comandante; entre estos grupos se contaban el de José Miguel Serrano (quien había sido sirviente del conde de Santiago, en su hacienda de San Nicolás el Grande), el de Vicente Beristáin y el de Eugenio María Montaño (administrador de la hacienda pulquera de San Miguel Ometusco).

El área de influencia en que se movían las huestes de estos líderes también resultaba estratégica, aunque en un sentido distinto del que tenía la región de Huichapan. Controlar la mayor región productora del pulque de mejor calidad significaba afectar seriamente el abasto regular de esa bebida, específicamente a la ciudad de México, y, en consecuencia, minar el considerable monto de las rentas reales que generaba ese producto. Simultáneamente, los insurgentes idearon formas de obtener ingresos para financiar sus operaciones. Decidieron imponer contribuciones a los propietarios de las haciendas como condición para que mantuvieran sus labores cotidianas, pues de no pagarlas corrían el riesgo de ser despojados de sus propiedades o de verlas destruidas; otra forma fue llevar por su cuenta el pulque a vender a las ciudades de México y Puebla. Además, la llanura era paso obligado del antiguo camino entre la capital del virreinato y Veracruz, con lo que interferían el comercio entre ambos puntos.

Por otro lado, el difícil acceso a la sierra le permitía a la organización insurgente guarecerse del constante acecho del ejército realista, razón por la que los rebeldes establecieron su sede en Zacatlán. Este abrigo era fundamental si se considera que Tulancingo era asiento de una de las tres comandancias principales de la intendencia de México, establecidas a raíz de la expansión del movimiento (Querétaro y Toluca eran las otras dos).

Fuertemente asegurada por el ejército, por su posición intermedia entre el Golfo y la ciudad de México, la población de Tulancingo siempre permaneció bajo el poder de la autoridad española, a pesar de los intentos insurgentes por tomarla. En contraste, Pachuca, a pesar de ser el eje de los centros mineros y el emplazamiento de las cajas reales, al igual que otras poblaciones sólo estaba guarnecida por un centenar de hombres al servicio del gobierno. Este hecho obedecía muy probablemente al desplome de la producción de plata en la comarca.

Las condiciones para explotar los yacimientos argentíferos habían dejado de ser favorables por dos razones. Una era la escasez de mercurio a causa de la interrupción del comercio con la metrópoli, a partir de la invasión napoleónica. Otra, sustancial, de carácter técnico, eran las dificultades que representaba el agua de las ya profundas galerías, incluidas las que trabajaba la casa de Regla en Real del Monte. Después de la muerte de Pedro Romero de Terreros, durante la administración del sucesor, el segundo conde, resultó cada vez más difícil drenar los niveles situados debajo del socavón hecho por el primero. La situación se agravó cuando las minas pasaron a manos del siguiente heredero, hecho que coincidió con el movimiento de independencia, a pesar de lo cual el tercer conde lograría mantener la explotación a lo largo de una década.

Aunque con una producción decadente, Pachuca constituía, en mayor o menor medida, un botín, pues, cuando menos en el Mineral del Chico, se explotaban minas en bonanza. No sin razón, las fuerzas insurgentes de José Miguel Serrano y Vicente Beristáin merodeaban los alrededores, desde octubre de 1811. Finalmente, en abril de 1812, después de un exitoso ataque, se apoderaron de más de 200 barras de plata que tendrían como destino principal la acuñación de moneda. De éstas, 30 barras se enviaron a Ignacio López Rayón, y 110 a José Francisco Osorno, quien las concentró en Ozumba, Puebla, adonde se desplazó José María Morelos desde Tehuacán (población en la que se acuarteló después del sitio de Cuautla) para recogerlas medio año más tarde. Este cometido se cumplió después de que la constitución política de la monarquía española se jurara con toda solemnidad en la ciudad de México el 30 de septiembre de 1812. Con el nuevo orden constitucional (emanado de las cortes españolas reunidas en Cádiz en ausencia del monarca legítimo) no sólo se suprimió la tradición absolutista, sino que la libertad de imprenta permitió que Carlos María de Bustamante criticara al régimen para finalmente unirse de manera abierta a la causa insurgente. Su primer refugio fue Zacatlán, donde fue bien recibido por las ya respetables fuerzas de Osorno, con quien desempeñó un papel importante en la administración civil y militar del departamento del Norte, a mediados de 1813. Lograron, en mayor o menor medida, coordinar las diversas acciones militares para conseguir mayores efectos en el departamento y en las acciones que emprendían Ignacio López Rayón y José María Morelos; además, intervinieron en el establecimiento de gobiernos locales, en la administración de justicia y en la aplicación de un sistema fiscal que permitiera el sostenimiento de los rebeldes.

La insurgencia encabezada por Osorno mantenía su posición en términos de orden y organización, a pesar de la ausencia de Bustamante en la administración. Ante los objetivos del Supremo Congreso, convocado por Morelos e instalado desde septiembre de 1813 —que buscaba unificar la lucha insurgente y plasmarla en un proyecto político—, y con la intención de consolidar la experiencia en el departamento, Osorno invitó al prestigiado insurgente López Rayón a gobernar éste. Con la posición de jefe máximo en Zacatlán provocó desde su llegada, a mediados de 1814, algunas reacciones negativas en varios jefes de la región y, con el tiempo, una situación incómoda para Osorno, quien realmente encarnaba al gobierno, aunque a cierta distancia.

La toma de Zacatlán por los realistas, unos meses más tarde, propició la apresurada salida de Rayón y, de manera paulatina, la desorganización y el abuso de quienes buscaban promover sus intereses, en el marco de acciones desesperadas ante el inevitable avance de los realistas sobre el territorio. Con la separación o muerte de los insurgentes partidarios de la disciplina, la anarquía provocó el rechazo de la población y del Congreso. Esta decadencia coincidió con el ocaso de los principales insurgentes, entre ellos el cura José Manuel Correa, quien fue hecho prisionero en enero de 1817, en Tehuacán, Puebla, y luego sufrió un largo y penoso proceso por el delito de infidencia, su virtual excomunión y la cárcel. A raíz de estos acontecimientos sobrevino un periodo de aparente decaimiento de la causa independiente.

EL DESENLACE

El restablecimiento de la Constitución de Cádiz (anulada en mayo de 1814, al volver Fernando VII de su cautiverio en Francia) propició en 1820 el interés de los peninsulares —que veían afectados sus intereses— de buscar la independencia de la Nueva España con un régimen que les permitiera conservar los privilegios que hasta entonces habían disfrutado. Agustín de Iturbide fue designado al frente de las tropas del sur, y debía encargarse de aniquilar a Vicente Guerrero. Sin embargo, ambos personajes, decididos a pactar los intereses de los grupos que representaban, discutieron las bases del Plan de Iguala. En éste se proclamaba la independencia absoluta respecto del trono español y el establecimiento de un gobierno monárquico moderado, a lo que se adhirieron paulatinamente otros jefes insurgentes en 1821.

En marzo de ese año, el cura José Antonio Magos García se sumó al pronunciamiento en Huichapan, desde donde extendió la proclama a Ixmiquilpan y numerosos pueblos aledaños. Al mes siguiente, Nicolás Bravo, comisionado por Iturbide, llegó a Tulancingo para arrebatarla de manos de los realistas. En junio, Anastasio Bustamante ocupó Zimapán.

Tras la firma del Tratado de Córdoba, que ratificaba en términos generales el Plan de Iguala, el Ejército Trigarante, parcialmente integrado por infantes y dragones de Apan, Tulancingo y Zacualtipán, entró en la ciudad de México, encabezado por Iturbide, el 27 de septiembre de 1821.

Así concluyó una prolongada etapa en la que, conjugados el quehacer administrativo, económico y, finalmente, el gubernamental, se generó, en el largo plazo, el nacimiento de una nueva nación. En ese periodo se establecieron los antecedentes geográficos de la división territorial que en buena medida corresponde al actual estado de Hidalgo; claro está que en aquel entonces carecía de todo sentido político. La necesidad de atender los acontecimientos cotidianos o extraordinarios que tenían lugar en el norte de lo que fue primero la provincia y luego la intendencia de México dio la pauta para organizarla en jurisdicciones. Asimismo, la interrelación de actividades en las que se basaba la economía colonial conformó un ámbito de requerimientos complementarios, aunque en una correlación más desigual.

En contraste, con la sacudida que significó el Grito de Dolores se identifican dos áreas de influencia; cada una de ellas corresponde a características topográficas distintas, aunque ambas se respaldan en intrincadas serranías; consecuentemente, la actividad económica de cada área difería, excepto por tener ambas centros mineros con cierta producción; en la actual entidad, el área occidental es más modesta que la del sureste.

En las poblaciones de la Sierra Alta y de la Huasteca aparentemente la insurgencia no tuvo mayor arraigo. ¿Cómo entonces estas cuatro zonas, al parecer políticamente sin conexión alguna entre sí, reclamarían conjuntamente, como un derecho, que se les considerara como una entidad en el contexto de la federación?

TERCERA PARTE

DE UNA REGIÓN DEPRIMIDA A UN ESTADO QUE PROSPERA

VI. SE INICIA UNA NUEVA ETAPA

MÉXICO ASUMÍA SU RUPTURA con el orden colonial al organizarse como nación independiente, lo cual significaba modificar sus estructuras ideológica, política, económica y social. Realizar ese cambio en un contexto en el que prevalecía la discrepancia de aspiraciones, intereses y fuerzas, en medio de una economía deteriorada, dio origen a una serie de trastornos que caracterizaron las primeras décadas de vida independiente.

La Junta Provisional Gubernativa se ocupó de redactar el acta de independencia e instalar el Congreso Constituyente para establecer la organización política del efímero imperio mexicano representado por Agustín de Iturbide. Declarados insubsistentes el Plan de Iguala y los Tratados de Córdoba, la nación quedó en libertad para adoptar la forma de gobierno que más se ajustara a sus aspiraciones. Así, un nuevo Congreso Constituyente proclamó la república federal y promulgó la Constitución de 1824.

El país se organizó en 19 estados, facultados para elegir gobernador y asambleas legislativas propias, y cinco territorios. Entre estas entidades destacaba, por su amplia dimensión territorial, el Estado de México. Comprendía la mayor parte de lo que había sido la intendencia del mismo nombre durante las últimas décadas de la administración española, excepto por la segregación de Querétaro (decretada por el triunvirato que asumió el gobierno tras la caída del emperador, en 1823, con la intención de crear un distrito en el que residieran los poderes del gobierno nacional) y la segregación de la ciudad de México (dispuesta por los constituyentes de 1824, para erigir el Distrito Federal).

A pesar de ambos desmembramientos, la circunscripción de la entidad se extendía, de norte a sur, entre los lomeríos de lo que hoy es la Huasteca hidalguense y las costas del actual estado de Guerrero.

La organización político-territorial

Este espacio se organizó en ocho distritos, cada uno con cabecera en el municipio más próspero de los que lo integraban, donde el mando quedaba a cargo de un funcionario llamado prefecto. A su vez, cada distrito constaba de partidos, desde cuya municipalidad más importante despachaban los subprefectos. Los distritos que prácticamente formaron después el estado de Hidalgo se localizaban en la parte norte del antiguo Estado de México. El de Huejutla se componía de los partidos de Metztitlán, Yahualica y Huejutla, donde el municipio de este nombre tenía rango de cabecera de distrito. El de Tula estaba constituido por las jurisdicciones de Actopan, Huichapan, Ixmiquilpan, Tetepango, Xilotepec (que aun hoy pertenece al Estado de México), Zimapán y Tula, donde la localidad de igual denominación era la sede de la administración distrital. Finalmente, en el distrito de Tulancingo, la ciudad del mismo nombre (la más prominente tanto de ese distrito como de los anteriores) era asiento de la autoridad de esa demarcación, que incluía Apan, Otumba (que también sigue siendo parte del Estado de México), Pachuca y Zempoala.

A la par que cobraba vida esa división política del Estado de México, sus autoridades evaluaban la mejor opción para reubicar la capital del estado. La creación del Distrito Federal, en la ciudad de México, como sede de los poderes del gobierno nacional desplazó de ese espacio a los poderes de la entidad.

La trascendencia que tendría la decisión para definir una nueva capital en el estado ocupó la atención general. Los ayuntamientos de Tulancingo, Actopan y Huejutla manifestaron abiertamente su interés por albergar la residencia de los poderes estatales, entre 1824 y 1825. El primero consideraba que, desde su perspectiva, era el lugar idóneo, por estar "casi en el centro del estado", en un valle donde la pródiga madre naturaleza brindaba inmejorables condiciones de bienestar. En contraste, los dos últimos, a pesar de la carencia de infraestructura para acoger a los poderes estatales, ponían a disposición de las autoridades las mejores casas de ambas localidades. Sin embargo, Huejutla, consciente de sus limitaciones, proponía que, de no cumplir los requisitos, se considerara otorgar dicho privilegio a Tulancingo.

Tomado en cuenta ese ofrecimiento, la Legislatura del estado, ocupada en averiguar cuál sería el lugar más idóneo para la residencia provisional de la capital, consultó sobre el particular al prefecto de Tulancingo, Francisco Ortega, en 1827. En su respuesta resaltaba que Tulancingo distaba de ser el punto más céntrico del estado por su proximidad con Puebla y Tlaxcala, y aseguraba que tampoco era el núcleo de las relaciones comerciales e industriales; por otra parte, estimaba que aun cuando Pachuca cumpliera en mayor medida ese perfil, no la recomendaba porque su nivel de vida era inferior al de Tulancingo. De ese modo, Texcoco atestiguó la promulgación de la Constitución Política del Estado de México y la toma de posesión de Lorenzo de Zavala como gobernador. Cuatro meses después los poderes se desplazaron a Tlalpan, donde residieron hasta que, en 1830, se asentaron definitivamente en Toluca.

ACTIVIDAD ECONÓMICA, INQUIETUD POLÍTICA: ASPIRACIONES Y FRACASOS

Simultáneamente a la organización de la naciente república federal y del Estado de México, se restableció el motor económico que dio vida a la parte norte de la entidad desde la temprana época colonial: la minería. Al consumarse la independencia, importantes distritos mineros del país se encontraron en plena depresión ante la ausencia de capital local para rehabilitarlos, situación que de manera particular también compartió la Casa de Regla, que desde 1820 había tratado infructuosamente de atraer inversionistas.

El interés del gobierno por fomentar ese giro y la atracción que ejercía la plata en el exterior propiciaron la formación de diversas compañías de capital foráneo. Entre éstas destacó la empresa británica que explotó Real del Monte, entre 1824 y 1849, como resultado de la búsqueda de asistencia financiera del tercer conde en el extranjero.

En el contrato celebrado entre la firma inglesa y el representante de Romero de Terreros, este último, a cambio de ciertos beneficios, le cedió a la primera, por más de dos décadas, las minas y los establecimientos que le pertenecían en Real del Monte y Zimapán.

Al absorber la producción de los espacios más o menos distantes de su alrededor, esta empresa volvió a vincular y reconstruir la economía regional, al tiempo que fortalecía el desarrollo minero-exportador, a pesar de los vaivenes de las primeras décadas de vida independiente. Apenas unos años después de su establecimiento, en 1827, se sucedieron una serie de tumultos en Apan, Alfajayucan e Ixmiquilpan, organizados por los conservadores, en respuesta al ataque que se hacía contra la población española. Ese embate obedecía al resentimiento ocasionado porque la Madre Patria no reconocía la consumación de la independencia, aunado al hecho de que un buen número de peninsulares seguían ocupando posiciones privilegiadas que ponían en riesgo la emancipación, como fue el caso del padre Joaquín Arenas, quien propuso recuperar la autoridad legítima de Fernando VII en dicho año.

Esto a su vez provocó que se expidiera la Ley Federal de Expulsión, en diciembre de 1827, la cual propició el enfrentamiento de las dos facciones republicanas al comenzar el siguiente año. Conservadores y liberales, vinculados a las logias masónicas escocesas y yorkinas, respectivamente, eran los núcleos de aglutinación política. Los primeros, representados por Nicolás Bravo (vicepresidente de la República en ese momento, durante la presidencia de Guadalupe Victoria), postulaban el centralismo, y los segundos, encabezados por Vicente Guerrero, el federalismo. Las diferencias llevaron a Bravo a sublevarse contra el gobierno, para lo que escogió Tulancingo como cuartel general de operaciones, porque conocía la demarcación cuando había formado la séptima división del Ejército Trigarante, aunque los centros mineros de Cardonal y Zimapán pudieron haberle servido mejor como puntos de apoyo, pues, en Tulancingo, los habitantes con poder económico eran de corte conservador. Así, la lealtad de las autoridades políticas locales hacia el gobernador, quien pertenecía al rito masón de los yorkinos, facilitó la derrota de Bravo y, por lo tanto, la de los escoceses.

Como resultado de la política de expulsión de los peninsulares, el Colegio Apostólico de Pachuca perdió 13 religiosos, al tiempo que el gobierno de Tamaulipas expropió las tierras en las que se ubicaban las misiones en esa entidad. En contraposición, la buena disposición del gobierno británico para entrar en relaciones amigables con México y reconocer su independencia de España facilitó el número de permisos de residencia a inmigrantes procedentes de la región minera de estaño y cobre del Condado de Cornwall, al suroeste de Gran Bretaña. Su destino era la comarca minera de Pachuca-Real del Monte, a solicitud de la empresa británica dedicada a explotar los yacimientos argentíferos de la Casa de Regla. Los recién llegados debían encargarse de los puestos que requerían habilidad mecánica para la instalación, operación y mantenimiento de la moderna tecnología importada, hasta entonces desconocida por la mano de obra mexicana (máquinas de vapor para el desagüe de minas, calderas y los edificios que las alojaban), y supervisar la ejecución de estas y otras actividades. Así, el número de operarios, artesanos (albañiles, carpinteros, fundidores, herreros, ladrilleros, techadores), oficinistas y profesionales se incrementó hasta llegar casi a la centena.

Esos inmigrantes también atestiguaron la preocupación por defender el orden. Los disturbios se sucedían unos a otros con un carácter más transitorio que decidido, pues no surgían como una rebelión propiamente dicha. Tenían lugar en poblaciones estratégicas, cabeceras de distrito, partido y centros mineros, por tener un mayor potencial de ingresos, tanto en tesorerías como en casas y establecimientos. Aunque los trastornos militares nunca amenazaron directamente las propiedades de la empresa, sí interrumpían la llegada de abastos procedentes del extranjero, aunque no de manera frecuente ni prolongada como para minar la productividad. Sin embargo, la imagen de inestabilidad que percibieron los inversionistas desde Gran Bretaña al enterarse de esos acontecimientos, junto con la decepcionante productividad de las minas, determinó su negativa para ampliar los recursos de la compañía, que enfrentaba serias dificultades económicas.

También estaban las localidades cuya ubicación era importante en relación con las principales vías de comunicación entre la capital del país y otros puntos: Tulancingo, por estar situada a medio camino hacia el puerto de Veracruz; los llanos de Apan, en el trayecto para llegar a Tlaxcala y Puebla, y Huichapan, que estaba a un paso del camino hacia Querétaro.

De esta manera, los distritos del norte del antiguo Estado de México fueron parte del escenario de los pronunciamientos y las represiones derivados del enfrentamiento entre quienes tenían en sus manos el destino de la nación. En este sentido, el territorio que nos ocupa compartió los vaivenes de los que detentaban y dejaban el poder, y fue testigo de continuos movimientos militares.

Ejemplos de esos enfrentamientos son los siguientes: el que surgió a causa de la división entre los mismos yorkinos a raíz del proceso electoral que llevó a Manuel Gómez Pedraza a ocupar la presidencia de la República, que después fue descalificado para que Vicente Guerrero y Anastacio Bustamante se convirtieran en presidente y vicepresidente, respectivamente. Otra asonada fue consecuencia del plan de Isidro Barradas, quien, con 3 000 hombres procedentes de La Habana, se apoderó de Tampico a mediados de 1829 con la finalidad de reconquistar el país para España. Si bien el objetivo no se logró, el suceso sirvió para que Bustamante, en lugar de reprimir la incursión del enemigo, se sublevara contra el gobierno federal para establecer un régimen centralista. Una más fue resultado de esta decisión: el descontento grupo liberal decidió emprender la rebelión, con Antonio López de Santa Anna a la cabeza, lo que permitió a este último llegar a la presidencia en 1833.

Otro ejemplo es el descontento del clero y del ejército por las reformas que promovió Valentín Gómez Farías; ambos sectores, con el apoyo de Santa Anna, anularon la obra reformista y prepararon el establecimiento de un régimen de centralización gubernamental y administrativa.

Con fundamento en las Siete Leyes Constitucionales, Toluca perdió su carácter de sede de los poderes de la entidad. Entonces, el Estado de México se convirtió en un departamento. En vista de que la legislatura fue sustituida por una junta departamental, los distritos de Huejutla, Tula y Tulancingo perdieron su representatividad, el gobernador fue nombrado por el presidente de la República, y sus rentas, como las de las demás jurisdicciones, quedaron sujetas al gobierno federal, que fijaba el presupuesto. Este centralismo fue más absoluto con el decreto de las bases orgánicas que crearon la segunda República Centralista. Finalmente, el empeño de los liberales logró que en 1846 se restableciera la Constitución de 1824.

En este contexto tuvo lugar la invasión estadunidense, a mediados de 1847. Ante las dificultades para organizar un ejército regular, el gobierno estimuló el desarrollo de pequeños grupos armados integrados por voluntarios. Las actividades se intensificaron en Huejutla, donde se estableció una línea militar y desde donde las guardias nacionales de Molango, Zacualtipán y la propia Huejutla derrotaron a los invasores en la batalla que tuvo lugar en el Río Calabozo (afluente del Tempoal, que a su vez lo es del Pánuco). A pesar de ese triunfo y de la conformación de guerrillas, que en ausencia de un ejército formal intentaron detener a las tropas invasoras, éstas marcharon hasta ocupar las instalaciones del Colegio de San Francisco, en Pachuca. Una vez que los estadunidenses se adueñaron de la capital del país, cesó la resistencia y fue necesario concluir las negociaciones de paz mediante la firma del Tratado de Guadalupe-Hidalgo, en 1848.

Además de tener una economía fuertemente deteriorada y del conflicto permanente entre liberales y conservadores, los términos de ese acuerdo fueron desfavorables para México, que perdió casi la mitad de su territorio.

VII. DEL QUEBRANTO A LA PLENITUD

L A SIGNIFICATIVA PÉRDIDA DE TERRITORIO NACIONAL coincidió con un desmembramiento más del territorio mexiquense —del que el surgió el estado de Guerrero— y con el cierre de operaciones de la empresa británica que manejaba las minas de la Casa de Regla, en 1849. Al igual como lo hizo cuando el primer conde, la compañía había invertido fuertes sumas de capital y había controlado el proceso productivo de la plata. Sin embargo, a diferencia de los considerables beneficios que obtuvo Romero de Terreros, los 25 años de operación de la empresa constituyeron la historia de un gran fracaso financiero.

Resultaron infructuosos los esfuerzos por llevar, instalar y operar las máquinas de vapor, con técnicos traídos de Cornwall, para desaguar los profundos niveles de las minas, tratar de mejorar el sistema de beneficio, ampliar y mejorar las instalaciones, negociar con los barreteros por el partido y mantener la ecuanimidad ante los contratiempos ocasionados por el desorden político.

El lamentable fracaso de la compañía fue provocado por el elevado costo que significó llegar a las galerías más profundas y encontrar mineral menos rico y abundante de lo que se esperaba. En contraste, a pesar de haber sido una prolongación de intereses económicos desvinculados de la economía local, el balance fue positivo para la región, pues se rehabilitó la minería en Real del Monte.

LA RECUPERACIÓN DE LA ECONOMÍA REGIONAL

Las minas e instalaciones que en 1824 eran restos de su época de esplendor, 25 años después constituían un establecimiento minero-metalúrguico muy bien equipado que funcionaba adecuadamente. Con este aliciente, prominentes hombres de negocios de la ciudad de México (socios de la compañía arrendataria de la Casa de Moneda de México y de la Compañía del Tabaco, entre los que destacaban Nicanor Béistegui y Manuel Escandón) constituyeron una sociedad por acciones que, con la denominación de Empresa de Minas del Real del Monte, adquirió los derechos que le cedió la administración británica, en 1849.

El potencial de los yacimientos de Pachuca facilitó que la nueva administración aceptara el riesgo de invertir en ese distrito, a pesar de su casi total abandono. Prácticamente se había dejado de trabajar desde hacía un siglo, debido a la imposibilidad de desaguar las minas con malacates operados con caballos o mediante un socavón. Aún a mediados del siglo XIX, perforar un túnel en Pachuca seguía siendo irrealizable por las dificultades técnicas para contraminar las vetas. La única alternativa viable para drenar era colocar una potente máquina de vapor en el tiro más profundo. Sin embargo, adquirir e instalar ese mecanismo sólo podía hacerse con el respaldo de un fuerte capital. Ante las codiciables expectativas que ofrecía a la empresa la mina del Rosario en dicha localidad, esta posibilidad, inalcanzable con los recursos locales, se hizo realidad en 1852.

El acierto de esa decisión se reflejó al año siguiente. Las minas vecinas pudieron ampliar sus labores, hasta entonces muy limitadas (razón por la cual sus dueños compartieron proporcionalmente los gastos de mantenimiento del desagüe). Asimismo, el auge incomparable de la mina del Rosario, por poco más de una década, dio a los accionistas de la gran empresa cuantiosas utilidades que se sumaron a intereses económicos desvinculados de la economía local. Aunque la empresa resintió la disminución de las menas, continuó sus operaciones en el vasto número de minas con que contaba en Pachuca y Real del Monte. Entre ellas destacó la de Guautimotzin, que también ofreció espectaculares ganancias en el breve periodo de 1869 a 1871 (durante el cual llegó a ser el yacimiento más importante de todo el país).

Debido al carácter extensivo de la explotación, la firma decidió, prudentemente, concentrar sus operaciones en Pachuca y Real del Monte, razón por la cual cedió sus derechos sobre las minas y haciendas de beneficio que tenía en Zimapán (otrora pertenecientes a la Casa de Regla).

La fuerte producción de plata, además de beneficiar a la compañía, a sus accionistas y a los mineros locales, repercutió en provecho de la población. Se había propiciado un florecimiento económico en la comarca, que se reflejó en un fuerte incremento demográfico para Pachuca: más de 100% en el municipio y 45% en el partido del mismo nombre. A partir de la minería como actividad dominante, Pachuca constituyó en esa ocasión el detonante que permitió que la región renaciera, incluidos Real del Monte y Mineral del Chico, cuyas minas se explotaron con éxito desde finales de la década de 1840, a pequeña y mediana escala, por Tomás Mancera y, más tarde, por su hijo Gabriel, quien estableció la Compañía Metalúrgica de Atotonilco el Chico en 1889.

Se había recuperado la posición de centro común de las relaciones de intercambio para atender la demanda de insumos tanto para la explotación y extracción de la plata como para la subsistencia de los habitantes. A las remesas que llegaban del mercado exterior y del nacional se sumaban las provenientes del entorno local y regional: por una parte, del espacio inmediato compartido por las haciendas de beneficio, las fincas agrícolas y forestales y los demás establecimientos y propiedades de la empresa que, a su vez, requerían insumos; y, por otra, de distintos puntos del estado. Era un destino más o menos cercano pero inequívoco para comercializar granos y hortalizas de los valles de Actopan, Ixmiquilpan, Metztitlán, Tula y Tulancingo; cultivos tropicales (algodón, café, caña de azúcar, piñas, tabaco) de la sierra y la Huasteca; en mayor o menor escala, ganado lanar, caprino, vacuno, caballar y mular en el Valle del Mezquital, la sierra y la Huasteca; los productos de jarcia e ixtle, también del Mezquital, y los de palma (petates y sombreros) de Atotonilco el Grande; fierro de las limitadas labores de las minas de Cardonal,

Zacualtipán y Zimapán, también productoras de plomo; frazadas, mantas y rebozos de los entornos de Tula y Tulancingo, aunque el precio de esos productos de manufactura artesanal no era competitivo en el mercado nacional con los fabricados por la industria textil de México y Puebla, y parte de la considerable producción de pulque y lana de la cría de ganado de los llanos de Apan, pues una parte importante se distribuía a la ciudad de México y Tlaxcala, respectivamente.

La intensificación del movimiento comercial en particular y de la economía en general adquirió mayor relevancia, lo que benefició a una población económicamente activa en la ganadería y la agricultura, ante la ausencia de fuertes capitales invertidos en otros giros de mayor envergadura. En consecuencia, después de la decadencia de Pachuca y luego de Real del Monte, en el siglo XVIII los ingresos de la hacienda pública de Pachuca fueron nuevamente superiores a los captados por la de Tulancingo.

En pos de la justicia: el reclamo indígena frente a conservadores y liberales

La prosperidad descrita se registraba en un ambiente de protestas, pronunciamientos y movimientos contrarrevolucionarios. Esta agitación era en buena medida resultado del respaldo que tenían los líderes que estaban en desacuerdo con el gobierno, quienes se apoyaban en la población indígena y campesina descontenta por los abusos de hacendados y funcionarios. Ejemplo de ello fueron las consecuencias del Plan de Jalisco, de 1852, que, ante el fracaso de las rebeliones de Guadalajara, Jalisco, y La Piedad, Michoacán, buscaba destituir de la presidencia a Mariano Arista, mantener la Constitución y llamar a Santa Anna para que restableciera el orden. Asimismo, ese documento proponía que cesaran las contribuciones de capitación (recaudadas a partir de la imposición de una contribución personal). Con la promesa de exceptuar a los pueblos del pago de ese impuesto, los dirigentes del movimiento en lo que hoy es Hidalgo consiguieron adeptos fácilmente, sobre todo porque años atrás, en el Santuario de Cardonal, había habido manifestaciones de descontento por un incremento en dicho gravamen.

Aunque los caudillos se retiraron de la zona, dejaron a sus seguidores predispuestos, armados y organizados. Así, los indígenas, en busca de justicia, provocaron un ambiente de intranquilidad en el resto de la población de Alfajayucan, Huichapan, Ixmiquilpan, Tecozautla y Tula, asentamientos donde se concentraba el mayor núcleo de población indígena, la más afectada por esta gabela, al no tener más que el exiguo ingreso de su trabajo para ser gravado, pues carecían de bienes o capitales.

En el plano nacional, la subversión cobró mayor importancia un mes después con el Plan del Hospicio, apoyado por los conservadores, quienes llevaron nuevamente a Santa Anna al poder en abril de 1853. Con la suspensión de la Constitución de 1846, los estados se convirtieron una vez más en departamentos. Con la finalidad de aniquilar al enemigo, la dictadura inició un sistema de persecuciones y medidas represivas contra los que la atacaran.

Así, Melchor Ocampo, que había sido derrocado como gobernador de Michoacán a principios de 1853, fue confinado a Tulancingo en junio del mismo año. Como estuvo en libertad bajo palabra, fue objeto de la hospitalidad de Manuel Fernando Soto Pastrana, quien ya se perfilaba como figura política. Aunque era hijo de un hacendado de Tulancingo, probablemente Soto Pastrana compartió con Ocampo sus inquietudes sobre la explotación de artesanos y jornaleros mediante el endeudamiento, el trabajo forzado y hasta el maltrato físico (como sucedía, por ejemplo, en la región de Apan, donde existían cepos y grilletes). Precisamente en marzo de 1853 generó una polémica al manifestar sus ideas públicamente. Moderado partidario del mutualismo y del cooperativismo, promovía el socialismo, entendido como la mejora del estado social por el principio de asociación (no mediante la destrucción del orden social existente). A partir de ese espíritu podían establecerse escuelas para ofrecer educación primaria gratuita y obligatoria; instrucción en materia de artes y oficios; talleres sociales de protección mutua; hospitales para el descanso de enfermos y ancianos, y fincas modelo con nuevas máquinas y métodos.

Sin embargo, estas ideas no fueron acogidas por la clase dominante, que se debatía en otro tipo de preocupaciones. Una de ellas era el Plan de Ayutla, proclamado en 1854, que dejaba sin efecto las leyes vigentes sobre la gabela de capitación impuesta a los pueblos. Nuevamente, este ofrecimiento facilitó contar con aliados que propagaron la rebelión en torno a Huichapan y Tula, sobre todo cuando las autoridades locales requirieron el pago de esa contribución, con el fin de recabar los fondos necesarios para contener a los revolucionarios. Finalmente, después de la salida de Santa Anna del país y de resolverse algunas discrepancias entre los revolucionarios, Juan Álvarez tomó posesión de la presidencia y convocó al Congreso Constituyente (en el que Manuel Fernando Soto representó a Tulancingo), que se reunió, ya durante el gobierno de Ignacio Comonfort, en la ciudad de México en febrero de 1856.

En la misma fecha, los vecinos de Jacala, perteneciente al partido de Zimapán, convocados por el alcalde de ese municipio, redactaron un acuerdo, conocido como Acta de Jacala. El documento contenía, entre otras, las peticiones de elevar a rango de partido la circunscripción en torno al municipio, además de apoyar las propuestas de ley promovidas por los liberales; subrayaba también la expedición de una ley agraria para el reparto de tierras a indios y peones.

Esta iniciativa es la única que se conoce en el estado de Hidalgo, y muy probablemente fue resultado de las características que adquirió la zona al estar enclavada en la Sierra Gorda, donde habían acechado los nómadas indios pames, lo que impidió el asentamiento de familias españolas hasta el siglo XVIII. Aunque la población aumentó durante el siglo XIX, con emigrantes que huían de la guerra o de la persecución política resultante, la orografía del lugar había permitido distribuir el suelo entre pequeños y grandes propietarios y arrendatarios de éstos.

Cabe señalar que ni siquiera las fincas más amplias se comparaban con las vastas dimensiones de las haciendas localizadas en los valles y llanos del sur de la actual entidad, y que sus terrenos no habían sido sustraídos a núcleos de población indígena arraigada en el lugar. La economía local se desarrollaba en torno a la explotación de reducidos depósitos de cobre y zinc; al pequeño comercio y a empresas que se ocupaban de fabricar jabón, aserrar madera y destilar aguardiente de caña; a la cría de ganado, y al cultivo de la tierra, fundamentalmente de trigo, que se vendía al Valle del Mezquital, pues las plantaciones de café aún eran incipientes. La inclinación de esa población hacia un movimiento reformista, del que evidentemente tenían conciencia, coincidía con sus intereses, pues se buscaba, entre otras cosas, fortalecer el proceso por el que podría hacer valer sus derechos sobre las extensiones de tierra que ya poseía.

Se desconoce la trascendencia de ese documento en el seno del Congreso federal, pero es claro que debió de contribuir a respaldar el proceso legislativo que, meses más tarde, concluyó con la Ley Lerdo (sobre la desamortización de los bienes de las corporaciones eclesiásticas y civiles, incluidas las comunidades indígenas, para quedar sujetas a enajenación en favor de los arrendatarios u otros particulares).

Otro tema sustancial para los territorios con intereses de segregación de las entidades a las que pertenecían era el de la división territorial. Manuel Fernando Soto asistía con frecuencia a la comisión que la atendía por su interés en esa materia. Ya en 1855 había apoyado, con vehemencia pero sin éxito, el proyecto promovido en repetidas ocasiones —desde 1823— para formar primero una provincia y, después, una entidad, integrada por los distritos de Huejutla (que comprendía los partidos de Huejutla, Metztitlán y Yahualica, localizados en la Huasteca hidalguense, la Sierra Baja y la Sierra Alta, hasta Zacualtipán), Tampico, Tancanhuitz, Tuxpan y el sur de Tamaulipas. Sin embargo, su adscripción a distintos estados impidió en gran medida que conformaran el estado de Iturbide.

Promulgada la Constitución de 1857, los conservadores la consideraron demasiado radical y pidieron su anulación por medio del Plan de Tacubaya, que fue aceptado por Comonfort. Esta traición dio inicio a la Guerra de Reforma, que se prolongó durante tres años. En esa ocasión, el control del actual territorio hidalguense por parte de los liberales surgió de la vecina sierra poblana, hermanada con el valle de Tulancingo y los llanos de Apan, desde la lucha por la independencia. Los caudillos de esa región, dedicados originalmente a la arriería y al comercio en Huauchinango, Puebla, tenían fuertes vínculos y un amplio conocimiento de la zona comprendida entre Tenango, Tutotepec, Atotonilco el Grande, Pachuca y Tulancingo. Su objetivo era controlar estas dos últimas localidades, claves por su importancia económica y geográfica. A pesar de los intentos de apoderarse de Pachuca y Tulancingo, ambas ciudades permanecieron en manos de los conservadores, aunque hubo una ocupación temporal, de Pachuca y Real del Monte, en noviembre de 1858, por las tropas al mando de Rafael Cravioto (quien había participado en la guerra contra los estadunidenses y militado en las filas liberales durante la Revolución de Ayutla, episodio en el que fijó su posición política), y también un infructuoso ataque a Tulancingo, por las huestes encabezadas por su hermano Simón, y por Manuel Fernando Soto, en marzo de 1859.

El control de los liberales finalmente ocurrió cuando ocuparon Pachuca, en marzo de 1860. Las tropas se posesionaron del colegio de los franciscanos y desalojaron a los religiosos. Así, ese inmueble fue uno de los 48 expropiados entre 1857 y 1862, es decir, 7% del total de propiedades que la Iglesia tenía en lo que hoy es Hidalgo (en su mayoría conventos, cementerios y atrios) y que pasaron a manos del Estado y, posteriormente, en algunos casos, de particulares.

Como resultado de la aplicación de las leyes de desamortización y nacionalización de los bienes del clero, el colegio se dividió para su venta, y fue ocupado por diversas dependencias oficiales. Entre otras, albergó a la Escuela Práctica de Minas (donde se preveía que, después de ocho años de enseñanza teórica, los alumnos del Colegio de Minería realizarían una práctica de nueve meses), como resultado de las gestiones iniciadas desde 1850 por la Empresa de Minas del Real del Monte (que aportó fuertes sumas para equiparla entre 1861 y 1863).

El triunfo del gobierno de Juárez, el 1º de enero de 1861, y la defensa de los principios constitucionales que adoptaron los clubes políticos, concebidos para aglutinar grupos liberales, como los de Alfajayucan, Huichapan, Tula y Tulancingo (que seguían los pasos del Club Reforma, de la ciudad de México), no acallaron los restos del ejército conservador. La oposición aprovechaba los problemas derivados de la reestructuración de la tenencia de la tierra y las relaciones agrarias.

Las protestas y manifestaciones contra la Ley Lerdo habían tenido lugar conforme los campesinos, indígenas en su mayoría, eran despojados de las tierras comunales que subsistían, tierras que poseían y cultivaban desde antes de la Conquista. Los primeros en sublevarse en busca de justicia habían sido los pueblos de Tutotepec y Tenango, así como la población de Tulancingo. El otro núcleo de población indígena importante era el del Valle del Mezquital, donde se había contenido el conflicto fundamentalmente en torno a Ixmiquilpan y Tula. Sin embargo, la irritación de los indígenas había crecido ante la voracidad de los dueños de las haciendas por traer tierras, agua e incluso el ganado de los pueblos de indios como parte de terrenos que supuestamente pertenecían a las fincas (tal fue el caso de Ulapa, en la jurisdicción de Tula, de la familia de Francisco Iturbe).

A pesar del triunfo de los liberales en 1861, los conservadores instigaron el descontento que ya existía en esa zona e invadieron el distrito de Tula. Con su respaldo, Ixmiquilpan fue cuna de un movimiento campesino que, iniciado con 100 hombres, se había extendido a Huejutla y Metztitlán, con 14 000 rebeldes involucrados. Las dimensiones que alcanzó esta sublevación, entre mayo y agosto de 1861, obligaron al Ministerio de Guerra y Marina a reprimir a los rebeldes. En ese contexto tuvo lugar la muerte de Melchor Ocampo, quien había sido sacado de su retiro en Michoacán para ser fusilado frente a la hacienda de Caltengo, en Tepeji del Río, el 3 de junio del mismo año. Igualmente, Pachuca, resguardada por Juan M. Kampher, volvió a caer en poder de los conservadores a finales de ese mes, pero con apoyo de las fuerzas de Porfirio Díaz fue recuperada.

EL CAMINO HACIA UNA NUEVA EXISTENCIA POLÍTICA

Disturbios como éste no impidieron que Juárez estableciera su gobierno ni que Manuel Fernando Soto, quien se desempeñaba como prefecto de Tulancingo, asumiera de manera provisional el gobierno del Estado de México, para convocar a un Congreso Constituyente. Durante su gestión tuvieron lugar modificaciones político-administrativas en la organización del territorio. Primero, la prefectura de la villa de Tulancingo se trasladó a la de Pachuca, en tanto reportaba más ingresos al erario, que se hallaba en penuria. Sin embargo, esta disposición dejó de tener trascendencia inmediata cuando se reorganizó el territorio, en octubre de 1861.

La Constitución suprimía los extensos distritos en que se dividía el estado, entre ellos los tres que correspondían a lo que hoy es Hidalgo, equivalentes a 13 partidos, para considerar con la misma designación de distritos a 11 jurisdicciones de menor dimensión: Actopan, Apan, Huascazaloya, Huejutla, Huichapan, Ixmiquilpan, Pachuca, Tula (ya sin incluir Jilotepec, pues su territorio pertenecía al valle de Toluca, dentro del cual estaba su estructura económica productiva), Tulancingo (que dejó de comprender Otumba), Zacualtipán y Zimapán. Los poblados de Huascazaloya (posteriormente denominada Atotonilco el Grande) y Zimapán quedaron satisfechos, pues, sin haber tenido la categoría de partido, habían alcanzado la de distrito. En contraste, los partidos de Metztitlán, Tetepango, Yahualica y Zempoala habían perdido posición. Puesto que los tres últimos siguieron formando parte de Tula, Huejutla y Pachuca, respectivamente, no lo resintieron, pues dependían de cabeceras con mayores recursos. Pero ése no fue el caso de Metztitlán, que protestó airadamente, pues además de haber sido separado de Huejutla, consideraba tener mayores méritos que Zacualtipán.

Ciertamente, parte del objetivo de esta reorganización era lograr un mejor equilibrio del poder entre el gobierno del estado y las élites regionales, las cuales habían extendido hasta entonces su potestad sobre amplios territorios. Además del enojo manifestado por Metztitlán, el Partido Moderado (en el que militaban los conservadores), en nombre de los afectados, reclamaba a la gestión de Manuel Fernando Soto sus pretensiones de fraccionar el Estado de México. Se le reprochaba que su particular interés en la creación del estado de Iturbide tenía como única finalidad engrandecer Tulancingo, porque se estimaba que eso facilitaría la apertura del camino carretero para comunicarlo con el Golfo y el extranjero. Después, con las disposiciones constitucionales, sus críticos consideraron que había dado el primer paso para facilitar el proyecto de creación de una nueva entidad, con lo que se corría el riesgo de convertir al estado en feudo de grandes capitalistas de la ciudad de México.

Efectivamente, un mes después de haberse decretado la reorganización del territorio, el 13 de noviembre de 1861, se presentó a las autoridades y vecinos de los distritos del norte de México la primera iniciativa para crear el estado de Hidalgo. Firmaron la propuesta los representantes de la junta de vecinos de los distritos del norte de México, residentes en el Distrito Federal: el abogado Justino Fernández (originario de la ciudad de México pero propietario de las haciendas de Totoapa el Grande, en Acatlán, y Tepenacaxco, en Tulancingo), José Luis Revilla y Alejandro Revilla. Ese documento, enviado a los ayuntamientos, exponía la mala administración que se ejercía desde Toluca y la diferencia de intereses entre los habitantes de los distritos del sur respecto de los del norte de la entidad. De este modo, a partir de noviembre del siguiente año empezaron a llegar las peticiones de una separación del Segundo Congreso Constitucional. Sin embargo, la Intervención francesa interrumpió el curso de esas diligencias.

Después de rechazar la negociación de la deuda contraída por México —cuyo pago se suspendió ante la escasez de recursos en las arcas nacionales—, Francia, con la simpatía del grupo conservador descontento por las Leyes de Reforma, se dispuso a derrocar la administración de Juárez. Ante el gradual avance del ejército invasor hacia la capital del país, a partir de abril de 1862, Juárez dispuso que, desde junio de ese año, el Estado de México se organizara en tres distritos militares, independientes uno del otro. Los 11 distritos en que se había reorganizado el norte de la entidad conformaron el territorio del segundo distrito militar, al frente del cual estuvieron, sucesivamente, Pedro Hinojosa, Manuel Fernando Soto, Herrera y Cairo, Manuel de la Peña y Ramírez (originario de Alfajayucan y diputado en el Congreso Constituyente de 1857) y Joaquín Martínez. Oficialmente se designó a Actopan como sede de la comandancia militar, por su céntrica ubicación. Sin embargo, la insuficiencia de recursos de la localidad propició que las autoridades despacharan desde Pachuca, sede de la última cabecera de lo que había sido la próspera prefectura de Tulancingo.

Para los interesados en crear el nuevo estado, la autonomía del distrito significaba que el Ejecutivo federal favorecía su petición, y por ello el primer gobernador militar lo consideraba el nuevo estado, que debía a Juárez su existencia. Al gobierno nacional le convenía crear una entidad que le permitiera disminuir el enorme poder que aún tenía el Estado de México. Se consideraba que éste "circuía" (sic) la capital del país, limitando el ejercicio del poder federal.

Las primeras tropas organizadas en la línea militar del occidente del segundo distrito (conformada por Ixmiquilpan, como sede, Huichapan, Jacala y Zimapán) salieron bajo el mando de Kampher, en diciembre de 1862, con la finalidad de reforzar al Ejército del Centro. Así, al iniciar el año de 1863, de 600 elementos, sólo se contaba con 35 hombres improvisados. Reanudar el resguardo de ese flanco parecía imposible a su encargado, Manuel de la Peña, pues carecía de experiencia militar. Conforme reclutaba más de 750 voluntarios se dispuso a estudiar la ordenanza de táctica ligera para luego transmitir esos conocimientos elementales a cabos y sargentos, quienes a su vez instruyeron a la tropa. Sin embargo, frente a un ejército invasor compuesto de 30 000 soldados bien preparados, más las fuerzas conservadoras, la administración de Juárez quedó obligada a retirarse de la capital en mayo de ese año y se dirigió hacia el norte de México.

Conforme los intervencionistas se extendieron en el país, controlaron gradualmente las plazas más importantes. En el segundo distrito militar, Metztitlán, Pachuca y Tulancingo fueron ocupados un mes después. Zacualtipán, en el corazón de la sierra, se constituyó sede del gobierno liberal, mientras Herrera y Cairo logró resistir con 700 hombres. Ixmiquilpan, en manos de Nicolás Romero, también fue tomada por el adversario, en febrero de 1864. Tenango y Tutotepec, al igual que otros pueblos de la sierra de Puebla, fueron ocupados por el enemigo en 1865, cuando Rafael Cravioto, al ser sorprendido por el invasor sin parque ni provisiones, representó la farsa de pactar con el invasor. En la medida en que los recursos lo permitían, Kampher, Paulino Noriega y Joaquín Martínez se mantenían en lo más abrupto de la sierra y la Huasteca.

Con el respaldo de las fuerzas franco-mexicanas en la capital del país, se había instalado provisionalmente una regencia que gobernaba México, en tanto se decidía quién sería el monarca extranjero que ocuparía el imperio. Entre los notables que integraron ese órgano de gobierno destaca monseñor Juan Bautista Ormachea, obispo de Tulancingo (ministerio que ejercía desde enero del año anterior, cuando se creó esa diócesis episcopal, asignándole una porción de la de México). Levantadas las actas de adhesión al imperio en los lugares ocupados por el ejército invasor, el archiduque Fernando Maximiliano, con la confianza de haber sido llamado por la mayoría del pueblo mexicano, aceptó el trono que los conservadores le ofrecían. Constituido el imperio en 1864, se reorganizó la división política del país en departamentos, e Hidalgo quedó comprendido en los de Tula y Tulancingo. Sólo los sitios principales de este último serían objeto de visita oficial: una representación de Pachuca, Real del Monte y Tulancingo recibió con entusiasmo y todo género de atenciones al emperador en su visita de finales de agosto y principios de septiembre de 1865. A pesar de las muestras de afecto y respeto como ésta, el imperio se volvió insostenible cuando Napoleón III dispuso la retirada de las fuerzas francesas, a mediados de 1866. Cuando éstas se concentraron en Veracruz para embarcarse a Europa, las tropas republicanas recuperaron progresivamente las principales plazas del país y del segundo distrito. Con la toma de la ciudad de México y la de Veracruz se restableció el orden constitucional, en julio de 1867.

Como el periodo constitucional de Juárez había terminado dos años atrás, inmediatamente se expidió la convocatoria para realizar el proceso electoral. Una vez efectuadas las elecciones, el Congreso declaró como presidente nuevamente a Juárez, y como vicepresidente a Sebastián Lerdo de Tejada, para el periodo 1867-1871. Esta declaratoria causó profundo disgusto en el país por la presión que se ejerció para obtener el triunfo, lo que dio origen a varios levantamientos. En el segundo distrito militar los pronunciamientos más temidos fueron los de los hermanos Antonio y Paulino Noriega, en 1868 (cabe señalar que este último había obtenido el grado de coronel, ganado por méritos de campaña durante la Intervención francesa). En apariencia, secundaban a Miguel Negrete para proclamar presidente de la República a Jesús González Ortega, pero además exigían la creación del estado de Hidalgo y la designación de Manuel Fernando Soto como gobernador de dicha entidad. Sin embargo, por su conducta orientada hacia asaltos y secuestros, con el fin de exigir rescate, las autoridades de la época los calificaron de bandoleros.

El espacio donde la gran empresa minera de Real del Monte desarrollaba sus operaciones se vio afectado, indudablemente, por esos trastornos. Puesto que el Estado respetó en favor de sus propios intereses la explotación de la riqueza nacional en manos de particulares, la producción de la administración mexicana no se puso en riesgo, pero no faltaron contratiempos. Por una parte, como ya se señaló, estaban los mismos inconvenientes para realizar oportunamente el proceso de extracción y explotación de la plata. Y, por otra, las pérdidas ocasionadas por el saqueo de animales, armas, carros, pastura y pólvora, a pesar de la escolta que custodiaba las propiedades. Situaciones similares también habían trastocado el orden en las haciendas de labor. Igualmente, ante la ausencia de una fuerza de seguridad pública que garantizara su patrimonio, habían establecido cuerpos de guardias blancas que velaban por sus intereses. Sin embargo, además de esos contratiempos, la empresa estuvo sujeta a otro tipo de presiones. De manera alternativa, mediante las autoridades civiles o militares del gobierno federal y de la región, liberales y conservadores afectaron las finanzas de la compañía de forma directa e inmediata cuando necesitaron dinero en efectivo. Ambos grupos, en diversos momentos, presionaron a los directivos de la empresa para obtener recursos mediante el anticipo de impuestos por pagar, considerando una reducción en beneficio de la compañía de Real del Monte por su apoyo, y por medio de préstamos forzosos recuperables al triunfar el movimiento. Por cierto, el dinero de los atracos que perpetraron los bandidos, a quienes ninguna facción liberal reconocía, y las cantidades facilitadas a los conservadores se perdieron definitivamente.

Restablecido el gobierno republicano, se suprimieron los distritos militares para integrar de nueva cuenta el Estado de México. Inicialmente y de manera provisional, Cayetano Gómez y Pérez asumió el cargo de gobernador, y después, de acuerdo con una alianza entre los representantes de las regiones que conformaban el estado, se designó a José M. Martínez de la Concha, el 30 de diciembre de 1868. Ante esa reintegración, los diputados del segundo distrito militar reanudaron el proceso para crear el estado de Hidalgo. Fundamentaban su petición en la inadecuada administración de ese territorio debido a la distancia que lo separaba de Toluca y a la desigualdad en la aplicación e inversión de los impuestos en las distintas regiones de la entidad. Asimismo, quienes promovían el proyecto consideraban posible elevar la segunda zona militar a entidad federativa, pues el territorio superaba los 80 000 habitantes, requisito que establecía la Constitución de 1857, y era autosuficiente, como lo había demostrado en los últimos años. El hoy territorio hidalguense, que había aportado al erario estatal 28% de sus ingresos, en promedio, entre 1824 y 1849, contribuyó con 35% en 1868.

Esos argumentos sin duda eran ciertos; mas el afán que motivaba la solicitud era evitar la intromisión del grupo vinculado a los conservadores que, desde las sedes de poder en Toluca y la ciudad de México, había detentado en gran medida su influencia en la esfera política y económica de los distritos del norte, en beneficio de sus intereses en dicho territorio. Los promotores eran los miembros de una burguesía joven, de convicciones liberales, simpatizante del Partido Progresista, que luchaba, en lo que sería Hidalgo, contra las manifestaciones del antiguo régimen, representado por los terratenientes de viejo cuño y la élite que había surgido durante el México independiente, como los precursores de la Real del Monte.

A excepción de ambos sectores, el comercio, las minas trabajadas entre varios socios y la rama textil estaban en manos de hombres de negocios con un capital limitado, en comparación con el invertido en gran escala en sectores altamente redituables. Así, los promotores de la nueva entidad buscaron desarrollar relaciones capitalistas de producción para conformar un mercado local más dinámico que se vinculara al exterior. Hasta entonces no había habido un interés común entre las prioridades del gobierno estatal y las necesarias para el progreso de la zona norte del antiguo Estado de México.

Convencidos los habitantes de la región de la necesidad de respaldar la creación de Hidalgo, los ayuntamientos, formalmente órganos administrativos, asumieron el papel de corporaciones que, en representación del pueblo, manifestaron al Congreso de la Unión su adhesión al proyecto a partir de julio de 1867. Al ver afectados sus intereses y en defensa del ya mutilado territorio mexiquense, la contraparte se opuso. Finalmente, después de una intensa contienda política y parlamentaria, se decretó la creación del estado de Hidalgo el 16 de enero de 1869.

La entidad quedó integrada con los 11 distritos anteriormente citados, con Actopan por capital. Sin embargo, nuevamente por carecer de elementos necesarios, 10 días después, el Ejecutivo federal determinó, con los argumentos ya mencionados, que se designara a Pachuca como capital. De este modo, Pachuca, que en buena medida era el eje de la economía regional, se convirtió también en el pivote del sistema político del estado.

Designado gobernador provisional de la nueva entidad, el coronel Juan C. Doria asumió el poder seis días después, el 21 de enero de 1869. Durante el breve periodo que duró su gobierno, fundó el periódico oficial y el Instituto Científico y Literario, inauguró la línea telegráfica México-Pachuca y, por supuesto, convocó a elecciones para gobernador y diputados. Consecuencia del proceso electoral fue la instalación de la legislatura con el doble carácter de constituyente y primera constitucional, y la toma de posesión de Antonino Tagle como primer gobernador constitucional, en mayo del mismo año.

VIII. EL NACIENTE ESTADO DE HIDALGO

L A INTERRELACIÓN DE INTERESES entre las élites regionales del norte del antiguo Estado de México había logrado la creación de una nueva entidad. Cumplido tan anhelado objetivo, se presentaba el reto de organizar una vida política propia, fomentar los diferentes ramos de la economía y, sobre todo, establecer un régimen hacendario coherente entre los recursos y las necesidades del territorio. El desarrollo y la consolidación de Hidalgo como un todo homogéneo, que aún no era, exigirían desde el principio una interminable serie de esfuerzos.

ENTRE BUENAS INTENCIONES Y DESENGAÑOS

La administración de Tagle (1869-1873) es representativa de la etapa en la que las aspiraciones no son siempre realizables. La legislación y promulgación de la primera Constitución de Hidalgo tuvo lugar al tiempo que se complicaban los problemas: de orden social, ya iniciados por el bandolerismo que se propagó ampliamente; de carácter económico, debido a los frágiles cimientos en que descansaba la hacienda pública, y de índole política, resultantes de la adhesión a la figura de Sebastián Lerdo de Tejada en su lucha contra Juárez por el poder.

En la Constitución de mayo de 1870 destacan dos aspectos en términos de la organización territorial y de los poderes de la entidad que ponen de manifiesto alianzas, negociaciones y compromisos adquiridos en el proceso de creación de esta entidad. Por una parte, los intereses regionales, manifestados desde tiempo atrás, propiciaron la creación de dos distritos más, Jacala y Metztitlán, que habían manifestado su interés por consolidar su rango político; y apenas al año siguiente se erigió el de Molango (y finalmente Tenango de Doria, en 1891). Asimismo, la cabecera del distrito de Huascazaloya se trasladó a Atotonilco el Grande, con el consecuente cambio de nombre de esta jurisdicción.

Sobre esta tendencia de fragmentación de unidades territoriales, resultado del prolongado quebrantamiento del poder central, destaca aún más el peso de los ayuntamientos en la vida política de la naciente entidad. Además de los poderes Legislativo, Ejecutivo y Judicial, tuvo cabida un cuarto poder: el municipal. El reconocimiento de ese poder obedeció al papel que desempeñaron los ayuntamientos en la creación de la entidad. Éstos habían manifestado su carácter de corporación que representaba inmediatamente al pueblo, y habían sido escrupulosos intérpretes de su voluntad. ¿Este comportamiento era la respuesta de una sociedad tradicional, la del norte del antiguo Estado de México, caracterizada por la dispersión de las localidades rurales que la integraban?

Mientras los firmantes de los comunicados de apoyo, dirigidos al Congreso de la Unión, habían sido los notables de cada municipio, los grupos de poder que se habían encargado de expresar la "voluntad popular" y de otorgarle el rango de poder a las autoridades municipales reflejaban el compromiso de los líderes liberales con las élites regionales. Sin embargo, aunque asambleas y presidentes municipales debían elegirse de manera directa y popular, su carácter era exclusivamente de índole administrativa.

Entre las funciones del municipio estaba la de atender la seguridad de las propiedades e individuos residentes allí; sin embargo, carecía de recursos para restablecer el orden público alterado por las comunidades despojadas de sus tierras. Pese al éxito de Doria en la reorganización de las fuerzas armadas, éstas eran insuficientes para garantizar protección a la sociedad. Varios fueron los caudillos que tomaron las armas para hacerse justicia con sus propias manos, ante la indiferencia de las autoridades para resolver los problemas de carácter agrario. Los que inicialmente fueron ataques esporádicos a las haciendas se extendieron hasta convertirse en un movimiento campesino en el sur de la entidad: del Valle del Mezquital al de Tulancingo y los llanos de Apan.

A los hermanos Noriega se sumaron otros, considerados bandidos "comunistas", porque aglutinaban y organizaban a las comunidades despojadas de sus tierras con la intención de recuperarlas. En ausencia de una dirección clara para lograrlo y de recursos para enfrentar al ejército, tomaban por asalto las poblaciones (incluida la de Pachuca). El clima de inseguridad hizo que la actividad militar para sofocar a los rebeldes tuviera la aprobación del resto de la sociedad. El movimiento fue finalmente reprimido en 1870, cuando sus dirigentes fueron reducidos a prisión y pasados por las armas.

Emprender acciones para controlar estos disturbios requería forzosamente invertir en armamento y equipo, pues resultaba imprescindible fortalecer e incrementar las fuerzas militares para perseguir a los sublevados. Sin embargo, recaudar ingresos para este y otros fines se volvió una pesadilla. Los problemas económicos tuvieron su origen en la primera ley de impuestos, decretada el 12 de octubre de 1869, en la que se ampliaba la base fiscal de impuestos directos, con el propósito de suprimir las alcabalas, aun cuando éstas proporcionaban alrededor de 50% de los ingresos del erario. Se estimó que el objetivo se lograría con la actualización del padrón de contribuyentes, pues entonces se podría contar con una estadística confiable, razón por la cual esa disposición no entró en vigor hasta mayo de 1870.

Mientras se cumplía el plazo, Antonino Tagle recurrió a la Empresa de Minas para solicitar empréstitos que se acreditaran con el producto de las contribuciones que causara, para cubrir provisionalmente el presupuesto de egresos. Empero, la aplicación de la nueva ley de ingresos significó un estrepitoso fracaso financiero sin el producto de las alcabalas. Aunque después se restableció ese derecho, las consecuencias inmediatas obligaron al Ejecutivo estatal a solicitar a la empresa un importante préstamo.

En una etapa en la que aparentemente se mantendría en auge la mina de Guautimotzin, además de la contribución predial a las haciendas de beneficio, gravar la explotación de los yacimientos con derechos sobre sus utilidades parecía ser la solución para equilibrar las finanzas públicas. Las minas denunciadas a partir de septiembre de 1871 tendrían al Estado como partícipe de la vigésimo quinta parte de la propiedad minera. De esa manera se reservaba una parte como propiedad perpetua del Estado, representado por el Ejecutivo, con los mismos derechos, acciones y obligaciones de cualquier otro aviado. Esto significaba que, de haber utilidades, 4% correspondería al erario público.

En el caso de las minas denunciadas antes de la fecha señalada, éstas se gravarían de acuerdo con el monto de la plata extraída según un tabulador de cuotas. A pesar del descontento de los mineros, el impuesto se mantuvo hasta que la legislación en esa materia se homologó en todo el territorio nacional en 1885.

Además de sobrellevar las penurias económicas del erario, Tagle sufrió la destitución de su cargo. Al ocupar Juárez la presidencia por cuarta ocasión, para el periodo 1871-1875, se suscitaron diferencias entre sus adeptos, los partidarios de Porfirio Díaz y los de Sebastián Lerdo de Tejada. La amistad de Tagle hacia este último y su incompetencia para contrarrestar los embates de los bandidos "comunistas" —que podían servir de excusa para sublevarse, mientras tenía lugar la rebelión porfirista de La Noria— facilitó que Juárez, con el respaldo de quienes lo apoyaban, declarara a Hidalgo en estado de sitio en enero de 1872.

La consecuente destitución de Tagle, reemplazado por un comandante militar, suscitó enérgicas pero infructuosas protestas. El orden constitucional se restableció en agosto de ese año con el ascenso circunstancial de Lerdo a la silla presidencial, tras la muerte de Juárez. Durante ese periodo, la insuficiencia de recursos en el estado de Hidalgo fue determinante para que el régimen militar incrementara las alcabalas y las extendiera a los productos hasta entonces exentos de su pago. Entre éstos un rubro representativo era el destinado a la minería, que significaba un fuerte consumo de productos nacionales e importados en las minas y en las haciendas de beneficio.

Esta disposición fiscal, de carácter extraordinario, la retomó de manera definitiva la también complicada gestión de Justino Fernández (1873-1877), a partir de 1874. Este impuesto, sumado a los anteriores, gravaba por completo la minería, actividad económica fundamental desde la Colonia. Contrarrestar la escasez de la hacienda pública fue la justificación que se dio para poner en riesgo, desde la perspectiva de los mineros, un sector hasta entonces protegido de pesadas imposiciones fiscales. Mas las expectativas del gobierno en cuanto al monto de la recaudación por ese impuesto y el que afectaba a las minas no coincidieron con los cálculos previstos. Los niveles de producción de los yacimientos explotados por la gran empresa de Real del Monte sufrieron una grave contracción entre 1872 y 1875. Este descenso provocó una crisis que estuvo a punto de poner al borde de la quiebra a la empresa. Con la intención de superar esta situación, la compañía decidió reducir sus gastos de operación, principalmente la mano de obra.

Por una parte, la compañía se negó a prorrogar el contrato mediante el cual, desde 1850, las autoridades del Estado de México habían autorizado mantener un presidio que facilitara mano de obra cautiva. Así, el costo originado por la custodia y manutención de los presos quedó a cargo del gobierno de Hidalgo en 1874. Por otra parte, recurrió al despido masivo de operarios y a la disminución del salario, además de incrementar el trabajo de los que se quedaban. Esta medida agravó la situación de la compañía Real del Monte al suscitarse una serie de conflictos laborales, pues los trabajadores se resistían a perder derechos ya conquistados.

La amenaza de una posible bancarrota de la empresa, sin que hubiera otra fuente de trabajo de magnitud similar, llevaría a una sustantiva disminución en los ingresos del erario estatal, a un desempleo permanente de mayores dimensiones, y muy probablemente a la depresión de la comarca si no se mantenía el desagüe para cuando empezaran a organizarse pequeñas compañías con capital local para la explotación de yacimientos (entre las que destacaron la Compañía de Santa Gertrudis y la Negociación Minera de San Rafael y Anexas). El temor de que la paralización de los trabajos influyera siniestramente en el destino de Hidalgo determinó la mediación del Ejecutivo estatal entre la empresa y los trabajadores.

A la par de los problemas económicos estaban los que ofrecía el escenario político, en el que el gobernador Justino Fernández se contaba como adepto de los lerdistas. La intención de Lerdo de Tejada de reelegirse al concluir el cuatrienio 1872-1876 dio origen al Plan de Tuxtepec, que proclamaba como jefe de la revolución a Porfirio Díaz. La fragilidad de la fuerza civil, ante el divorcio de intereses entre Lerdo y José María Iglesias, impulsó la adhesión de Rafael Cravioto a dicho movimiento. Caudillo reconocido en la región por los líderes locales, Cravioto influyó de manera determinante para que el estado de Hidalgo secundara a Díaz desde febrero de 1876. Con el triunfo de Díaz, quien asumió de manera interina la presidencia en noviembre de 1876, el Congreso del estado desconoció a Justino Fernández y a Sebastián Lerdo de Tejada como titulares del Ejecutivo estatal y federal, respectivamente. Fue así como Rafael Cravioto, al mando de las fuerzas revolucionarias, entró en Pachuca y asumió los cargos de gobernador provisional y comandante militar. Ninguno de los promotores de la creación del estado pudo competir con Cravioto. Este revés significó la absoluta derrota de la joven burguesía en la contienda política por el poder en la región.

RETROCESO POLÍTICO Y PROGRESO MATERIAL

En esta etapa de agitación y de poder regional débil, el resultado del proceso electoral para designar gobernador constitucional para el periodo 1877-1881 favoreció a Rafael Cravioto. Más que un reflejo de la voluntad popular, fue un hecho que permitió mostrar la relación de fuerzas entre las élites locales y su integración en el plano nacional. Con Cravioto a la cabeza se evitaba una disputa entre caciques locales por el poder regional, en tanto crecía la influencia del primero sobre los segundos, y estos últimos establecían por medio de Cravioto una relación con el poder central y viceversa.

En un estado eminentemente rural, como lo era la mayor parte del país, estas alianzas permitieron la consolidación de las haciendas al absorber las tierras de pueblos y comunidades indígenas. Los campesinos tuvieron que resignarse, pues no tenían medios para reorganizarse y tratar de recuperarlas. Al aumentar el número de familias despojadas, éstas pasaban a depender de los hacendados, ya que, para apoyar al mantenimiento de la familia, incluso los niños prestaban sus servicios en el pastoreo, las caballerizas o las actividades domésticas. Así, con una estabilidad bajo control, a costa de contradicciones que se mantuvieron latentes en el campo, el gobierno de Cravioto significó un periodo de transición hacia el progreso material.

El desarrollo tendría lugar donde hubiera recursos que explotar y vías de comunicación para trasladar la materia prima y los bienes producidos. Por ello era importante reanudar el proyecto del ferrocarril, que conectó la capital del estado con la línea México-Veracruz del Ferrocarril Mexicano, en 1878, una de las aspiraciones desde la administración de Tagle. Tender una línea de ferrocarril financiada por el Estado cuando sus recursos aún resultaban insuficientes requería una contribución extraordinaria.

Nuevamente las autoridades fijaron su atención en la explotación de las minas, ya que la producción de plata se había recuperado. El esfuerzo de los mineros locales de la comarca de Pachuca por salir del estancamiento de las últimas décadas había permitido que las pequeñas y medianas negociaciones empezaran a obtener atractivos dividendos, y, por otro lado, la gran empresa había logrado sobreponerse a la crisis en unos cuantos años.

El gobierno consideró que la situación era buena para incrementar fuertemente el impuesto a la producción de plata. Aunque se anticipaba que dicha cantidad regresaría a los contribuyentes en acciones del ferrocarril, este sustantivo incremento, sumado a la carga fiscal que ya soportaban los mineros, no compensaba el riesgo de desequilibrar sus finanzas. Sin embargo, como los mineros también resultarían beneficiados, ambas partes negociaron hasta convenir una reducción en 70% en el impuesto.

Los dos siguientes cuatrienios fueron la prolongación de Rafael Cravioto en sus dos hermanos: Simón y Francisco. La trascendencia de la minería en las finanzas públicas, además de los intereses particulares de los Cravioto en diversas negociaciones mineras, llevó al gobierno de Simón (1881-1885) a promulgar el Código de Minería del estado de Hidalgo en 1881.

Si bien era necesario sustituir las ordenanzas de minería de finales del siglo XVIII, la nueva legislación se caracterizó por establecer un control absoluto de los distritos mineros, pues el gobernador se convertía en la máxima autoridad respecto de lo económico y gubernativo de la minería. De esta manera, se suprimieron las diputaciones de minería, hasta entonces a cargo de dueños e inversionistas, y sus funciones las desempeñó el jefe político de cada distrito. Sin embargo, este reglamento y todas las disposiciones que gravaban a la minería quedaron derogadas al promulgarse, ya durante el gobierno de Francisco Cravioto (1885-1889), el Código de Minas de la República. De acuerdo con esa normatividad, las únicas contribuciones que se autorizaron a los gobiernos estatales fueron la predial y otra sobre haciendas de beneficio, además de un impuesto directo sobre el valor del metal extraído que no excedía 2% de su valor. Con el fin de tomar las providencias necesarias ante la amenaza que representaba esta prescripción para las finanzas públicas de Hidalgo, al igual que para las de otras entidades, la aplicación del decreto se pospuso de 1885 a 1887. A pesar de los esfuerzos por redistribuir la carga fiscal, el erario estatal enfrentó una disminución de ingresos entre 1887 y 1889.

En ese contexto, Rafael Cravioto regresó al poder, en el que se mantuvo durante dos periodos consecutivos (1889-1893, 1893-1897) y los primeros meses del siguiente cuatrienio. Además de promulgar una nueva Constitución en 1894 y del impulso que dio a la obra pública, promovió el reconocimiento de los hidalguenses Julián Villagrán, prócer de la Independencia, y el presbítero Nicolás García de San Vicente, ilustre educador.

La carrera política de Cravioto concluyó de manera súbita al separarse del cargo aparentemente por voluntad propia, aunque la causa real se desconoce. Igual de inesperada fue la designación del sucesor interino, Pedro L. Rodríguez, pariente lejano de Díaz, director de la oficina de telégrafos de Pachuca y diputado al Congreso de la Unión en 1878. Pero, después del interinato, Rodríguez continuó en el poder tras sucesivas elecciones, hasta 1911. Este hecho refleja simultáneamente la fuerza y la debilidad del gobierno central. Era factible imponer a una figura de absoluta confianza gracias a las alianzas con las élites regionales, que en realidad eran las que controlaban su área de influencia.

Al despuntar el siglo xx, el afán modernizador del porfiriato era tangible, particularmente en los centros de producción industrial localizados en el sur de la entidad. En términos de progreso material, la conjunción de la obra pública y la inversión privada se manifestaba en la construcción, remozamiento y saneamiento de calles, acueductos, cañerías, puentes, paseos y jardines; en el levantamiento y renovación de edificios que albergaban tanto lujosas mansiones, establecimientos comerciales, industriales y de servicios, como modestas escuelas y hospitales; en la transmisión de energía eléctrica a las principales poblaciones; en la ampliación de la red telegráfica en la entidad; en el aún incipiente impulso a las líneas telefónicas en Pachuca; en la apertura y reparación de caminos que comunicaban las cabeceras de distrito entre sí y con la capital del estado, y en el tendido de vías férreas que cruzaban el sur del estado (Huichapan, Tula, Pachuca, Apan, Tulancingo), por donde corrían el Ferrocarril Central Mexicano, el Ferrocarril Mexicano, el Ferrocarril Nacional Mexicano, el Ferrocarril Interoceánico y el Ferrocarril de Hidalgo y del Nordeste. Este último destaca de manera particular porque, financiada con capital local, fue la única compañía de ese tipo que tuvo éxito en un nivel nacional. Fue auspiciada por Gabriel Mancera, quien reinvirtió en esta empresa parte de las utilidades obtenidas de la explotación argentífera en el Mineral del Chico.

Con el apogeo del ferrocarril, en la zona comprendida entre Pachuca, Apan y Tulancingo la distancia dejó de ser un obstáculo para ampliar la red de distribución de la fuerte producción de pulque. Esta bebida fue parte sustantiva de la mercancía del Ferrocarril Mexicano hasta la década de 1890, cuando monopolizó su transporte; al romperse esta centralización, el pulque constituyó de 35% a 45% de la carga del Ferrocarril de Hidalgo.

La demanda de este producto persistió a pesar de las fuertes campañas contra el consumo de bebidas alcohólicas, de las que el pulque ocupaba 94%. Este auge y la posibilidad de explotar en mayor medida el maguey propició que los hacendados buscaran expandir y diversificar los productos derivados del pulque y del maguey. Los esfuerzos centrados en la bebida tuvieron como protagonistas a los dueños de 27 fincas de Hidalgo (14 de Apan, nueve de Pachuca y cuatro de Tulancingo) y 26 de otros estados, además de 989 expendios (851 en la capital del país), quienes constituyeron la Compañía Expendedora de Pulques, Sociedad Cooperativa Limitada, en 1909.

Los socios vendían a la compañía el pulque que producían sus fincas, y ésta lo distribuía y vendía en su amplia cadena de distribución. Si bien en la ciudad de México se localizaban las oficinas y algunas instalaciones de la compañía, en Apan se estableció una fábrica de alcoholes, un laboratorio y una oficina para realizar estudios químicos y microbiológicos, y un edificio con dos calderas para producir miel, el jarabe medicinal Agaván, alcohol industrial de 96° (igual o mejor que el producido a base de maíz o de melaza de caña), vinagre y goma, que servía de pegamento.

La buena acogida de estos productos en el mercado nacional y en el estadunidense fomentó el interés de los socios por mejorar la producción del pulque. Por ejemplo, Miguel Macedo, dueño de la hacienda de Tepa, inventó una tapa para evitar que la lluvia o los insectos entraran por la boca del maguey en explotación, y, con la finalidad de desechar la costumbre de extraer el aguamiel con el acocote mediante aspiración humana, lo que se consideraba antihigiénico, creó la bomba Tepa.

Por otra parte, fuera del interés de la citada compañía, la demanda exterior de fibras para usos agrícolas e industriales estimuló la extracción de fibra de maguey. Sin embargo, la carencia de tecnología adecuada para separar la fibra del bagazo de las pencas de la planta (más grandes que las del henequén) limitó su explotación. Aun así, un grupo de agricultores de Hidalgo logró comercializarla temporalmente en mercados europeos.

Además de la gran explotación de minas argentíferas y magueyes —actividades económicas tradicionales— la inversión de capital, alentada durante el Porfiriato, concretó el establecimiento de algunas industrias que superaban en mucho los obrajes familiares, los cuales desarrollaban un trabajo más artesanal que fabril. En función del potencial que ofrecían las regiones en torno a Tulancingo y Tula, se reestructuró el espacio dominado hasta entonces únicamente por las haciendas de labor. Inversionistas británicos, atraídos por los históricos yacimientos de calizas en Tula, instalaron en las haciendas de Jasso y Denyi una fábrica de cemento en 1881. Sólo unos años bastaron para que la Compañía Mexicana de Cemento Portland (al ser adquirida por capital nacional) se convirtiera en una empresa de gran éxito, gracias a la abundancia de recursos, incluida la mano de obra barata; a su proximidad al Ferrocarril Central Mexicano para hacer llegar la producción a la ciudad de México, su principal mercado, y a la fuerte demanda del producto en un periodo de impulso a las obras públicas. Su prosperidad, desvinculada de la economía regional, alentó más tarde a inversionistas estadunidenses a establecer Cementos Tolteca.

En distinto sentido, la abundancia de agua atrajo otro tipo de intereses. Por ejemplo, estaban los asociados con la industria textil. En un principio se habían establecido talleres para hilar y tejer algodón y lana con maquinaria de segunda mano. Conforme se comprobaron las ventajas del negocio, se establecieron fábricas con potente y costosa maquinaria, entre las que destacaron la fábrica de toallas La Josefina y la de hilados de algodón

Santa Rosalía, en Tepeji del Río, Tula; además de La Esperanza (fundada por Gabriel Mancera), Los Ángeles, San Luis, Santa Isabel y la empresa de Martín Urrutia Ezcurra (más tarde denominada Fábrica de Hilados y Tejidos de Lana Santiago) en Tulancingo.

Las cuencas hidrológicas también resultaron atractivas para obtener fuerza motriz que, transformada en energía eléctrica, hizo posible el tránsito a la modernidad. La Compañía de Transmisión Eléctrica de Potencia del Estado de Hidalgo, establecida en 1895, aprovechó la caída de agua de la barranca de Regla, situada entre Atotonilco y Huasca, para transmitir la fuerza motriz a Real del Monte y Pachuca. En lo que respecta a la región de Tula, ésta disponía del desagüe del Valle de México, al que le daba salida el Canal de Tequixquiac para correr por el Río Salado, o de Tlaxcoapan. El caudal debía aprovecharse con un doble objetivo: primero, como fuerza motriz, y después, para fines de irrigación en el área improductiva del Valle del Mezquital (por la falta de agua para riego y la escasez de lluvias).

En 1897, la magnitud de la obra hidráulica requirió el establecimiento de una compañía, en la que destacaban como accionistas prominentes hombres de negocios, como Tomás Braniff, Gabriel Mancera y Porfirio Díaz, hijo. La corriente se organizó en tres caídas; después de la última, localizada en el municipio de Tetepango, la corriente pasaba por tres canales de irrigación: uno de 30 km de longitud hacia la villa de Actopan; otro, de 12 km, por la parte opuesta del Valle del Mezquital, y un tercero, de nueve kilómetros, que regaba la vega de Mixquiahuala.

Este complejo hidráulico permitió que la Compañía Eléctrica e Irrigadora en el Estado de Hidalgo abasteciera de energía a la región inmediata, a Pachuca y, en el largo plazo, a la parte norte de Tula, que se convirtió en zona agrícola (productora de trigo, maíz, cebada, frijol) con carácter comercial.

Posteriormente, entre 1890 y 1900, con la construcción del gran canal de desagüe de la ciudad de México, las aguas que descargaban en el Río Tula, además de utilizarse para el riego agrícola, sirvieron para que la Compañía de Luz y Fuerza de Pachuca obtuviera la concesión, en 1904, para ocupar las aguas residuales en tres plantas hidroeléctricas de la región de Tula.

Además de proveer iluminación para servicio público y privado, estas plantas fueron determinantes a finales del siglo XIX para hacer más eficiente la explotación y extracción de plata, al hacer posible el uso de motores eléctricos que facilitaron el empleo de quebradoras, molinos y arados eléctricos (en sustitución de las bestias que hasta entonces repasaban la torta) en las haciendas de beneficio; y de barrenos, malacates eléctricos y bombas para el desagüe de las minas. Sin embargo, el fuerte costo del bombeo —debido al crecido nivel natural del agua en el subsuelo de Pachuca— y el riesgo de una inundación en las minas, al prescindir de dicho servicio (como sucedió en 1895, con los consiguientes perjuicios), obligó a las compañías afectadas a emprender un socavón. Finalmente, en los albores del siglo XX, la tecnología moderna hizo posible contraminar las vetas para contar con un drenaje que evitara el estancamiento que, en las últimas décadas de la Colonia, sufrió este real.

La respuesta al abuso del poder y a la represión

En esa situación se encontraba la explotación de la plata cuando las compañías mineras se enfrentaron a las repercusiones que significó la reforma monetaria de 1905, en detrimento del valor de la plata. Ante ese cambio de la economía del país, los rendimientos resultaron amenazados seriamente por las restricciones para acuñar plata y por la fluctuación de su valor. Era entonces imprescindible obtener un mejor aprovechamiento a un menor costo de operación. Es decir, se requería con urgencia ampliar la escala de actividades mediante nuevas tecnologías, como la sustitución del beneficio de patio por el de cianuración (procedimiento para refinar la plata basado en la introducción del mineral molido en soluciones de cianuro, potasio y sodio). Sin embargo, frente a un cambio tan brusco, que anulaba de manera drástica la política proteccionista a la producción de plata para que participara en un mercado libre, era ncesario contar con una de dos opciones: tiempo para modernizarse gradualmente o un fuerte respaldo financiero inmediato. Como ninguna de las opciones era viable ni siquiera para la empresa más importante de la región, la administración de la Real del Monte pasó nuevamente a manos extranjeras en 1905. La gran capacidad económica de la United States Smelting, Mining, and Refining Company (USSMRC), que la adquirió, le permitió hacer una sustantiva inversión para el tratamiento metalúrgico entre 1906 y 1907. Poco a poco, las pequeñas y medianas empresas que se habían desarrollado desaparecieron o se convirtieron en filiales de la gran empresa, que aumentó de manera importante sus niveles de producción.

El incremento de las transacciones financieras generado por la inversión de capital regional, nacional o foráneo dio la bienvenida al Banco de Hidalgo y a una sucursal del Banco Nacional de México en Pachuca, en 1902 y 1905, respectivamente. Este auge influyó en el crecimiento de la población, integrada por más de medio millón de personas en 1895 (de las cuales 54% era población en edad productiva, 44% tenía 15 años o menos y únicamente 2% estaba formada por ancianos de 65 años en adelante, aunque sólo 31% desarrollaba una actividad económica), y más de 600 000 en 1900. Esto significa que la población aumentó ocho personas por cada 100 habitantes, de las cuales dos eran nacidas en Hidalgo y las seis restantes procedían de otro lugar. La presencia de estos emigrantes coincide con el crecimiento económico en los centros de desarrollo del sur de la entidad, cuyas fuentes de trabajo ejercían una fuerte atracción para los desempleados y sus familias. Este flujo migratorio es notable, en contraste con el comportamiento demográfico de Hidalgo en el siglo XX, caracterizado como expulsor de población.

Paralelo al desarrollo económico, con su consecuente crecimiento de población, el contexto social y político se modificó en la capital, centro y eje de la administración pública y las aspiraciones sociales del estado de Hidalgo. Los inmigrantes ingleses, que habían llegado en el siglo XIX (siguiendo los pasos de aquellos traídos por la compañía británica de Real del Monte en busca de fuentes de trabajo, ante la prolongada crisis agrícola y cuprífera en su país), lograron una integración más plena en la sociedad local.

Las utilidades obtenidas como socios de pequeñas y medianas negociaciones mineras y beneficiadoras de metal les permitieron financiar instituciones destinadas a fomentar y difundir sus costumbres (además de conservarlas, privilegiando las alianzas matrimoniales entre sus miembros). Ejemplo de ello fue su irrupción en la fe religiosa tradicional y en el panorama arquitectónico, al edificar una iglesia metodista episcopal y más de 10 escuelas protestantes (la primera fundada en 1875). Su interés por la educación contribuyó a concentrar en el distrito de Pachuca 20% de las escuelas establecidas en el estado. A pesar del fomento a la instrucción pública, sólo una tercera parte de los 600 planteles en la entidad eran de educación primaria. Los demás, de carácter rudimental (lectura-escritura y principios de aritmética), evitaban que se incrementara el alto índice de analfabetismo, de prácticamente 90%. Esta cifra tan elevada se explica por el hecho de que la tercera parte de la población de Huejutla, Zacualtipán, Metztitlán y Molango hablaba únicamente náhuatl, o ñahñu en el Valle de Mezquital, Tenango de Doria, Tutotepec y Huejutla, y por el disperso patrón de asentamiento, a causa de las características topográficas del territorio hidalguense.

Si bien la educación era el camino para alcanzar a las naciones civilizadas, en el marco de la dictadura porfiriana tenía dos objetivos: formar ciudadanos respetuosos de la ley y de sus autoridades, y capacitarlos para el funcionamiento del aparato productivo que contribuía al progreso.

Desde esa perspectiva se explica que en el Instituto Científico y Literario, dependiente del Ejecutivo estatal, se suprimiera la carrera de derecho y se mantuvieran, además de los estudios de preparatoria, las de ensayador y apartador de metales, ingeniero topógrafo e hidrógrafo, e ingeniero de minas y metalurgista. A pesar de ser una educación dirigida a cubrir necesidades prácticas, sus 200 alumnos, en promedio (en contraste con los 27 que había en 1869), se instruían a la sombra del positivismo, con una ideología marcadamente liberal y un acentuado sentimiento nacionalista, fomentado por las conmemoraciones cívicas. En torno a figuras como la de Benito Juárez, estos jóvenes participaban en núcleos de oposición, dispuestos a promover el respeto a los principios constitucionales en relación con el ejercicio del poder. Cuando se manifestaban abiertamente, la fuerza pública los disolvía porque alteraban el orden.

Así, la Corporación Patriótica Privada, apenas organizada en 1900, se suprimió al año siguiente. La razón: haber iniciado una activa campaña político-social mediante la difusión de los resultados del Primer Congreso Liberal Mexicano, realizado en San Luis Potosí en 1901. Ciertamente, dentro de los cauces legales de la época, buscaba organizar la oposición contra el régimen porfirista.

En dicha convención habían estado representados los clubes liberales de Mineral del Monte; de Omitlán, Atotonilco el Grande, Huasca y Tulancingo, en el valle en que se localizan estas poblaciones; de Zacualtipán, Calnali y Huejutla, entre la Sierra y la Huasteca; y de Tula, Tezontepec y Zimapán, en la región sudoccidental. El objetivo de estas organizaciones era establecer un partido liberal mexicano que enarbolara el liberalismo de los próceres de la Reforma, conjuntamente con otras demandas sociales y económicas. Con la presencia de figuras como los hermanos Flores Magón, se habían tomado acuerdos relativos al problema agrario —que había sido desatendido desde que las comunidades indígenas fueron despojadas de sus tierras— y a las extenuantes jornadas de trabajo a las que estaban sujetos obreros y operarios, razón por la que se pedía una reducción a ocho horas y el derecho a huelga.

Quienes participaban en la oposición en el estado eran los que resentían el creciente poder que detentaban los caudillos locales por su relación con el régimen porfiriano. Ejemplo de ello fue la disputa entre dos familias terratenientes en Pisaflores, cerca de Jacala: la de los Rubio, con un fuerte arraigo en el lugar desde el siglo XVIII, pero que no estaba vinculada al régimen, y la de los Alvarado, recién asentada en el lugar y apoyada por Cravioto. Nicolás Flores Rubio, al igual que otras familias, recibió los títulos de una propiedad después de serios enfrentamientos con el cacique y la autoridad política del lugar. Aunque al final se hizo justicia, el desamparo ante quienes detentaban el poder originaba el resentimiento de esa facción contra la administración que auspiciaba el caciquismo. Las autoridades locales en el estado y los municipios reproducían, en pequeña escala, las tendencias del centro, en términos de represión y prolongación en el poder.

Quienes quedaban fuera de los espacios políticos eran en buena medida los promotores del cambio del régimen personal de Porfirio Díaz por uno en que prevaleciera la ley y la Constitución.

Legitimar sus aspiraciones requería, indudablemente, el respaldo de la silenciosa inconformidad del pueblo, que, además de la represión política, soportaba una fuerte opresión económica y social. En contraste con la riqueza y privilegios de que gozaban hacendados y empresarios, la clase trabajadora vivía en condiciones miserables, sujeta al control de sus patrones. En el vasto contexto rural del estado, indios y mestizos, analfabetas en su mayoría, estaban sometidos al abuso de los terratenientes mediante el sistema de servidumbre por deudas que restringía su libertad y sus derechos. Esta práctica persistía a pesar de las pretendidas reformas sociales que, con objeto de modernizar y optimar la producción del campo, se habían discutido en los congresos agrícolas promovidos por los hacendados en Tulancingo en 1904 y 1905.

Por otra parte, la minoría formada por operarios de minas y fábricas estaba sujeta a exiguos salarios y agotadoras jornadas; los criados y sirvientes, también incluidos en ella, tenían remuneraciones inferiores por realizar labores menos pesadas, y, en menor proporción, los dependientes de establecimientos comerciales no gozaban de un día de descanso en la semana.

Además, estaba la población que, desplazada de sus tierras y sin un trabajo permanente, servía de mano de obra barata. Aunque dispersa en la parte norte del estado, se trasladaba hacia el sur para participar de manera temporal en las obras de infraestructura que permitían la introducción de vías y medios de comunicación (como el ferrocarril, la red telegráfica y las incipientes líneas telefónicas), la instalación de las primeras plantas y redes para transmitir energía eléctrica, y la obra pública en general emprendida por el gobierno. También había descontento porque el atenuante a la pobreza que habían significado las escasas e insuficientes becas alimenticias para niños necesitados de apoyo se suprimió desde principios de siglo, como mecanismo de presión.

Con estos antecedentes, la figura de Francisco I. Madero se convirtió en foco de atención al proponer un cambio de orden político para hacer efectivo el voto y la no reelección. Miembros de las logias masónicas Regeneración y Madre Común de Oriente, ambas establecidas en Pachuca y adscritas al Glorioso Rito Nacional Mexicano, apoyaron activamente ese postulado al fundar el Club Político Antirreeleccionista Benito Juárez, el 16 de enero de 1910, con la presidencia de Jesús Silva Espinoza (nacido en Molango) y el respaldo de Ramón Rosales Rodríguez (oriundo de Pachuca) y Rafael Vega Sánchez (originario de Huichapan), entre otros militantes.

Con la finalidad de apoyar la candidatura de Madero a la presidencia, esa organización lo invitó a Pachuca, donde el 29 de mayo llamó a la multitud a votar por él. A pesar del entusiasmo que la campaña de Madero despertó en el país, Porfirio Díaz fue "elegido" nuevamente como presidente de la República para el periodo 1910-1916. Con este fraude, que parecía derrotar a la oposición, llegó el centenario de la Independencia, que con toda pompa se celebró en el estado, particularmente en Pachuca.

Se mantenía una paz aparente, aunque Madero pensaba levantarse en armas. Por esta razón, antes de fugarse de San Luis Potosí, ciudad que tenía por cárcel, recibió a Francisco de P. Mariel, delegado del partido antirreeleccionista en Huejutla, y lo nombró comandante militar de las Huastecas. Madero, decidido a levantar al pueblo, proclamó el Plan de San Luis en octubre de 1910. En él convocaba al pueblo a levantarse en armas el 20 de noviembre de ese año, con el fin de combatir el régimen de Díaz, al que desconocía, y a establecer un nuevo gobierno; además, prometía a los campesinos despojados de sus tierras la restitución de éstas o la indemnización debida.

En la respuesta a la rebelión armada en Hidalgo destacaron tres figuras: Roberto Martínez y Martínez, en Actopan; Francisco de P. Mariel, en Huejutla, y Nicolás Flores, en Zimapán. En alguna medida contribuyeron a precipitar, medio año más tarde, la caída de Pedro L. Rodríguez, quien, si bien sólo había permanecido menos de tres lustros en el gobierno, era la prolongación de un régimen que se había mantenido 34 años en el poder.

Así llegaba el estado de Hidalgo al inicio de una nueva etapa de vaivenes políticos, después de casi medio siglo de existencia. Su creación, aunque favorecida indirectamente por la disputa entre conservadores y liberales, iba más allá del mero interés por ocupar la presidencia; significaba mantener o modificar de manera definitiva el esquema de desarrollo del país.

El triunfo de la Constitución de 1857 y de las Leyes de Reforma alentó los intereses de la élite de lo que sería Hidalgo; en un espacio dedicado de manera preponderante a las actividades agropecuarias, esta élite estaba representada fundamentalmente por una modesta oligarquía: los propietarios de fincas rurales y, en menor proporción, por aquellos dedicados al comercio y a la explotación minera a mediana escala. Después, con las difíciles condiciones que atravesó el país hasta la caída del Segundo Imperio, la preconfiguración de lo que se concebía como una nueva entidad estimuló su creación.

Sin embargo, es claro que sus promotores carecían de un auténtico y reconocido liderazgo, y que ninguno de los distintos grupos de poder predominaba sobre los otros. Así, el preámbulo de la Revolución empezó a marcar derroteros que le permitieron al estado, en el largo plazo, asumir una vida política propia.

Aunque con un progreso material, el estado sólo había sido capaz de reafirmar los centros de desarrollo económico que se habían gestado siglos atrás: la explotación de yacimientos de calizas, plata y plomo, y la cría y labranza de ganado y cultivos tradicionales, de los que el maguey era por demás redituable. En el sur de la entidad figuraban como nuevas alternativas económicas la actividad textil con un perfil industrial y las plantas generadoras de energía eléctrica. En consecuencia, es comprensible que difícilmente se haya avanzado en la elevación del bienestar de la población dispersa en el resto del estado.

CUARTA PARTE

EN CAMINO HACIA LA MODERNIDAD

IX. LA REVOLUCIÓN: DEL RESTABLECIMIENTO A LA TRANSFORMACIÓN DEL ORDEN CONSTITUCIONAL

EL MANIFIESTO DE FRANCISCO I. MADERO, que inicialmente había sido una protesta política, se convirtió en una conjura revolucionaria tras la imposición que implicó la última elección de Díaz. La propaganda revolucionaria se extendía por todo el país y se reconocía a Madero como jefe del movimiento. Las manifestaciones de rebeldía que tuvieron lugar entre noviembre de 1910 y mayo de 1911 significaron tal presión para el gobierno de Porfirio Díaz que se vio obligado a aceptar los convenios de Ciudad Juárez. En esta etapa de lucha armada y en las subsecuentes que tendrían lugar al chocar distintos intereses políticos y sociales, Hidalgo, si bien no fue escenario de campañas militares espectaculares, vio debatirse en su territorio a los ejércitos forjados al calor de la contienda en pos de los principios que defendían.

Al iniciarse el movimiento armado en el país, que entre otras cosas ofrecía una reivindicación agraria, éste no se extendió de inmediato en Hidalgo. La difusión del Plan de San Luis facilitó al gobierno del estado conocer la fecha en que se iniciaría la rebelión. Así, los principales organizadores quedaron sujetos a cateos y aprehensiones, como Ramón M. Rosales y Jesús Silva. Otros, advertidos oportunamente, escaparon, aunque perdieron armas y dinero. En ese desconcierto apareció la figura de Roberto Martínez y Martínez, nacido en Actopan y con arraigo en Ixmiquilpan (a pesar de haber concluido la carrera de comercio en la ciudad de México). Decidido a incorporarse a la Revolución, en torno al Valle del Mezquital organizó y armó un grupo de ciudadanos con recursos propios el 25 de noviembre de 1910. Por otra parte, fue a principios de enero de 1911 cuando Francisco de P. Mariel pudo levantarse en armas en Huejutla, desde donde se extendió a la Huasteca. Finalmente, Nicolás Flores tomó Zimapán y prolongó sus operaciones en la Sierra Gorda durante los primeros meses del mismo año. La victoria de las tropas rebeldes en Ciudad Juárez, Chihuahua, el 10 de mayo, hizo que Díaz se dispusiera a renunciar a la presidencia.

Tres días después de dicho triunfo, Gabriel Hernández, procedente de la zona Puebla-Tlaxcala, tomó Tulancingo para luego ocupar Pachuca sin ninguna resistencia, ante la impetuosa salida de Pedro L. Rodríguez y la ausencia de caudillos revolucionarios que respaldaran su entrada. Este vacío obedecía a la aprehensión de destacados miembros del movimiento por haber conjurado contra el régimen, incluido su dirigente, Jesús Silva.

Ante esta situación, Hernández designó gobernador a Joaquín González Ortega, diputado federal conforme el resultado, no confiable, de las últimas elecciones. Restablecido el orden constitucional, Silva obtuvo su libertad y asumió el gobierno el 5 de junio de 1911. Sin embargo, no pudo sostenerse más de cinco meses debido al repudio de los porfiristas, a la inutilidad de sus esfuerzos por conciliar los intereses particulares de Ramón Rosales y a la desconfianza que las intrigas sembraron en Madero. Precisamente fue Rosales quien lo sucedió, primero de manera provisional y, después, como gobernador constitucional. Entre uno y otro periodo, el gobierno provisional lo asumió el porfirista Miguel Lara, lapso en el que Victoriano Huerta usurpó la presidencia con el apoyo del ejército federal.

A pesar de haberse roto el orden constitucional, tanto Lara como Rosales le brindaron su reconocimiento. Como Hidalgo no era el único estado en esa posición, Carranza proclamó el Plan de Guadalupe, en marzo de 1913, para restablecer la legalidad, con el consecuente desconocimiento de Huerta como presidente de la República, de los poderes Legislativo y Judicial de la federación, y de los gobiernos de los estados que reconocieran al usurpador.

Ante esta convocatoria, nuevamente respondieron las fuerzas rebeldes en Huejutla, donde además de los Mariel participaban los Azuara y, en esa ocasión, Daniel Cerecedo Estrada a la cabeza; Nicolás Flores actuó en la región serrana, comprendida entre Zimapán y Jacala. La incompetencia de Rosales para controlar estos brotes puso en duda su lealtad hacia Huerta, razón por la que tres meses después se separó del gobierno para dejarlo en manos de Agustín Sanginés, jefe de operaciones militares del estado, el 4 de julio de 1913. De esa fecha a octubre del mismo año se sucedieron en el poder Agustín Pérez, Froylán Jiménez y Filiberto Rubio, relevado por Nicolás Flores, representante de las fuerzas constitucionalistas.

Conforme al Plan de Guadalupe, Carranza ocupó la silla presidencial en agosto de 1914, sin el respaldo de Villa, debido al distanciamiento ocurrido en campaña; ni el de Zapata, quien sólo reconocería un gobierno que cumpliera con los principios del Plan de Ayala (proclamado en noviembre de 1911, ante el incumplimiento de los postulados agrarios del Plan de San Luis).

En el afán de conciliar ambos grupos, Carranza convocó a una convención, que finalmente se celebró en Aguascalientes (adonde acudió el villista Felipe Ángeles, originario de Zacualtipán). Como resultado de los acuerdos tomados, se desconoció a Carranza, quien se trasladó a Veracruz para instalar allí su gobierno, y se nombró a Eulalio Gutiérrez como presidente provisional. Sin embargo, como tampoco se pudo conciliar la división entre los convencionistas, se retiró a San Luis Potosí con el propósito de organizar una facción independiente. Fue reemplazado por Roque González Garza hasta enero de 1915, cuando Álvaro Obregón, con reconocidas victorias, entró en la ciudad de México. Durante ese periodo, en Hidalgo se constituyeron tres sedes de poder: la que residía en Pachuca y correspondió a los convencionistas, representados primero por Cerecedo (quien se retiró, en compañía de Gutiérrez) y después por Vicente C. Salazar; la de Ixmiquilpan, con Martínez y Martínez, que enarbolaba el Plan de Ayala de los zapatistas; y la de Zimapán, con Nicolás Flores, quien se mantuvo fiel a los constitucionalistas, encabezados por Venustiano Carranza.

En tanto, la aristocracia terrateniente del sureste del estado había caído en decadencia. El atraco de los vagones había impedido la comercialización del pulque al no llegar a su destino, razón por la que la Compañía Expendedora de Pulques se declaró en quiebra en 1915. Así, desapareció el esfuerzo de los últimos seis años, en que sus socios intensificaron la producción de sus plantaciones e invirtieron fuertes sumas para encontrar usos alternativos al maguey. Además, se cirnió sobre los hacendados una amenaza mayor: la Ley de Restitución y Dotación de Ejidos, y la creación de la Comisión Nacional Agraria, promulgada por Carranza en enero de 1915. Si bien la finalidad era satisfacer los reclamos agrarios y contribuir a la unificación de las distintas facciones, lo cierto es que, al golpear a este grupo, disminuyó su poder.

En esta primera etapa, Hidalgo sólo fue testigo del establecimiento de algunos comités agrarios que dieron posesión de unos cuantos ejidos (en Mixquiahuala y Tilcuautla, en Actopan; Tlanalapa, en Apan; Atotonilco el Grande y Nativitas, en Tulancingo, y Atotonilco el Chico, el distrito minero), como testimonio del compromiso del gobierno constitucionalista en ese sentido.

Al triunfo definitivo de Carranza contribuyeron figuras más o menos prominentes que, en el largo plazo, ocuparon posiciones de poder en los niveles local o estatal. Entre otros, por su apoyo en las filas constitucionalistas en Hidalgo, destacaron Alfonso Mayorga, de Jacala; Ismael Pintado Sánchez, de Zimapán; Matías Rodríguez, de Tetepango, y Leopoldo Ruiz, de Pacula, quienes además fueron diputados al Congreso Constituyente que promulgó la Carta Magna de 1917; Amado Azuara, el hombre fuerte de la Huasteca, quien fue jefe de operaciones militares del estado, y Honorato Austria y Javier Rojo Gómez, quienes por su juventud aún debían forjarse en el quehacer político, pero que figuraron con distinto peso. Sin embargo, en ese momento el mérito mayor era de Flores, y a él le correspondió gobernar el estado, primero de manera provisional, entre 1915 y 1917 (meses después de la toma de Pachuca por el jefe carrancista, Fortunato Maycotte), y, restablecido el orden constitucional, durante el periodo 1917-1921.

X. LA REVOLUCIÓN: PROCESO PERMANENTE Y CONTINUO

CON LA ADMINISTRACIÓN DE NICOLÁS FLORES se inició el periodo constructivo de la Revolución, el cual partió de la nueva Constitución del estado. Esta carta política, acorde con la federal, afianzaba la realización de las demandas sociales de los hidalguenses, así como las de orden político y de organización de la entidad, entre las que destacaba su integración en municipios. Por supuesto, empezó la reforma agraria, con la creación de unos 20 ejidos que satisficieron aproximadamente a 5 000 beneficiarios en el sur del estado. En Jacala no habían tenido lugar levantamientos campesinos que reclamaran ese derecho, pues no sufrieron despojos. Por el contrario, fueron los pequeños propietarios —que no habían sido afectados por la reciente legislación— quienes participaron en la lucha contra el régimen porfirista, representado por los caciques, que amenazaban con crecer a sus expensas.

Ante la sucesión presidencial, que tendría lugar al finalizar 1920, la lucha política adquirió caracteres de extrema gravedad. El desconocimiento de Carranza como presidente de la República se proclamó en el Plan de Agua Prieta (promovido por el gobernador de Sonora, Adolfo de la Huerta, y Plutarco Elías Calles, con la finalidad de apoyar la candidatura de Álvaro Obregón), y el gobierno hidalguense adoptó la misma postura en mayo de ese año. Durante el breve periodo en que De la Huerta asumió la presidencia de forma interina, a la muerte de Carranza, se procedió a celebrar elecciones. Gracias al apoyo de sus correligionarios, con base en su trayectoria y prestigio militar, Obregón obtuvo un triunfo indiscutible. Ya en este nuevo régimen tuvo lugar el proceso electoral para suceder al gobernador en Hidalgo. Entre los contendientes para el periodo 1921-1925 destacaban Roberto Martínez y Martínez y Amado Azuara. Aunque los dos compartían el honor de haber derrocado a la dictadura, el segundo era heredero natural del poder institucionalizado. Había militado en las filas constitucionalistas, lo que le brindaba el respaldo de los obregonistas. Precisamente a este grupo se integró el ya licenciado Rojo Gómez como aspirante a la diputación local por Huichapan, quien participó muy activamente en la campaña de Azuara.

Finalmente, tras el fracaso de una impugnación hecha por otro aspirante al poder, Amado Azuara asumió el gobierno con la promesa de cumplir los objetivos del movimiento revolucionario. En materia de instrucción pública, dentro del amplio plan vasconcelista, se fomentaron las misiones culturales (organismos ambulantes a cargo de profesionales, que impartían periódicamente cursos breves a los maestros de una localidad para mejorar su preparación), las cuales dieron inicio en Zacualtipán. Ante la inesperada muerte de Amado Azuara, a causa de un accidente en 1923, la Legislatura designó a su hermano Antonio para sucederlo por el resto del cuatrienio. En ese lapso, Rojo Gómez, identificado ya con los líderes del grupo de poder de la Huasteca, figuró como secretario general de gobierno, lo que le permitió acercarse a los conflictos ocasionados por el incumplimiento de la reforma agraria. Hasta entonces se habían afectado fundamentalmente las tierras que colindaban con los pueblos, y, en esencia, no se habían tocado las de los hacendados. Aún se mantenían grandes latifundios, entre otras razones a causa de las previsiones que tomaron sus propietarios para evitar ser afectados por la reforma. Así, fue común la venta real o ficticia a miembros de la familia y amigos, y, en menor medida, el traspaso de las tierras menos rentables. Este hecho propició la generación de nuevos líderes, ante la insistencia en la solicitud de tierras, promovida por antiguos trabajadores de las haciendas. Tal fue el caso de Agustín Olvera, quien formalmente encabezó el reclamo en el pueblo de Acatlán durante la siguiente gubernatura, con lo que ejerció influencia hacia Huasca y Tulancingo, hasta convertirse en dirigente de la Liga de Comunidades Agrarias, en la década de 1930.

Nuevamente la sucesión presidencial dio origen a más disturbios políticos al dividirse las simpatías de los obregonistas entre Plutarco Elías Calles y Adolfo de la Huerta, quienes incluyeron a Hidalgo en sus giras de proselitismo. Empero, la disputa política llegó a su culminación cuando De la Huerta inició un levantamiento armado contra Obregón por apoyar la candidatura de Calles, en diciembre de 1923. A pesar de que le costó su baja del ejército, Nicolás Flores se sumó a ese movimiento, con el cargo de jefe de operaciones del estado de las fuerzas rebeldes. Se registró una serie de escaramuzas más o menos importantes en el estado entre los insurrectos —especialmente las que estaban bajo el mando de Marcial Cavazos— y las fuerzas gobiernistas, que finalmente lograron dominar la situación a mediados de ese año.

Restablecida la paz, el Congreso declaró triunfante a Plutarco Elías Calles, quien tomó posesión de la presidencia en diciembre de 1924. Con su respaldo, Matías Rodríguez, ex diputado del Congreso Constituyente, resultó victorioso sobre Daniel Cerecedo y Jesús Azuara en las elecciones para gobernador, celebradas en enero de 1925. Su gobierno transcurrió a la par del movimiento cristero (conflicto surgido a raíz de que el episcopado mexicano pretendió no acatar las leyes emanadas de la Constitución de 1917, que limitaban la intervención de la Iglesia en la vida nacional). Aunque Hidalgo no fue escenario de una cruenta lucha armada, la tensión entre Iglesia y gobierno llegó a tal extremo que aún se recuerda esa época como la "segunda revolución". Y efectivamente lo fue, en la medida en que resurgió un enfrentamiento entre el pueblo, ampliamente identificado con los sacerdotes, y un gobierno que, desde la perspectiva de la mayoría de la población, mancillaba espacios y líderes espirituales respetables, consagrados a Dios. La tirantez se acentuó durante el breve interinato de Lauro Albuquerque, cuando la Legislatura del estado sancionó a finales de 1926 la iniciativa de los diputados José Rivera y Rojo Gómez (apoyado por el diputado José Lugo Guerrero, hermano de su esposa), que determinó el número máximo de sacerdotes y ministros de culto que debían ejercer en territorio hidalguense. Se estableció que habría uno de cada religión por municipio, excepto en Pachuca y Tulancingo, donde había cinco. Además, los religiosos que permanecieran debían cubrir el requisito de ser mexicanos. El disgusto fue generalizado, pero se avivó en particular en Huejutla, con el liderazgo del obispo de esa diócesis, quien abiertamente manifestó a sus feligreses que no se sometería a tal disposición. El gobierno procedió con energía y el obispo fue aprehendido, trasladado a Pachuca y puesto a disposición de las autoridades federales.

En contraste con este escollo, finalmente parecía que el impulso reconstructivo alcanzaría su máximo esplendor en Hidalgo, al emprenderse diversas obras públicas, entre las que destacaron algunas mejoras materiales en Pachuca: la carretera México-Pachuca y la irrigación del Valle de Tecozautla. En buena medida, esa labor fue resultado del fortalecimiento de las finanzas públicas, al cual contribuyó de manera sustantiva la recaudación de impuestos sobre las minas de plata (aunque se producía cobre, fierro y plomo, su explotación para uso industrial era exiguo), uno de los rubros fundamentales que constituían la base fiscal de la hacienda pública estatal (los otros eran la industria y el comercio, la propiedad rústica y urbana, y las bebidas alcohólicas). Esto fue posible gracias a la espectacular producción argentífera del distrito minero Pachuca-Real del Monte (considerado en su momento el mayor productor de plata del mundo) y a la sostenida producción de la industria textil, que se modernizaba gradualmente.

A pesar del prolongado periodo de turbulencia, como en el siglo anterior, las empresas pudieron sortear los riesgos que se les presentaron. Fundamentalmente se habían enfrentado a la inseguridad que corría la carga ferroviaria, pues era frecuente que las fuerzas revolucionarias asaltaran los trenes. Para asegurar la llegada de abastecimientos estratégicos, como la dinamita y el cianuro, y la salida de la plata, la Real del Monte organizó su propio tráfico de trenes. Sin embargo, las fábricas de hilados y tejidos enfrentaron en varias ocasiones la interrupción del servicio ferroviario, que se sumaba a la dificultad para abastecerse de lana nacional e importada y otros insumos, como tintes, químicos y carbón, para generar vapor en las calderas y poner la maquinaria en marcha.

Asimismo, tampoco faltaron inconvenientes en las relaciones obrero-patronales, que adquirieron un nuevo aspecto. La organización obrera, tanto en la industria extractiva como en la textil, buscaba reglamentar las tarifas salariales y la duración de la jornada de trabajo. Si bien hubo algunos conflictos laborales, las desavenencias concluyeron sin mayor problema. Estas empresas no sólo escaparon a los efectos destructivos del movimiento armado, sino que en general lograron mantenerse en condiciones de incrementar su productividad (aunque hubo casos de empresas, como la de Los Ángeles, que fueron adquiridas por otras con mayor capacidad económica).

En cuanto a la minería, en 1920 la producción de plata se triplicó respecto de 1905, y la de entonces se incrementó seis veces al concluir esa década. Además, en el marco de las consecuencias de la primera Guerra Mundial, el precio de la plata repuntó en el mercado internacional, lo que se prolongó hasta 1926. El fuerte crecimiento de la producción, en el contexto de intermitentes etapas en la guerra civil, propició que la comarca minera absorbiera, en mayor medida que en el siglo XIX, los productos de la región.

Fue durante la presidencia de Emilio Portes Gil, con el apoyo de Rodríguez como representante de la prolongada influencia de Calles en el estado, y del Partido Revolucionario Hidalguense (posteriormente comité de estado del Partido Nacional Revolucionario, PNR), que el ingeniero Bartolomé Vargas asumió la gubernatura para el cuatrienio 1929-1933. A fin de continuar con el impulso al desarrollo del estado, fue necesario resolver, primero, la crisis hacendaria, consecuencia de la económica, que se venía resintiendo desde 1927 debido a la disminución del precio de la plata (el oro llegó a cotizarse a más de 80% en relación con la plata, razón por la que el gobierno, en manos de Pascual Ortiz Rubio, retiró el carácter monetario al oro acuñado a mediados de 1931); del descenso del valor de las fincas productoras de pulque, resultado de la decadencia en la elaboración de este líquido, y de la mengua en la comercialización de este último producto. En consecuencia, hubo que reconsiderar y ampliar las fuentes gravables: se incrementaron 20% los valores fiscales de la propiedad, que durante 25 años no se habían modificado; se inspeccionaron los tinacales para constatar la verdadera producción, ahora desperdigada; se aumentaron cuotas sobre hipotecas, herencias, etc.; se negoció una participación estatal del impuesto federal sobre venta de gasolina (cuya demanda se había incrementado a raíz de la introducción de vehículos automotores en los primeros años del siglo) y sobre el consumo de energía eléctrica. Este último permitió que se triplicara el ingreso estatal. Fue así como se pudo inaugurar la carretera Pachuca-Huejutla —con la que cobraron vida Tianguistengo y Zacualtipán, sitios intermedios en el intercambio comercial entre la Huasteca y el suroeste del estado—, construir 187 planteles que se sumaron a las 470 escuelas rurales que ya existían y ampliar la red de energía eléctrica y de líneas telefónicas. Por otra parte, continuó la redistribución de la tierra cultivable, creando más de 60 ejidos en beneficio de unos 10 000 campesinos.

Sin embargo, lo más significativo del gobierno de Vargas Lugo fue la sobresaliente actividad socialista, como se denominaba en la época. El mayor logro fue la expropiación de la importante fábrica de cemento Cruz Azul, para ponerla en manos de los trabajadores organizados en una cooperativa, que a la fecha subsiste. Esta decisión obedeció a la falta de evidencias que justificaran su cierre por incosteabilidad, lo que habría significado dejar en el desamparo a más de 250 familias. Éste fue el antecedente para que las empresas mineras Santa Gertrudis y San Rafael se constituyeran en cooperativas en 1937 y 1938, respectivamente.

También en esa época se estableció la Procuraduría de Indígenas, con el fin de educar y proteger de la explotación a quienes extraoficialmente se les exigía una contribución personal mediante trabajos sin remuneración en los servicios públicos y en las fincas agrícolas. Igualmente destacó la creación de la Escuela Secundaria Politécnica, como complemento de la acción obrerista del gobierno del estado, para capacitar mano de obra calificada en materia de mecánica, carpintería, artes gráficas y electricidad.

Bajo la tutela política que aún ejercía el ex gobernador Matías Rodríguez, reflejo de la que a su vez tenía Plutarco Elías Calles, Ernesto Viveros ocupó el poder en 1933-1937. Al aproximarse nuevamente el cambio del primer mandatario del país, Viveros manifestó su simpatía hacia Manuel Pérez Treviño, presidente del PNR. En cambio, dos grupos obrero-campesinos, con Honorato Austria y Rojo Gómez a la cabeza, se sumaron a la Confederación Obrera y Campesina, que dio su apoyo a Lázaro Cárdenas, quien finalmente fue el candidato oficial del partido.

Con el rompimiento definitivo entre Cárdenas y Calles en 1936, Matías Rodríguez también dejó de influir en el destino de los hidalguenses. Entre los aspirantes al poder surgió un candidato de unidad: Rojo Gómez. Su perfil obrero-agrarista, su favorable trayectoria política, por haber desempeñado cargos de elección popular y en el Poder Ejecutivo, y su apoyo incondicional en la campaña proselitista de Cárdenas, le permitieron convertirse en gobernador entre 1937 y 1941.

En un contexto adecuado para desarrollar su labor y frente a la rearfimación cardenista de la política agraria —ésta tuvo su máximo desarrollo en ese régimen—, la acción más importante del gobierno de Rojo Gómez fue el reparto de tierras, a partir de un amplio programa de expropiaciones que, por supuesto, le valió el resentimiento de los hacendados y el sobrenombre de gobernador agrarista. Sin embargo, de las tierras distribuidas, las de riego no representaban ni 10%, mientras que las de temporal significaban la tercera parte, y la mayoría se localizaba en cerros, montes y pastos. En 1937, el municipio con mayor número de ejidos era Huichapan, y era el que también tenía mayor superficie ejidal repartida, así como el segundo en número de ejidatarios beneficiados. En consecuencia, fue en Huichapan donde se aglutinó un importante grupo de ejidatarios y minifundistas organizado por representantes que se convirtieron, con el paso del tiempo, en líderes más o menos importantes, según su capacidad de convocatoria.

Como complemento a esta labor, Rojo Gómez emprendió obras de irrigación, como la presa de Tasquillo, sobre el río Tula; la del Sabino, en Zimapán; la del Girón, en Epazoyucan; la de La Esperanza, en Cuautepec, y la de La Estanzuela, en Pachuca, y dio inicio a la perforación de pozos en las zonas de Actopan, Tizayuca, Tepeapulco y Tlanalapa.

Su preocupación por la educación lo llevó a fundar la Escuela Politécnica del estado en 1938, así como a propagar la educación básica mediante el establecimiento de escuelas, lo que contribuyó a reducir el analfabetismo en 70%. Respaldó la educación superior y elemental en el marco de la reforma educativa, con una orientación socialista, con el fin de que fuera igualitaria en términos de oportunidades; desfanatizante, para evitar prejuicios que estorbaran el progreso; funcional y activa, a fin de satisfacer necesidades.

Así, en el Instituto Científico y Literario, aún dependiente del Ejecutivo estatal, se buscaba implantar nuevos programas que tuvieran como base la dialéctica materialista. Igualmente, en los niveles básicos de instrucción se fomentaba esta tendencia mediante acciones que buscaban promover la participación de la niñez en actos gremiales, de índole laboral, cívica o política, con la intención de que se identificaran con los intereses de la clase trabajadora.

La trascendencia de Rojo Gómez en Hidalgo no concluyó con su gestión de gobierno, más bien fue entonces cuando comenzó, a partir de una acción estratégica: el reparto agrario, en el que se privilegió a Huichapan. Esta política le proporcionó una firme base social al grupo que encabezó, y, en consecuencia, le facilitó la conciliación de intereses, aun con quienes también aspiraban al poder (por ello el respaldo a Honorato Austria y a Otilio Villegas, como diputados federales, y a Agustín Olvera, como senador); la colaboración de subalternos de probada lealtad (incluido José Lugo Guerrero, su cuñado), como preámbulo de una carrera más o menos destacada en la administración pública, y el inicio de una prolongada tradición (a lo largo de las últimas seis décadas) para establecer una firme interrelación entre la política local, regional y federal sin perder el arraigo en Huichapan, pero con una presencia permanente en la capital del país.

XI. AVANCES Y REZAGOS

AL CONCLUIR EL RÉGIMEN DE ROJO GÓMEZ, ya durante la presidencia de Manuel Ávila Camacho, los intereses estaban sumamente dispersos para designar al aspirante que ascendería al poder en el siguiente cuatrienio (1941-1945). En parte esto obedecía a la presencia del gobernador interino, Otilio Villegas, quien sustituyó a Rojo Gómez en los últimos cuatro meses, cuando fue nombrado jefe del Departamento Central del Distrito Federal por el presidente de la República.

Destacaban por su significativa trayectoria los hermanos Austria, Agustín Olvera y, por supuesto, Otilio Villegas. Sin embargo, también se perfilaban figuras menos prominentes, como el general Juvencio Nochebuena y Arcadio Cornejo, con un particular arraigo en la Huasteca y Tula, respectivamente. Esta fragmentación dio la pauta para que emergiera un aspirante más, un candidato de unidad que pudiera consolidar la estructura económica tradicional del estado y continuar la obra de justicia social ya iniciada. Se trataba del hombre de confianza del gobernador saliente, su íntimo colaborador: José Lugo Guerrero.

Correspondió prácticamente a la nueva administración prolongar las condiciones de un estado que seguía siendo eminentemente rural. El número de habitantes había ascendido a 785 000, lo que significaba un crecimiento de poco más de 50% respecto del inicio del siglo. Sin embargo, se caracterizaba porque poco más de la mitad se ubicaba en el rango de población en edad productiva (41% eran niños de hasta 14 años y 5% ancianos), la cual en su mayor parte se ocupaba en actividades del campo, pues geográficamente estaba dispersa en pequeñas comunidades. Sólo 16% de la población total se concentraba en 12 localidades con más de 2 500 habitantes.

Era en esos centros urbanos donde igualmente tenía lugar el

desarrollo económico del estado. Por el valor de la producción, resaltaba la ya tradicional actividad industrial (que daba origen a la mayoría de las 61 agrupaciones sindicales registradas, con casi 12 000 miembros, entre las que sobresalían las secciones de Pachuca y Real del Monte del Sindicato Nacional Minero y el Sindicato Libertad, que formaba parte de la Federación Nacional del Ramo Textil).

Destacaba la explotación de yacimientos, primordialmente los de plata en el distrito minero Pachuca-Real del Monte; la actividad textil, segunda en importancia, se localizaba de manera fundamental en Tulancingo y localidades aledañas, con una moderna producción de hilados y tejidos de lana que aportaba alrededor de 25% del valor de la producción del país (desde 1939, del total de establecimientos textiles, sólo 35 trabajaban la lana; entre ellos, la Fábrica de Hilados y Tejidos de Lana Santiago ocupaba el tercer lugar por su tamaño y producción); seguía la industria cementera concentrada en Tula, que en el ámbito nacional ocupaba la segunda posición; después estaba la actividad agropecuaria, la única extendida en todo el estado, aunque de manera desigual, pues a pesar de la decadencia de las grandes fincas pulqueras en el sur de la entidad, el maguey aún era renglón sustantivo, al igual que el maíz, mientras que el trigo, la cebada, la alfalfa, el café y la caña de azúcar eran menos representativos.

Por otra parte, se había ampliado el número de plantas hidroeléctricas y termoeléctricas, lo que colocaba al estado entre los 20 más avanzados en el país. Cabe destacar que, debido a la gran importancia de esta energía para la industria minera (aunque también otro tipo de empresas la utilizaba), el consumo promedio de electricidad para fines industriales en Hidalgo era mayor que en el Distrito Federal. En cambio, el consumo para alumbrado particular y público era realmente mínimo, pese a las obras de electrificación que cubrían casi toda la zona sur del estado y las cabeceras municipales en la parte central; en el norte, por otro lado, sólo algunas localidades contaban con esas obras. Los espacios privilegiados y el auge de la carretera México-

Laredo contribuyeron a modificar las redes de comunicación local, que a su vez alteraron la vida comercial y económica de la zona y propiciaron el desarrollo de algunas comunidades y la decadencia de otras.

El ejemplo más dramático fue el incentivo que esta vía significó para los comerciantes de ganado de la Huasteca (que no eran oriundos de la región ni ganaderos con tradición). La carretera ofrecía condiciones para negociar precios competitivos al posibilitar la venta de animales con mayor peso en menor tiempo en la ciudad de México y en Tampico; ya no tenía que desplazarse la manada por sí misma a dichos mercados, adonde llegaba por lo general con menor peso. Así, la ganadería, que ya era el principal motor económico de la región, se disponía a convertirse prácticamente en el único a partir de la década de 1940. Entonces se empezaron a crear nuevos ranchos, a costa del despojo de tierras comunales, para concentrar en pocas manos (las de individuos que por lo general nunca habían tenido contacto con actividades agropecuarias), grandes superficies que permitieran bajos índices de agostadero (hasta una hectárea por cabeza de ganado, cuando las condiciones tropicales de la región permitían una relación mayor). Así se garantizaba una rápida engorda con una reducida inversión de capital, situación que prometía un negocio altamente rentable. Con el posterior amparo agrario y la inafectabilidad ganadera, durante el gobierno de Miguel Alemán la avidez llevaría a los ganaderos a someter en las siguientes décadas a las comunidades con el respaldo de pistoleros (muchos de ellos "pensionados" por el Estado a raíz de su participación en la Revolución), entre los que destacaba el vasto contingente al servicio del general Juvencio Nochebuena, uno de los grandes terratenientes. Así, los nuevos caciques limitarían gradualmente la agricultura de subsistencia de los campesinos, con la consecuente decadencia de sus núcleos de población.

Esquemas similares al anterior prevalecían en otras zonas del estado, donde también nuevos caminos relegaban a unos mientras favorecían a otros, y los caciques surgidos de la Revolución ejercían poder local o regional, igualmente en detrimento de los desposeídos y en beneficio del más fuerte. En ese contexto asumió el poder el licenciado Vicente Aguirre del Castillo para el sexenio 1945-1951, quien en 1947 se enfrentó al tambaleo de la economía regional.

Fue en ese año cuando los inversionistas estadunidenses decidieron dejar de trabajar las propiedades de la Real del Monte, debido a que, una vez más en la historia de las minas de la comarca de Pachuca, la explotación de los yacimientos argentíferos había dejado de ser redituable. El cierre definitivo de esta compañía amenazaba con convertirse en un desastre. Por el valor de la producción, se había mantenido como la primera industria en que descansaba la economía del estado. La suspensión de sus labores también significaba la consecuente declinación del intercambio comercial con los productores de la región, el desempleo de miles de trabajadores e, igualmente, el consecuente declive en los ingresos del erario estatal.

Para salvar esta situación, la Real del Monte se convirtió en la primera empresa minera paraestatal que más tarde incorporó las propiedades de las cooperativas, las cuales, a pesar de grandes esfuerzos, tampoco lograron mantenerse. Aun con el fuerte apoyo del gobierno, que se prolongó por poco más de cuatro decenios, algunas de las grandes y antiguas minas dejaron de trabajar como tales y algunos yacimientos superficiales se asignaron a contratistas. Para recobrar el esplendor de apenas unas décadas atrás se requería invertir fuertes sumas, para intentar lograr una reconversión industrial, la cual fue irrealizable.

En contraste, el gobierno estatal dejó de intervenir en la administración del Instituto Científico y Literario a raíz del decreto que le otorgaba su autonomía a partir del 1º de abril de 1948 (el rango de Universidad lo obtuvo en 1961).

Para continuar la obra progresista y promover un mejor nivel socioeconómico de vida era necesario reorganizar las finanzas públicas e impulsar la economía del estado. Esto correspondió a Quintín Rueda Villagrán, quien asumió el gobierno de 1951 a 1957. Como medida prioritaria, y de manera inmediata, se abocó a consolidar la deuda pública, que ya ascendía a 14 millones de pesos, en septiembre de 1951, para luego gestionar ante la Secretaría de Hacienda y Crédito Público la cancelación de dicho crédito, con base en la ley que facultaba al presidente de la República a condonar adeudos con el Banco Nacional Hipotecario Urbano y de Obras Públicas cuando no se disponía de medios económicos para satisfacerlos.

Por otra parte, al enfrentar el descenso de la producción de las minas de plata y de los productos derivados del maguey como fuentes tradicionales de ingreso, se procuró promover la pequeña y mediana industria a la vez que se buscaban nuevos cauces para sustentar la estructura económica. El gobierno logró que se establecieran en lo que hoy en día se conoce como Ciudad Sahagún grandes empresas de industria pesada, como fueron inicialmente Diesel de México, Constructora de Carros de Ferrocarril y Constructora Industrial Irolo (que otorgó en favor del gobierno estatal 350 000 pesos en acciones), con una inversión de 150 millones de pesos, y más tarde Toyota, fabricante de maquinaria textil y máquinas de coser.

Las acciones de industrialización y urbanización de la zona operaron una plusvalía en la propiedad raíz que pronto permitió consolidar un nuevo polo de desarrollo. Los ingresos que este complejo industrial aportó a las arcas estatales permitieron en buena medida continuar con el impulso a la instrucción básica mediante el fortalecimiento de la Campaña de Alfabetización y ampliar los planteles de educación primaria; dar una mayor atención a la salubridad y asistencia pública y, en menor medida, continuar con el reparto y la ampliación de tierras y aguas, así como con el desarrollo de obras públicas, que privilegió la construcción y reparación de carreteras y caminos vecinales, además de trabajos de irrigación, incluidos los que ya realizaba la Junta de Pequeña Irrigación del Valle del Mezquital.

En este contexto de progreso no podían dejarse de lado las poblaciones con un alto grado de marginación del Valle del Mezquital, donde se asentaba el núcleo indígena de mayor peso en el estado, prácticamente aledaño a la capital del país. Ciertamente, no había estado desatendido desde la creación del Departamento de Asuntos Indígenas, en 1936, por Lázaro Cárdenas, entonces presidente de la República. Desde entonces, el gobierno federal había manifestado su preocupación por los habitantes de esa región, de tal manera que no podía pasar inadvertida. Entre otras acciones, se había organizado lo que fue la primera magna convención nacional de indígenas, con la denominación de Primer Congreso de Indígenas Otomíes, realizado en Ixmiquilpan en 1936. De este modo, en materia de política indigenista de la federación, el Valle del Mezquital era la zona propicia para desarrollar proyectos piloto que contribuyeran a mejorar la calidad de vida de sus pobladores, con el ánimo de difundirlos posteriormente y adaptarlos en otras comunidades indígenas del país.

Sin embargo, los esfuerzos emprendidos desde el periodo cardenista continuaban siendo insuficientes tres lustros después, razón por la que en 1951 se creó un nuevo organismo dependiente de manera inmediata de la presidencia, entonces ocupada por Miguel Alemán: el Patrimonio Indígena del Valle del Mezquital. Esta institución descentralizada, cuya existencia se prolongó por más de tres décadas, constituía una atractiva plataforma política, pues dependía del Ejecutivo federal y contaba con recursos destinados a acciones tendientes a ampliar obras de irrigación (para lo que se estrechó la relación con la Comisión Hidrológica del Valle de México, con la aspiración de contar con aguas negras que ampliaran el número de hectáreas cultivables), agua potable, electrificación y caminos; servicios de salubridad y educación, y acciones de fomento económico, básicamente orientadas a la actividad agropecuaria.

La consecución de la obra revolucionaria en la década de 1950 fue posible gracias a dos grandes soportes. Por una parte, los esfuerzos realizados por Rueda Villagrán, por sus gestiones para evitar la bancarrota del estado y el consecuente deterioro de los logros sociales alcanzados hasta entonces, y por el establecimiento del complejo industrial de Ciudad Sahagún, que se convertía en un nuevo detonante —menos azaroso que la minería— de la economía estatal. Por otra parte, también fue útil la canalización de recursos del gobierno federal al Valle del Mezquital, lo que, si bien fue una aportación significativa, tuvo un inconveniente: restó presencia al gobierno estatal ante la población, así como autonomía política y económica frente a la federación, cuando menos en esa región.

XII. EL PASADO RECIENTE: PERSPECTIVAS Y CONTRASTES

E L RÁPIDO DESARROLLO ECONÓMICO NACIONAL que tuvo lugar entre 1940 y 1970 —generalmente conocido como "el milagro mexicano"— y la desaceleración paulatina de la economía significaron un importante proceso de transformación para el país, e Hidalgo no fue la excepción. Este impulso sirvió para que se modificara de manera desigual la estructura económica de la entidad durante los periodos de los sucesores de Rueda Villagrán: Alfonso Corona del Rosal (1957-1958), Oswaldo Cravioto Cisneros (1959-1963), Carlos Ramírez Guerrero (1963-1969), Manuel Sánchez Vite (1969-1975), Jorge Rojo Lugo (1975-1981), Guillermo Rossell de la Lama (1981- 1987) y Adolfo Lugo Verduzco (1987-1993).

La aplicación local de las políticas nacionales y estatales de desarrollo en esas últimas décadas, así como de las estrategias sectoriales, permitieron que el estado transitara de formas económicas tradicionales a otras más modernas, aunque de manera heterogénea. Esta diferenciación, junto con la configuración geográfica de la entidad, la característica y ancestral explotación de sus recursos naturales y el histórico desarrollo industrial de la parte sur del estado, respecto de la característica agraria del norte, propiciaron modalidades distintas en las relaciones económicas, sociales y políticas, tanto en el ámbito rural como en el urbano.

Los centros de desarrollo económico que ya existían se consolidaron, aunque con distinto perfil. En el corredor Tula-Tepeji se sumaron a la ya ancestral explotación cementera (en la que destaca una sociedad cooperativa, como ya se señaló) y a la escasa industria textil un mayor número de plantas en este último sector y dos grandes paraestatales: la refinería de Petróleos Mexicanos (Pemex) y la central termoeléctrica de la Comisión

Federal de Electricidad (CFE), en los años setenta. Ciertamente, la magnitud de sus instalaciones no pasó inadvertida, aunque tuvo poca influencia en la economía del estado. Las obras fueron realizadas por constructoras que requirieron trabajadores especializados procedentes de otras entidades, y, debido a la organización sindical de ambos organismos, las plazas de base fueron ocupadas por trabajadores también provenientes de otros espacios, sobre todo de la zona metropolitana de la ciudad de México. En contraste, la llegada de estos migrantes superó la oferta de servicios disponibles, los cuales no se ampliaron inmediatamente debido a los limitados recursos financieros de los gobiernos municipal y estatal.

En su carácter de eje de las funciones político-administrativas del estado y como centro de la ancestral actividad minera de la comarca, Pachuca facilitó el crecimiento centralizado del sector comercial y de servicios (incluida la atención médica especializada y la educación superior), y permitió una limitada penetración de la micro y pequeña industria. Sin embargo, mantener la Real del Monte como empresa paraestatal no obedeció a una reconversión industrial que modificara de manera sustantiva las condiciones de explotación y extracción de la plata, cuyo valor era afectado por la fluctuación de su precio en el mercado internacional. Las expectativas en ese sentido parecieron más favorables a partir de la adquisición de la Real del Monte por el Grupo Acerero del Norte, en consonancia con el esquema de privatización que se planteó al finalizar los años ochenta.

El fortalecimiento de "la industria de los magueyales" obedeció, finalmente, al incremento sustancial de la inversión pública federal, a las empresas paraestatales Constructora de Carros de Ferrocarril (Concarril), Diesel Nacional (Dina) y Siderúrgica de Desarrollo Nacional (Sidena). La consolidación de todo este complejo industrial se convirtió en un importante polo de desarrollo, en torno al cual han girado las comunidades aledañas de Tepeapulco y los municipios vecinos. En el marco de la participación porcentual por sector en el estado, a la industria manufacturera correspondió en promedio 30% entre 1970 y 1980.

Sin embargo, la etapa crítica que atravesaron las paraestatales a finales de los años ochenta deprimió la zona inmediata de influencia. Fue entonces cuando se hizo notoria la fuerte producción de cebada en la región.

Como polo de desarrollo, Tizayuca, particularmente en su carácter de cuenca lechera, es más reciente. Aquí se llevó a cabo otro tipo de industrialización, a partir de una vigorosa producción de leche y del establecimiento de algunas industrias medianas de muebles y plásticos. Pero tanto este centro productivo como los ya mencionados, si bien han fomentado un desarrollo propio, éste no ha repercutido por igual en el crecimiento de la economía estatal en las últimas décadas. Esto se entiende si se considera que su establecimiento obedeció a necesidades extrarregionales y a que su financiamiento, organización y toma de decisiones dependían de centros de dirección localizados fuera del estado (en la ciudad de México), los cuales a su vez operan en función de dinámicas ajenas a las de Hidalgo e incluso a las del país; en el caso de las grandes empresas paraestatales, a las razones anteriores se suma su limitada participación en mecanismos de desarrollo capitalista.

Así, los efectos multiplicadores y los excedentes generados se han transferido fuera de la entidad, en beneficio de agentes ajenos a la economía regional. Ciertamente la ampliación del mercado laboral ha favorecido el surgimiento de una pequeña burguesía urbana que invierte en micro y pequeñas empresas y comercios, aunque difícilmente logran sostenerse frente a capitales de mayor escala.

Tulancingo ofrece un panorama distinto. Gracias al fortalecimiento de la industria textil, a partir de la inversión de capital privado —a diferencia de los polos de desarrollo ya comentados—, es asiento del sector empresarial más antiguo en el estado. Aunque la mayor parte de las unidades productivas corresponden a la micro y pequeña empresa, también prospera un buen número de establecimientos de mediana escala, tanto recientes como de añeja tradición. Asimismo, en esta rica región agrícola, las fincas rurales que no fueron asimiladas por el proce-

so de urbanización aumentaron cada vez más la producción ganadera intensiva y tecnificada dirigida a la industria láctea. Y, por
supuesto, Tulancingo continúa siendo una fuerte plaza comercial, y desde que Pachuca tomó la delantera, a mediados del
siglo XIX, se mantiene como la segunda ciudad más importante
del estado.

En el Valle del Mezquital, donde hasta la fecha está arraigada
la etnia ñähñu, los indeseables terrenos, poco atractivos para los
conquistadores, se volvieron gradualmente más apetecibles.
Con la doble presión de tener que evacuar las aguas residuales
de la ciudad de México y de aumentar la productividad, fue factible que 90 000 hectáreas de tierras semiáridas se convirtieran
en distritos de riego, gracias a la gradual ampliación de la infraestructura para ese fin a lo largo del presente siglo. De este
modo, poco a poco se logró, primero, la introducción de cultivos comerciales (jitomate, trigo, cebada, sorgo) y, luego, su intensificación con el uso de tecnología moderna, a partir de las
facilidades otorgadas por instituciones gubernamentales.

De esa manera, aunque el carácter rural de la zona se centra
fundamentalmente en una economía de cultivos básicos, dejó
de ser una agricultura que atendía mercados locales específicos
(como los centros mineros) y necesidades de subsistencia para
vincularse ampliamente con una economía de mercado en un
espacio regional y extrarregional más amplio.

En contraste, a la par de estos beneficios se generaron graves
desventajas. Por una parte, en las últimas décadas se acentuó el
acaparamiento de tierras mediante el rentismo (minifundios o
parcelas ejidales), con la consecuente recomposición de mano
de obra, al transferirse parte de la población campesina a las
filas de jornaleros. Ante ese desplazamiento y sin fuentes alternativas de empleo en la región, este sector de la población
comenzó a emigrar hacia otros puntos de la entidad y fuera de
ella, incluso al vecino país del norte.

En otro sentido, el aporte de nutrientes del caudal recibido es
superado con creces por la presencia de organismos patógenos,
toxinas y contaminantes. Los metales pesados propician una

grave contaminación para la tierra regada con esta agua y, en consecuencia, para algunos cultivos que por razones obvias se han restringido. Además, las mismas presas se ven afectadas por la presencia de lirio acuático, que propicia la proliferación del mosco *culex* (agente patógeno de enfermedades como encefalitis, filariosis y paludismo) y altas concentraciones de sólidos que azolvan los canales, lo que significa un uso deficiente y altos gastos de mantenimiento, así como el desplazamiento de la flora y la fauna acuáticas.

Con estas contradicciones destacan los centros agrícolas en torno a Actopan, Ixmiquilpan y Tula, insuficientes para abatir la pobreza que aún padece un amplio sector de la población indígena. Ejemplo de ello es Cardonal, que fuera el primer fundo minero de la Nueva España. Al cerrar sus minas, entre las décadas de 1940 y 1950, por la dificultad y el peligro de explotarlas, además de considerarlas poco redituables, sobrevino la decadencia económica, que se agudizó con la construcción de la carretera Ixmiquilpan-Cardonal. Esta vía de acceso fue determinante para la casi desaparición del mercado local en favor de Ixmiquilpan. Por otra parte, puesto que las lluvias no favorecen sus terrenos y el sistema de riego no llega a ese sitio, la precaria agricultura obliga a hombres y mujeres a emigrar a los Estados Unidos en busca de fuentes de trabajo.

En cuanto a la zona serrana, puede decirse que tiene un perfil similar en términos del ámbito rural apartado en el que se localiza, pues su intrincada geografía la hace difícilmente accesible, en particular durante la prolongada época de lluvia. Su mayoritaria población indígena (nahua y otomí en el área de Tenango y Tutotepec) se mantiene principalmente por los cultivos temporaleros y de café, caña de azúcar y cítricos. La mayoría de las comunidades nunca han tenido cubierto el mínimo de bienestar, a pesar de la intensa explotación industrial de la importante riqueza minera de manganeso en Molango, y de zinc, plomo y plata, en Zimapán.

Cabe señalar que las zonas marginadas de las regiones comentadas, tanto urbanas como rurales, se beneficiaron en mayor o menor medida de los programas de justicia económica y social promovidos durante el periodo de Luis Echeverría Álvarez (1970-1976): la atención a la vivienda popular, a proyectos de desarrollo regional y su gran programa de desarrollo rural, destinado a satisfacer las necesidades de los pequeños agricultores. Ciertamente esta política transformó la vida de comunidades enteras, con la apertura de escuelas, centros de salud y, por supuesto, caminos. De manera particular, nuevas carreteras propiciaron otra vez el fenómeno de decadencia de mercados locales en favor de otros que se ampliaron. En contraste, al parecer esas políticas no tenían cabida en la Huasteca, el emporio ganadero de la entidad.

El fuerte crecimiento de esa región desde mediados del presente siglo, como ya se señaló, atendió un desarrollo extensivo sobre tierras dedicadas a la agricultura; es decir, fue posible en función del acaparamiento de tierras comunales con visos de legalidad. Las consecuencias de esa concentración no se hicieron esperar. Por una parte, el desplazamiento de campesinos, en su mayoría nahuas, provocó que quienes ya no podían asimilarse como trabajadores en las fincas ni tenían acceso a una limitada agricultura de subsistencia tuvieran que buscar trabajo en los ingenios de Veracruz y en las minas de Pachuca. Por otra, la ampliación y consolidación de una oligarquía que estranguló la agricultura tradicional, con la que se sostenía la población campesina, fomentó un agudo contraste entre riqueza y marginación.

Resultaba frustrante recuperar las tierras mediante los conductos obligados, sobre todo para quienes sólo hablaban náhuatl, al tener que dirigirse en español y por escrito a las autoridades localizadas en ciudades distantes. En 1971, la desesperación ante la ausencia de respuestas favorables que atendieran sus reclamos impulsó a algunos campesinos expulsados de sus tierras a retomarlas. Aunque violentamente desalojados, el fenómeno se generalizó al año siguiente. El nivel del conflicto creció a tal grado que el ejército mexicano estableció retenes militares en nueve municipios.

En el marco de repetidos enfrentamientos, los campesinos lograron organizarse. Así, además de la intervención de instituciones oficiales y partidos políticos de oposición (Partido Socialista de los Trabajadores, PST, y Partido Mexicano de los Trabajadores, PMT), cobraron vida organizaciones surgidas directamente de las comunidades: Unión Regional de Comunidades y Ejidos de la Huasteca (URECH), Organización Independiente de Pueblos Unidos de la Huasteca (OIPUH) y Campesinos Unidos de la Sierra Oriental (CUSO).

Ante la incapacidad para solucionar el conflicto mediante la fuerza pública y con la represión, el Estado cedió a las demandas campesinas. Los gobiernos federal y estatal negociaron con las centrales campesinas y firmaron un acuerdo para resolver parte del problema. Los casos pendientes provocaron más enfrentamientos, persecuciones, encarcelamientos y muertes, con el consecuente estado de sitio en 11 municipios, a mediados de 1979. Tan prolongada lucha movió al gobierno a expropiar 23 000 hectáreas, que fueron entregadas a indígenas, a comprar otras 7 000 a ganaderos, a liberar a 130 campesinos acusados de despojo, a aplicar una inversión masiva de recursos y a fomentar el acercamiento a las organizaciones involucradas mediante convenios de pacificación y productividad, en 1980.

Si bien se mitigó el conflicto, no se había erradicado: entre 1986 y 1987 los campesinos aún exigían respeto a los derechos humanos. Esta amarga experiencia ha propiciado que sean los campesinos de la Huasteca quienes representen la disidencia más organizada y permanente, en contraste, por ejemplo, con los del Valle del Mezquital, quienes desde finales de los años treinta tuvieron una posición "privilegiada" bajo la tutela del gobierno federal.

Ha sido en este contexto que la federación ha buscado incorporar a Hidalgo en la modernización tanto económica como política. Ciertamente se ha ocupado de fomentar la inversión pública y privada, y de ampliar las obras de infraestructura. En contraste, en esas décadas no tuvo lugar ningún avance sustantivo en materia de reforma política. Aunque con diferentes matices, el gobierno está representado por una figura del Poder Ejecutivo fuertemente personalizada, con base en la pertenencia y negociación con los grupos locales, y dominante sobre los otros dos poderes.

Este perfil responde en buena medida al desarrollo del liderazgo político en el estado desde la etapa posrevolucionaria. A partir del gobierno de Javier Rojo Gómez se consolidó un grupo de poder con un alto grado de cohesión, identificado con Hidalgo y con presencia en la ciudad de México. Desde que asumiera el cargo de gobernador, sus herederos políticos participaron en la administración pública, con lo que se configuró su poder local, al aprovechar el reparto agrario para sustentar una base social. Su trascendencia se aprecia más fácilmente al saber que 12 de los 17 gobernadores (incluidos los provisionales) del estado, de Rojo Gómez a Lugo Verduzco, han sido miembros de este grupo.

El ejercicio del poder político en el estado no ha atendido en las últimas décadas a una reforma política que signique renovación y cambio. Así, la vinculación del grupo dominante a otros, emergentes o con fuerte arraigo, pero circunscritos a limitados espacios de acción, coarta las posibilidades de una ruptura con el pasado y una apertura hacia la modernización. Si a este hecho se suma el desarrollo económico desigual de la entidad, a pesar de los esfuerzos por caminar hacia el progreso, se entiende la necesidad de abrir nuevos cauces que permitan un cambio más equilibrado, uno en el que participe la sociedad civil.

Al concluir este decenio, el que corresponde a la última década del siglo, parece que el estado de Hidalgo continúa en una vigorosa lucha por vencer los obstáculos que aún persisten. Fomentar las inversiones privadas que de manera fundamental se establecen en el sur de la entidad; promover la descentralización educativa en los niveles medio superior y superior, con orientación tecnológica; ampliar infraestructura para "acercar las distancias", y atender el tratamiento de aguas residuales son acciones que muestran la intención de lograr una economía eficiente, que aumente la creación de empleos y que reafirme al mismo tiempo la legitimidad del sistema político.

A 130 años de su creación, el estado de Hidalgo aún no es un todo homogéneo; el logro de ese objetivo no depende solamente de actos de buena voluntad, sino de la capacidad de dirigentes y sociedad civil para solucionar los escollos que quedan por vencer.

MAPAS Y ANEXOS

MAPA 1. *Topografía e hidrología*

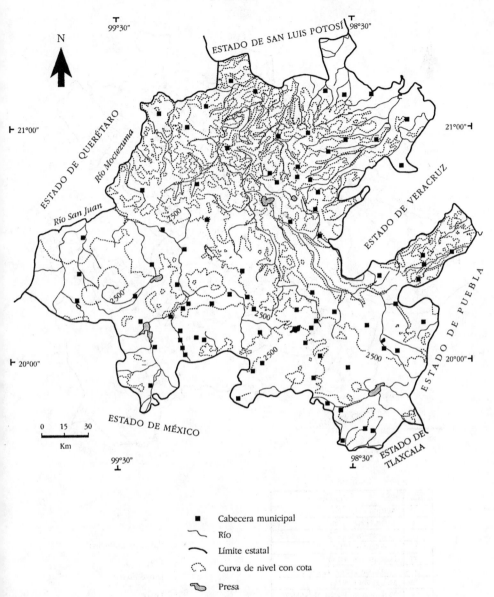

- ■ Cabecera municipal
- ⌒ Río
- ⌒ Límite estatal
- ◌ Curva de nivel con cota
- ⬮ Presa

NOTA: La densidad de las curvas de nivel aumenta proporcionalmente por lo abrupto del terreno, que corresponde a la Sierra Madre Oriental.

FUENTE: Mapa topográfico 1:500 000, INEGI, 1980.

MAPA 2. *Hidrología y orografía*

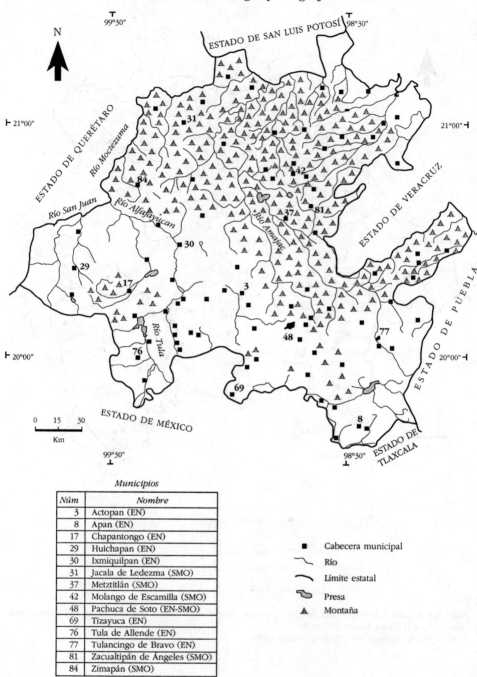

	Municipios	
Núm	**Nombre**	
3	Actopan (EN)	
8	Apan (EN)	
17	Chapantongo (EN)	
29	Huichapan (EN)	
30	Ixmiquilpan (EN)	
31	Jacala de Ledezma (SMO)	
37	Metztitlán (SMO)	
42	Molango de Escamilla (SMO)	
48	Pachuca de Soto (EN-SMO)	
69	Tizayuca (EN)	
76	Tula de Allende (EN)	
77	Tulancingo de Bravo (EN)	
81	Zacualtipán de Ángeles (SMO)	
84	Zimapán (SMO)	

- ■ Cabecera municipal
- ～ Río
- ⌢ Límite estatal
- ～ Presa
- ▲ Montaña

NOTA: La zona montañosa corresponde a la Sierra Madre Oriental (SMO), y el resto del territorio, a valles, cuencas y planicies dentro del Eje Neovolcánico (EN). Véase anexo.

FUENTE: Mapa topográfico 1:500 000, INEGI, 1980.

Anexo del mapa 2. *Municipios*

Núm.	Nombre	Núm.	Nombre
1	Acatlán	44	Nopala de Villagrán
2	Acaxochitlán	45	Omitlán de Juárez
3	Actopan	46	San Felipe Orizatlán
4	Agua Blanca de Iturbide	47	Pacula
5	Ajacuba	48	Pachuca de Soto
6	Alfajayucan	49	Pisaflores
7	Almoloya	50	Progreso de Obregón
8	Apan	51	Mineral de la Reforma
9	El Arenal	52	San Agustín Tlaxiaca
10	Atitalaquia	53	San Bartolo Tutotepec
11	Atlapexco	54	San Salvador
12	Atotonilco el Grande	55	Santiago de Anaya
13	Atotonilco de Tula	56	Santiago Tulantepec de
14	Calnali		Lugo Guerrero
15	Cardonal	57	Singuilucan
16	Cuautepec de Hinojosa	58	Tasquillo
17	Chapantongo	59	Tecozautla
18	Chapulhuacán	60	Tenango de Doria
19	Chilcuautla	61	Tepeapulco
20	Eloxochitlán	62	Tepehuacán de Guerrero
21	Emiliano Zapata	63	Tepeji del Río de Ocampo
22	Epazoyucan	64	Tepetitlán
23	Francisco I. Madero	65	Tetepango
24	Huasca de Ocampo	66	Villa de Tezontepec
25	Huautla	67	Tezontepec de Aldama
26	Huazalingo	68	Tianguistengo
27	Huehuetla	69	Tizayuca
28	Huejutla de Reyes	70	Tlahuelilpan
29	Huichapan	71	Tlahuiltepa
30	Ixmiquilpan	72	Tlanalapa
31	Jacala de Ledezma	73	Tlanchinol
32	Jaltocán	74	Tlaxcoapan
33	Juárez Hidalgo	75	Tolcayuca
34	Lolotla	76	Tula de Allende
35	Metepec	77	Tulancingo de Bravo
36	San Agustín Metzquititlán	78	Xochiatipan
37	Metztitlán	79	Xochicoatlán
38	Mineral el Chico	80	Yahualica
39	Mineral del Monte	81	Zacualtipan de Ángeles
40	La Misión	82	Zapotlán de Juárez
41	Mixquihuala de Juárez	83	Zempoala
42	Molango de Escamilla	84	Zimapán
43	Nicolás Flores		

Mapa 3. *Minas prehispánicas*

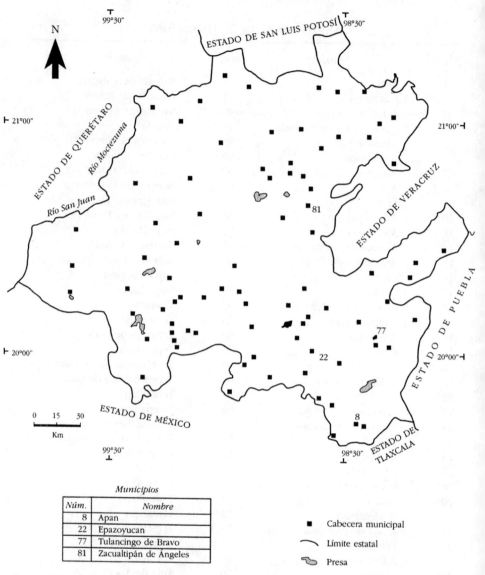

Municipios

Núm.	Nombre
8	Apan
22	Epazoyucan
77	Tulancingo de Bravo
81	Zacualtipán de Ángeles

■ Cabecera municipal

‾ Límite estatal

⌒ Presa

FUENTE: Monterrubio *et al.*, 1991-1993.

ANEXO DEL MAPA

Municipio	Localidad	Tipo de monumento
Apan (8)	Mazatepec	Yacimiento de obsidiana
Epazoyucan (22)	Nopalillo	Minas prehispánicas de obsidiana
Tulancingo de Bravo (77)	Tulancingo	Mina prehispánica de obsidiana
	Metilatla	Mina de obsidiana
Zacualtipán de Angeles (81)	Atopixco	Mina de obsidiana

[174]

MAPA 4. *Presencia de los imperios teotihuacano y tolteca*

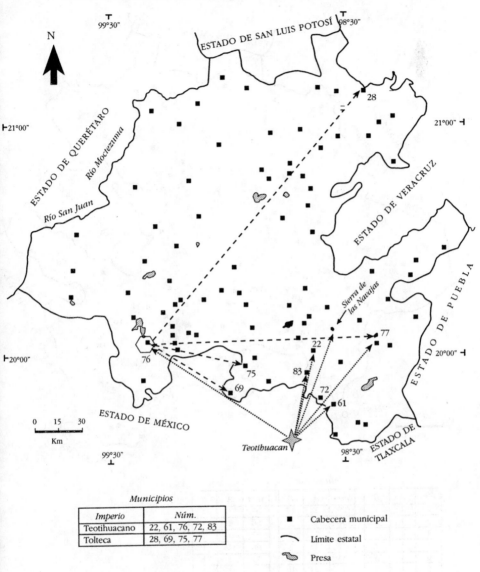

Municipios	
Imperio	*Núm.*
Teotihuacano	22, 61, 76, 72, 83
Tolteca	28, 69, 75, 77

■ Cabecera municipal

⌒ Límite estatal

🝆 Presa

MAPA 5. *Pinturas rupestres y petroglifos*

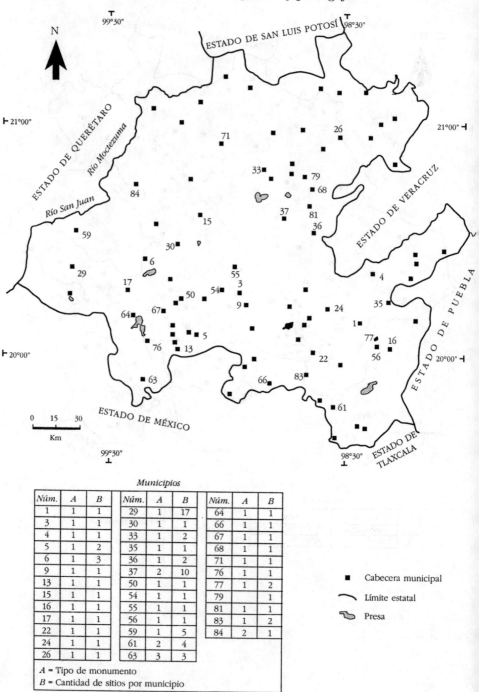

Núm.	A	B	Núm.	A	B	Núm.	A	B
1	1	1	29	1	17	64	1	1
3	1	1	30	1	1	66	1	1
4	1	1	33	1	2	67	1	1
5	1	2	35	1	1	68	1	1
6	1	3	36	1	2	71	1	1
9	1	1	37	2	10	76	1	1
13	1	1	50	1	1	77	1	2
15	1	1	54	1	1	79		1
16	1	1	55	1	1	81	1	1
17	1	1	56	1	1	83	1	2
22	1	1	59	1	5	84	2	1
24	1	1	61	2	4			
26	1	1	63	3	3			

Municipios

A = Tipo de monumento
B = Cantidad de sitios por municipio

■ Cabecera municipal
⌐ Límite estatal
🝙 Presa

NOTA: Véase información detallada en anexo.
FUENTE: Monterrubio *et al.*, 1991-1993.

ANEXO DE MAPA 5. *Pinturas rupestres y petroglifos*

Municipio	Localidad	Tipo de monumento
Acatlán (1)		
	Zupitlán	Grabado en piedra
Actopan (3)		
	Actopan	Pinturas rupestres
Agua Blanca de Iturbide (4)		
	Ejido de Calabazas	Pinturas rupestres
Ajacuba (5)		
	Ajacuba	Pinturas rupestres
	Ajacuba	Pinturas rupestres
Alfajayucan (6)		
	El Zapote	Pinturas rupestres
	San Antonio Tezoquipan	Pinturas rupestres
	San Francisco Sacachichilco	Pinturas rupestres
Apan (8)		
	Mazatepec	Yacimiento de obsidiana
El Arenal (9)		
	El Arenal	Pinturas rupestres
Atotonilco de Tula (13)		
	San José Acoculco	Pinturas rupestres
Cardonal (15)		
	Santuario	Pinturas rupestres
Cuautepec de Hinojosa (16)		
	Hueyapan	Pinturas rupestres
Chapantongo (17)		
	Taxhué	Pinturas rupestres
Epazoyucan (22)		
	San Juan Tizahuapan	Pinturas rupestres
	Nopalillo	Minas prehispánicas de obsidiana
Huasca de Ocampo (24)		
	Bermúdez	Pinturas rupestres
Huazalingo (26)		
	Tletlicuil	Petrograbados
Huichapan (29)		
	Boyé	Pinturas rupestres

Municipio	Localidad	Tipo de monumento
	Dothí	Pinturas rupestres
	El Cajón	Pinturas rupestres
	El Salto	Pinturas rupestres
	El Tendido	Pinturas rupestres
	La Sabinita	Pinturas rupestres
	La Sabinita	Pinturas rupestres
	La Sabinita	Pinturas rupestres
	Maxthá	Pinturas rupestres
	Sabina Grande	Pinturas rupestres
	San José Atlán	Pinturas rupestres
	San Sebastián	Pinturas rupestres
	Vitejé	Pinturas rupestres
	Vitejé	Pinturas rupestres
	Vitejé	Pinturas rupestres
	Xindhó	Pinturas rupestres
	Zequeteje	Pinturas rupestres
Ixmiquilpan (30)		
	Capula	Pinturas rupestres
Juárez Hidalgo (33)		
	Itzacoyotla	Pinturas rupestres
	Xalhuantla	Pinturas rupestres
Metepec (35)		
	Acocul	Pinturas rupestres
San Agustín Metzquititlán (36)		
	Durazno	Pinturas rupestres
	San Nicolás	Pinturas rupestres
	Atecoxco	
Metztitlán (37)		
	Jilotla	Pinturas rupestres
	San Juan Metztitlán	Pinturas rupestres
	San Juan Metztitlán	Pinturas rupestres
	San Juan Metztitlán	Pinturas rupestres
	San Juan Metztitlán	Pinturas rupestres
	San Juan Metztitlán	Pinturas rupestres
	San Juan Metztitlán	Pinturas rupestres

Municipio	Localidad	Tipo de monumento
	San Juan Metztitlán	Pinturas rupestres
	San Pablo Tetlapaya	Petrograbados y pinturas rupestres
	Tochintla	Pinturas rupestres
Progreso de Obregón (50)		
	Progreso	Pinturas rupestres
San Salvador (54)		
	Teofani	Pinturas rupestres
Santiago de Anaya (55)		
	El Aguila	Pinturas rupestres
Santiago Tulantepec de Lugo Guerrero (56)		
	Altepemila	Pinturas rupestres
Tecozautla (59)		
	Banhzá	Pinturas rupestres
	Banhzá	Pinturas rupestres
	El Salto	Pinturas rupestres
	Minthí	Pinturas rupestres
	San Miguel Caltepantla	Pinturas rupestres
Tepeapulco (61)		
	Tepeapulco	Petrograbados en el sitio I arqueológico Tecolot
	Tepeapulco	Pinturas rupestres en Cerro Tres Peñas
	Tepeapulco	Pinturas rupestres en Peña del Tecolote
	San Miguel Allende	Pinturas rupestres
Tepeji del Río de Ocampo (63)		
	Barrio la Romera	Petrograbado
	El Salto Hueco	Grabado en piedra
	El Salto	Pintura rupestres
Tepetitlán (64)		
	Sayula	Pinturas rupestres
Villa de Tezontepec (66)		
	Tlexpa	Bajorrelieves en piedra
Tezontepec de Aldama (67)		
	Panuaya	Pintura rupestre

Municipio	Localidad	Tipo de monumento
Tianguistengo (68)		
	Tenexco	Pinturas rupestres
Tlahuiltepa (71)		
	Tlaxcantitla	Pinturas rupestres
Tula de Allende (76)		
	Tula de Allende	Petrograbados
Tulancingo de Bravo (77)		
	Huapalcalco	Pinturas rupestres
	Santa Ana Hueytlalpan	Petrograbado
Xochicoatlán (79)		
	Xochicoatlán	Pinturas rupestres
Zacualtipán de Ángeles (81)		
	La Cañada	Pinturas rupestres
Zempoala (83)		
	Tecajete	Glifos del acueducto de Zempoala
	Tepeyahualco	Glifos del acueducto de Zempoala
Zimapán (84)		
	Tolimán	Pinturas rupestres

MAPA 6. *Distribución territorial prehispánica*

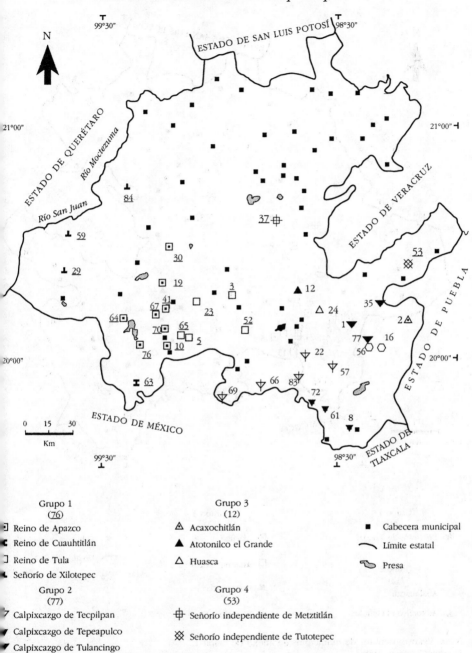

Grupo 1
(76)

⊡ Reino de Apazco

◖ Reino de Cuauhtitlán

⊐ Reino de Tula

◣ Señorío de Xilotepec

Grupo 2
(77)

▽ Calpixcazgo de Tecpilpan

▼ Calpixcazgo de Tepeapulco

▼ Calpixcazgo de Tulancingo

◗ Pueblo de Singuilucan

Grupo 3
(12)

△ Acaxochitlán

▲ Atotonilco el Grande

△ Huasca

Grupo 4
(53)

⊕ Señorío independiente de Metztitlán

⊗ Señorío independiente de Tutotepec

■ Cabecera municipal

⌒ Límite estatal

🝑 Presa

NOTA: Véase nombre de municipios en anexo de mapa 1.

FUENTE: Carrasco, 1996.

MAPA 7. *Organización tributaria del Imperio tenochca*

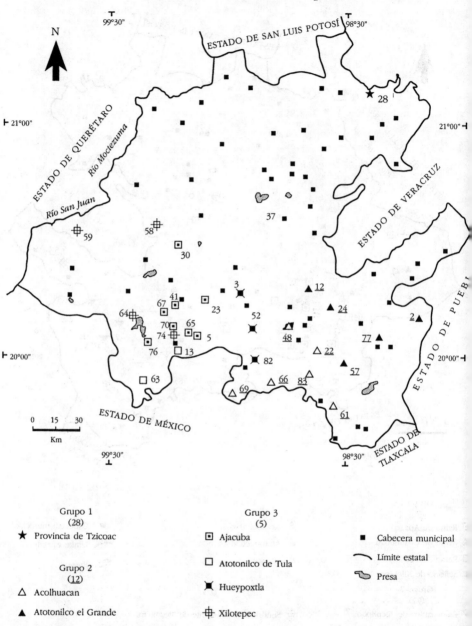

Grupo 1
(28)

★ Provincia de Tzicoac

Grupo 2
(12)

△ Acolhuacan

▲ Atotonilco el Grande

Grupo 3
(5)

◉ Ajacuba

☐ Atotonilco de Tula

✷ Hueypoxtla

⊞ Xilotepec

■ Cabecera municipal

⌒ Límite estatal

🝡 Presa

NOTA: Véanse nombres de municipios en anexo de mapa 1.
FUENTE: Carrasco, 1996.

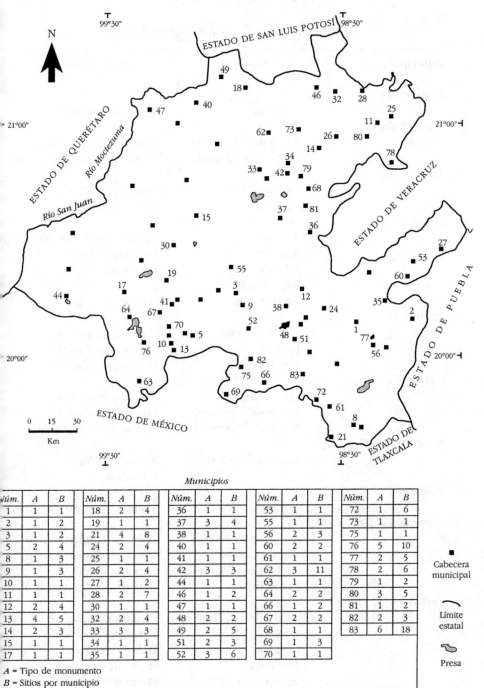

Municipios

Núm.	A	B	Núm.	A	B	Núm.	A	B	Núm.	A	B	Núm.	A	B
1	1	1	18	2	4	36	1	1	53	1	1	72	1	6
2	1	2	19	1	1	37	3	4	55	1	1	73	1	1
3	1	2	21	4	8	38	1	1	56	2	3	75	1	1
5	2	4	24	2	4	40	1	1	60	2	2	76	5	10
8	1	3	25	1	1	41	1	1	61	1	1	77	2	5
9	1	3	26	2	4	42	3	3	62	3	11	78	2	6
10	1	1	27	1	2	44	1	1	63	1	1	79	1	2
11	1	1	28	2	7	46	1	2	64	2	2	80	3	5
12	2	4	30	1	1	47	1	1	66	1	2	81	1	2
13	4	5	32	2	4	48	2	2	67	2	2	82	2	3
14	2	3	33	3	3	49	2	5	68	1	1	83	6	18
15	1	1	34	1	1	51	2	3	69	1	3			
17	1	1	35	1	1	52	3	6	70	1	1			

A = Tipo de monumento
B = Sitios por municipio

■ Cabecera municipal

⌒ Límite estatal

Presa

NOTA: Véase información detallada en anexo.
FUENTE: Monterrubio *et al.*, 1991-1993

Municipio	Localidad	Tipo de monumento
Acatlán (1)		
	Zupitlán	Sitio arqueológico
Acaxochitlán (2)		
	Santa Ana Tzacuala	Montículo arqueológico
	Santa Ana Tzacuala	Montículos arqueológicos
Actopan (3)		
	La Magdalena	Sitio arqueológico
	La Peña	Sitio arqueológico (?)
Ajacuba (5)		
	Ajacuba	Plataformas arqueológicas
	Ajacuba	Sitio arqueológico
	Ajacuba	Sitio arqueológico
	San Nicolás	
	Tecomatlán	Sitio arqueológico
Apan (8)		
	Los Voladores	Sitio arqueológico
	Espejel	Sitio arqueológico
	Los Tlateles	Sitio arqueológico
El Arenal (9)		
	Ojo de Agua	Sitio arqueológico
	San José Tepenené	Sitio arqueológico
	San José Tepenené	Sitio arqueológico
Atitalaquia (10)		
	Colonia Dendhó	Sitio arqueológico Chingú
Atlapexco(11)		
	Coyolapa	Montículos arqueológicos
Atotonilco el Grande (12)		
	Santa María Amajac	Montículo arqueológico
	Cerro Colorado	Montículo arqueológico
	Atotonilco el Grande	Sitio arqueológico
	San Martín	Sitio arqueológico
Atotonilco de Tula (13)		
	Atotonilco de Tula	Escultura de piedra
	Conejos	Material arqueológico
	Conejos	Trabajo en piedra
	Montero	Montículo arqueológico
	Zacamulpa	Material arqueológico
Calnali (14)		
	Calnali	Sitio arqueológico

Municipio	Localidad	Tipo de monumento
	Papatlatla	Montículos arqueológicos
	Pezmatlán	Montículos arqueológicos
Cardonal (15)		
	El Cubo	Sitio arqueológico
	Chapantongo	Sitio arqueológico
Chapulhuacán (18)		
	El Sótano	Sitio arqueológico
	Puerto Obscuro	Montículo arqueológico
	Puerto Obscuro	Montículos arqueológicos
	Santa Ana de Allende	Sitio arqueológico
Chilcuautla (19)		
	Tunititlán	Esculturas de piedra
Emiliano Zapata (21)		
	Santa Clara	Sitio arqueológico
Epazoyucan (22)		
	Epazoyucan	Basamento piramidal
	San Juan Tizahuapan	Sitio arqueológico
	Epazoyucan	Sitio arqueológico
	Santa Inés	Sitio arqueológico
	Xolostitla	Plataforma arqueológica
	Nopalillo	Estructura arqueológica
	San José el Tecolote	Sitio arqueológico
Huasca de Ocampo (24)		
	Los Reyes Tepetzala	Montículo arqueológico
	Santa Rosa	Sitio arqueológico
	San Miguel Regla	Sitio arqueológico
	Ojo de Agua	Montículo arqueológico
Huautla (25)		
	Zacuala	Sitio arqueológico
Huazalingo (26)	Ixtlahuac	Montículos arqueológicos
	Tlamamala	Montículo arqueológico
	Tlatzonco	Montículos arqueológicos
	Tzapotitla	Sitio arqueológico
Huehuetla (27)		
	Iglesia Vieja	Montículos arqueológicos
	San Antonio el Grande	Montículos arqueológicoS
Huejutla de Reyes (28)		
	Coacuilco	Montículos arqueológicos
	Coyuco	Viejo Montículo arqueológico
	Ecuatitla	Sitio arqueológico

Municipio	Localidad	Tipo de monumento
	Huejutla	Sitio arqueológico
	Ixcatlán	Sitio arqueológico
	Poxtla	Montículos arqueológicos
	Tehuetlán	Sitio arqueológico
Ixmiquilpan (30)		
	Maye	Montículo arqueológico
Jaltocán (32)		
	Amaxac	Montículos arqueológicos
	Huichapa	Sitio arqueológico
	Vinasco	Sitio arqueológico
	Vinasco	Sitio arqueológico
Juárez Hidalgo (33)		
	Juárez Hidalgo	Sitio arqueológico
	Santa María	Conjunto de montículos
	Santa María	Montículo arqueológico
Lolotla (34)		
	Ixtlahuaco	Montículos arqueológicos
Metepec (35)		
	Acocul	Sitio arqueológico
San Agustín Metzquititlán (36)		
	Santa María Xoxoteco	Sitio arqueológico
Metztitlán (37)		
	Huayateno	Plataformas arqueológicas
	Tepatetipa	Plataformas arqueológicas
	Tlaxco	Montículos arqueológicos
	Zotola	Sitio arqueológico
Mineral del Chico (38)		
	Carboneras	Sitio arqueológico
La Misión (40)		
	Loma de Pilas	Montículos arqueológicos
Mixquiahuala de Juárez (41)		
	Mixquiahuala	Basamento piramidal
Molango de Escamilla (42)		
	Ixcotla	Montículos arqueológicos
	Molango	Basamento prehispánico
	Molango	Sitio arqueológico
Nopala de Villagrán (44)		
	Nopala	Esculturas de piedra
San Felipe Orizatlán (46)		
	Huitzitzilingo	Sitio arqueológico
	Teoxtitla	Sitio arqueológico

Municipio	Localidad	Tipo de monumento
Pacula (47)		
	Jiliapan	Montículo arqueológico
Pachuca de Soto (48)		
	Pachuca	Pequeños basamentos prehispánicos
	Pachuca	Sitio arqueológico
Pisaflores (49)		
	El Rayo	Montículos arqueológicos
	La Escondida	Montículos arqueológicos
	La Florida	Montículos arqueológicos
	Pisaflores	Sitio arqueológico
	Pisaflores	Sitio arqueológico
Mineral de la Reforma (51)		
	Pachuquilla	Plataformas arqueológicas
	Pachuquilla	Sitio arqueológico
	Pachuquilla	Sitio arqueológico
San Agustín Tlaxiaca (52)		
	Itzcuinquitlapilco	Material prehistórico
	Itzcuinquitlapilco	Sitio arqueológico
	Itzcuinquitlapilco	Sitio arqueológico
	Puerto de México	Sitio arqueológico
	San Agustín Tlaxiaca	Sitio arqueológico
	San Juan Solís	Montículo arqueológico
San Bartolo Tutotepec (53)		
	San Miguel	Montículo arqueológico
	Hermosillo	Material prehistórico
Santiago Tulantepec de Lugo Guerrero (56)		
	Medias Tierras	Sitio arqueológico
	Ventoquipa	Restos prehistóricos
	Ventoquipa	Sitio arqueológico
Tenango de Doria (60)		
	San José del Valle	Montículo arqueológico
	Temapá	Fósiles
Tepeapulco (61)		
	Tepeapulco	Sitio arqueológico Tecolote I
Tepehuacán de Guerrero (62)		
	Acoyotla	Montículos arqueológicos
	Acuimantla	Basamento prehispánico
	Acuimantla	Montículos arqueológicos
	Petlapixca	Montículos arqueológicos

Municipio	Localidad	Tipo de monumento
	Tepehuacán de Guerrero	Esculturas de piedra
	Teyahuala	Montículo arqueológico
	Xiliapa	Montículo arqueológico
	Xilitla	Montículo arqueológico
	Xilitla	Montículos arqueológico
	Xilitla	Montículos arqueológicos
	Zacualtipanito	Montículo arqueológico
Tepeji del Río de Ocampo (63)		
	Barrio la Romera	Sitio arqueológico
Tepetitlán (64)		
	Sayula	Estructura arqueológica
	Tepetitlán	Sitio arqueológico
Villa de Tezontepec (66)		
	Tlexpa	Sitio arqueológico
	Tlexpa	Sitio arqueológico
Tezontepec de Aldama (67)		
	Panuaya	Sitio arqueológico
	Tezontepec de Aldama	Esculturas de piedra
Tianguistengo (68)		
	Atla	Sitio arqueológico
Tizayuca (69)		
	Olmos	Sitio arqueológico
	Las Pintas	Sitio arqueológico
	San Miguel Eyacalco	Sitio arqueológico
Tlahuelilpan (70)		
	Tlahuelilpan	Sitio arqueológico
Tlanalapa (72)		
	Tlanalapa	Sitio arqueológico
	Chiconcoac	Sitio arqueológico
	Bellavista	Sitio arqueológico Tlateles o Iglesias Viejas
	Bellavista	Sitio arqueológico
	San Isidro	Sitio arqueológico
	Tlanalapa	Sitio arqueológico
Tlanchinol (73)		
	Huitepec	Montículo arqueológico
Tolcayuca (75)		
	Tolcayuca	Sitio arqueológico

Municipio	Localidad	Tipo de monumento
Tula de Allende (76)		
	Tula de Allende	Entierro
	Tula de Allende	Montículos arqueológicos
	Tula de Allende	Sitio arqueológico El Corral
	Tula de Allende	Sitio arqueológico Tula Chico
	Tula de Allende	Sitio arqueológico Tula Grande
	Tula de Allende	Unidad habitacional
	Tula de Allende	Unidad habitacional
	Tula de Allende	Unidad habitacional
	Tula de Allende	Unidad habitacional
	Tula de Allende	Vestigios de estructuras
Tulancingo de Bravo (77)		
	Huajomulco	Montículos arqueológicos
	Huapalcalco	Sitio arqueológico
	Jaltepec	Montículo arqueológico
	Tulancingo	Sitio arqueológico
	Tulancingo	Sitio arqueológico
Xochiatipan (78)		
	Nuevo Acatepec (Mezcalapa)	Sitio arqueológico
	Nuevo Coyolar	Montículos arqueológicos
	Oceloco	Montículos arqueológicos
	Ohuatipa	Montículos arqueológicos
	Tenexhueyac	Montículo arqueológico
	Tlaltecatla	Sitio arqueológico
Xochicoatlán (79)		
	Xochicoatlán	Montículo arqueológico
	Xochicoatlán	Montículo arqueológico
Yahualica (80)		
	Hueyapa	Montículos arqueológicos
	Mecatlán	Montículos arqueológicos
	Xochitlán	Sitio arqueológico
	Yahualica	Esculturas de piedra
	Yahualica	Montículo arqueológico
Zacualtipán de Angeles (81)		
	La Cañada	Sitio arqueológico
	Tehuitzila	Sitio arqueológico
Zapotlán de Juárez (82)		
	Zapotlán	Sitio arqueológico
	Acayuca	Montículo arqueológico
	Acayuca	Sitio arqueológico

Municipio	Localidad	Tipo de monumento
Zempoala (83)		
	Las Palomas	Sitio arqueológico
	San Pedro	Tlaquilpan Basamento piramidal
	Zacuala	Material prehistórico
	Zacuala	Esculturas de piedra
	Zacuala	Sitio arqueológico
	Tepancala	Montículo arqueológico
	Zacuala	Sitio arqueológico
	Tepeyahualco	Basamento piramidal
	Tepeyahualco	Plataformas arqueológicas
	Zempoala	Montículo arqueológico
	San Bartolo	Sitio arqueológico
	La Trinidad	Sitio arqueológico
	Santa Clara	Sitio arqueológico
	Santa María Tecajete	Sitio arqueológico
	Acelotla	Montículo arqueológico
	Tepozoyucan	Escultura en piedra
	Tecajete	Esculturas en piedra
	San Gabriel Azteca	Sitio arqueológico

MAPA 9. *División administrativa colonial*

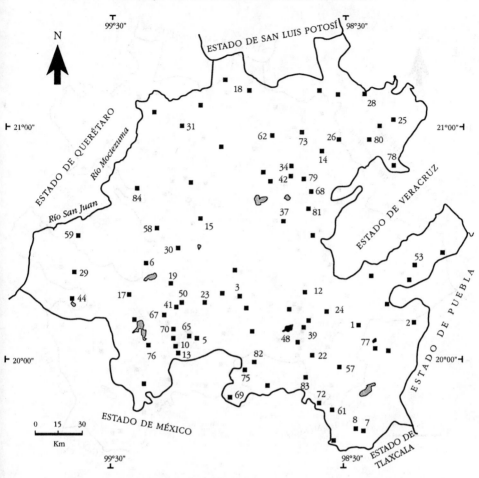

Municipios

Región	Núm.
Actopan	3
Atitalaquia	5, 10, 13, 23, 41, 50, 65, 67, 70
Huejutla	28
Huichapan	6, 17, 29, 44, 58, 59
Ixmiquilpan	15, 19, 30
Metztitlán	18, 31, 34, 37, 42, 62, 68, 73, 81
Pachuca	39, 48, 69, 75, 82

Región	Núm.
Tepeapulco	8, 61, 72
Tula	76
Tulancingo	1, 2, 7, 12, 24, 53, 57, 77
Yahualica	14, 25, 26, 78, 79, 80
Zempoala	22, 83
Zimapán	84

■ Cabecera municipal ⌒ Límite estatal 🝙 Presa

FUENTE: Commons, 1993; Gerhard, 1972; O'Gorman, 1966.

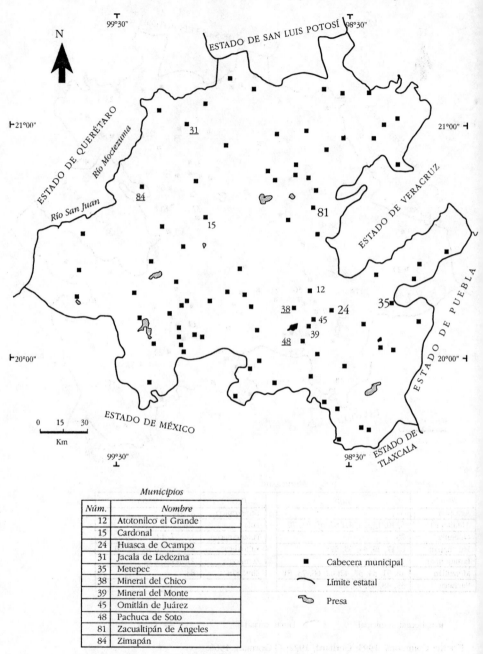

Municipios	
Núm.	Nombre
12	Atotonilco el Grande
15	Cardonal
24	Huasca de Ocampo
31	Jacala de Ledezma
35	Metepec
38	Mineral del Chico
39	Mineral del Monte
45	Omitlán de Juárez
48	Pachuca de Soto
81	Zacualtipán de Ángeles
84	Zimapán

■ Cabecera municipal

⌒ Límite estatal

☁ Presa

NOTA: Los números pequeños corresponden a regiones mineras; los grandes, a plantas de beneficio, y los subrayados, a ambos. Véase información detallada en anexo.

FUENTE: Monterrubio *et al.*, 1991-1993; Geyne *et al.*, 1963.

ANEXO DEL MAPA 10. *Antiguas regiones mineras*
y plantas de beneficio

Municipio	Localidad	Regiones mineras Nombre	Tipo de hacienda
Atotonilco el Grande (12)			
	Atotonilco	Minas de vaquerías	Minas de fierro
Cardonal (15)			
	Cardonal	Real de Santa María de la Concepción del Cardonal	Minas de plomo
Jacala de Ledezma (31)			
	Jacala-El Zapote	Minas de Jacala-Encarnación	Minas de fierro, cobre y oro
Mineral del Chico (38)			
	Mineral del Chico	Real de Atotonilco	Minas de plata y oro
Mineral del Monte (39)			
	Mineral del Monte	Real del Monte	Minas de plata y oro
Omitlán de Juárez (45)			
	Omitlán	Parte del Real del Monte	Minas de plata y oro
Pachuca de Soto (48)			
	Pachuca	Real de Tlaulilpa	Minas de plata y oro
		Real de Capula	Minas de plata y oro
Zimapán (84)			
		Real de Minas de Zimapán	Minas de zinc, plomo y plata
		Real de San Juan	Minas de zinc, plomo y plata.

ANEXO DEL MAPA 10. *Antiguas regiones mineras*
y plantas de beneficio

| | Plantas de beneficio | | |
Municipio	Localidad	Nombre	Tipo de Hacienda
Huasca de Ocampo (24)			
	San Miguel Regla	Hacienda de San Miguel Regla	Hacienda de beneficio
	Santa María Regla	Hacienda de Santa María Regla	Hacienda de beneficio
Jacala de Ledezma (31)			
	El Calvario	Hacienda Vieja (Toribio)	Fundición
Metepec (35)			
	Apulco	Hacienda de Apulco	Fundición de fierro
Mineral del Chico (38)			
	Mineral del Chico	Hacienda de Jesús	Hacienda de beneficio
Omitlán de Juárez (45)			
	Omitlán	Hacienda de Beneficio-Sánchez	Hacienda de beneficio
	Velazco	Hacienda de Velazco	Hacienda de beneficio
Zacualtipán de Angeles (81)			
	San Miguel	Hacienda de Ferrería	Hacienda de beneficio
Zimapán (84)			
	San Cristobal	Hacienda de San Cristóbal	Hacienda de beneficio

MAPA 11. *Parroquias y catedrales*

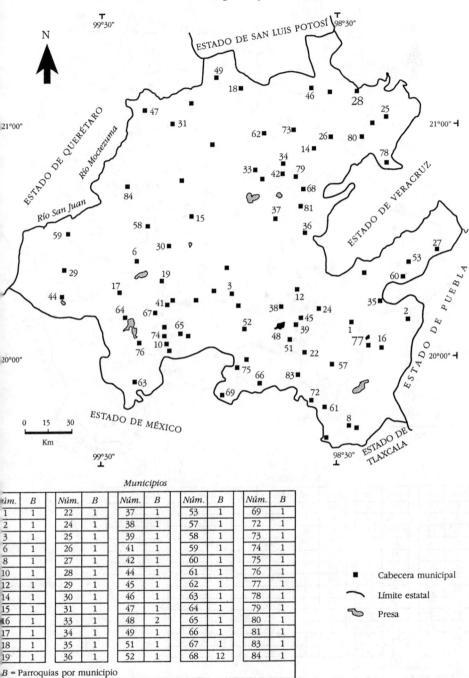

Núm.	B	Núm.	B	Núm.	B	Núm.	B	Núm.	B
1	1	22	1	37	1	53	1	69	1
2	1	24	1	38	1	57	1	72	1
3	1	25	1	39	1	58	1	73	1
6	1	26	1	41	1	59	1	74	1
8	1	27	1	42	1	60	1	75	1
10	1	28	1	44	1	61	1	76	1
12	1	29	1	45	1	62	1	77	1
14	1	30	1	46	1	63	1	78	1
15	1	31	1	47	1	64	1	79	1
16	1	33	1	48	2	65	1	80	1
17	1	34	1	49	1	66	1	81	1
18	1	35	1	51	1	67	1	83	1
19	1	36	1	52	1	68	12	84	1

B = Parroquias por municipio

■ Cabecera municipal
╲ Límite estatal
🌫 Presa

NOTA: Los números pequeños corresponden a parroquias, y los grandes, a catedrales. Véase información detallada en anexo.

FUENTE: Azcue *et al.*, 1940-1942.

MAPA 12. *Capillas*

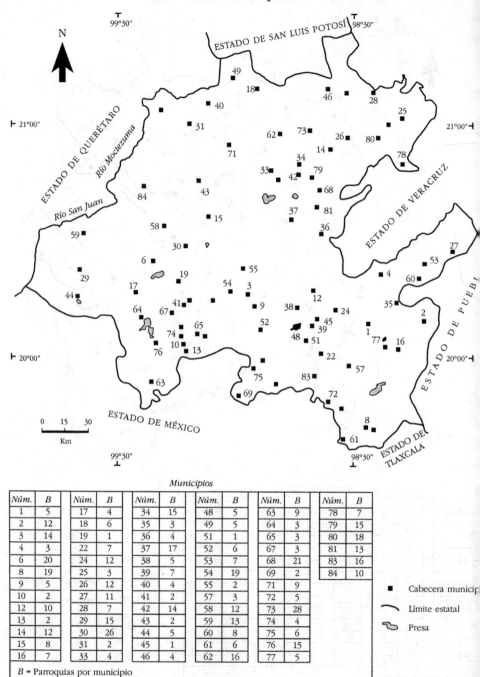

Municipios

Núm.	B	Núm.	B	Núm.	B	Núm.	B	Núm.	B	Núm.	B
1	5	17	4	34	15	48	5	63	9	78	7
2	12	18	6	35	3	49	5	64	3	79	15
3	14	19	1	36	4	51	1	65	3	80	18
4	3	22	7	37	17	52	6	67	3	81	13
6	20	24	12	38	5	53	7	68	21	83	16
8	19	25	3	39	7	54	19	69	2	84	10
9	5	26	12	40	4	55	2	71	9		
10	2	27	11	41	2	57	3	72	5		
12	10	28	7	42	14	58	12	73	28		
13	2	29	15	43	2	59	13	74	4		
14	12	30	26	44	5	60	8	75	6		
15	8	31	2	45	1	61	6	76	15		
16	7	33	4	46	4	62	16	77	5		

B = Parroquias por municipio

■ Cabecera municip[al]

⌒ Límite estatal

🝋 Presa

NOTA: Véase información detallada en anexo.
FUENTE: Azcue *et al.*, 1940-1942.

Mapa 13. *Iglesias*

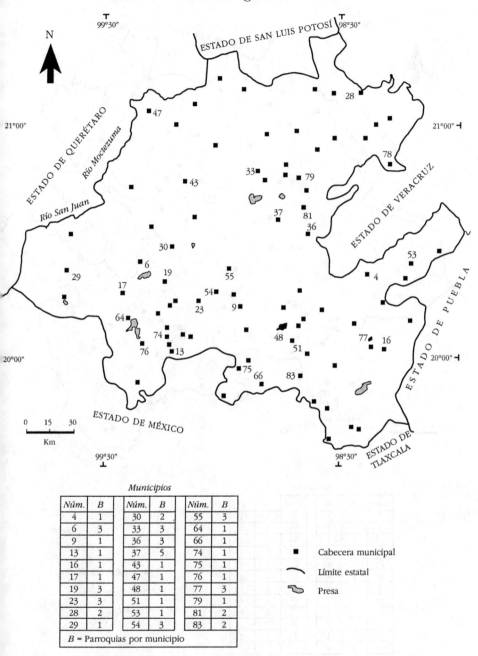

Núm.	B	Núm.	B	Núm.	B
4	1	30	2	55	3
6	3	33	3	64	1
9	1	36	3	66	1
13	1	37	5	74	1
16	1	43	1	75	1
17	1	47	1	76	1
19	3	48	1	77	3
23	3	51	1	79	1
28	2	53	1	81	2
29	1	54	3	83	2
B = Parroquias por municipio					

Municipios

■ Cabecera municipal
⌒ Límite estatal
🝢 Presa

NOTA: Véase información detallada en anexo.
FUENTE: Azcue *et al.*, 1940-1942.

MAPA 14. *Otras construcciones religiosas*

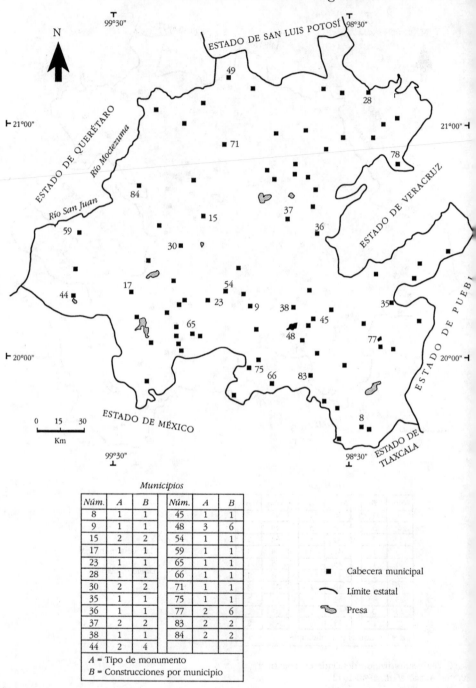

Municipios

Núm.	A	B		Núm.	A	B
8	1	1		45	1	1
9	1	1		48	3	6
15	2	2		54	1	1
17	1	1		59	1	1
23	1	1		65	1	1
28	1	1		66	1	1
30	2	2		71	1	1
35	1	1		75	1	1
36	1	1		77	2	6
37	2	2		83	2	2
38	1	1		84	2	2
44	2	4				

A = Tipo de monumento
B = Construcciones por municipio

- ■ Cabecera municipal
- ⌒ Límite estatal
- ⌒ Presa

NOTA: Véase información en anexo.
FUENTE: Azcue *et al.*, 1940-1942.

Municipio	Localidad	Nombre	Tipo de construcción
Acatlán (1)			
	Acatlán	San Miguel	Parroquia
	Acatlán	El Calvario	Capilla
	Tepenacasco	Nuestra Señora de Guadalupe	Capilla
	Totoapa el Grande	Nuestra Señora de la Asunción	Capilla
	San Dionisio	San Dionisio	Capilla
	Totoapa el Chico	Nuestra Señora de Guadalupe	Capilla
Acaxochitlán (2)			
	Acaxochitlán	Santa María de la Asunción	Parroquia
	Acaxochitlán	Nuestra Señora de Guadalupe	Capilla
	Los Reyes	Los Tres Reyes	Capilla
	San Francisco Atotonilco	San Francisco	Capilla
	San Juan	San Juan	Capilla
	San Mateo	San Mateo	Capilla
	San Miguel	San Miguel	Capilla
	San Pedro Tlachichilco	San Pedro	Iglesia
	Santa Ana Tzacuala	Santa Ana	Capilla
	Santa Catarina	Santa Catarina	Capilla
	Santo Santiago	Santo Santiago	Capilla
	Toxtla	San Lucas	Capilla
	Zacacuautla	Santa María Nativitas	Capilla
Actopan (3)			
	Actopan	San Nicolás Actopan	Parroquia
	Actopan	El Santo Niño	Capilla
	Actopan	María Magdalena	Capilla
	El Daxthá	Señor de Orizaba	Capilla
	El Daxthá	El Señor de Singuilucan	Capilla
	El Daxthá	La Purísima	Capilla
	El Daxthá	Sin nombre	Capilla
	Santa María Magdalena	Santa María Magdalena	Iglesia

Municipio	Localidad	Nombre	Tipo de construcción
	Cañada Chica	Nuestra Señora de Guadalupe	Capilla
	El Dejiedhi	San Nicolás	Capilla
	El Huaxtho	Señor de Orizaba	Capilla
	San Andrés	San Andrés	Capilla
	Bifhi o Bonzhá	El Salvador	Capilla
	El Boxthá	Virgen de la Soledad	Capilla
	El Boxthá	San Lorenzo	Capilla
Agua Blanca de Iturbide (4)			
	Agua Blanca	La Purísima Concepción	Iglesia
	San Pedrito de Iturbide	San Pedrito	Capilla
	Calabazas	San Juan	Capilla
	San Martín	San Martín	Capilla
Alfajayucan (6)			
	Alfajayucan	San Martín	Parroquia
	Alfajayucan	El Calvario	Capilla
	Boxthó	Guadalupe	Capilla
	Espíritu	El Señor del Espíritu	Capilla
	San Agustín	San Agustín	Iglesia
	San Antonio de Corrales	San Antonio	Capilla
	San Antonio Tezoquiapan	San Antonio	Iglesia
	San Francisco	San Francisco de Asís	Iglesia
	San Lucas	San Lucas	Capilla
	San Pablo Oxtotipan	San Pablo	Capilla
	San Pedro Texpancalco	San Pedro	Capilla
	Santa María	Santa María Asunción	Capilla
	Taxhié	La Santa Cruz	Capilla
	Xhiguí	La Virgen de Guadalupe	Capilla
	Xhiguí	San Salvador	Capilla
	Yonthé Chico	San Martín	Capilla
	Yonthé Grande	La Santa Cruz	Capilla
	Zozea	La Santa Cruz	Capilla
	Baxthé	San José	Capilla
	Xothé	Guadalupe	Capilla
	El Zapote	El Santo Niño	Capilla

Municipio	Localidad	Nombre	Tipo de construcción
	Naxthey	La Santa Cruz	Capilla
	Dosdhá	La Virgen del Rosario	Capilla
	La Salitrera	La Santa Cruz	Capilla
Apan (8)			
	Apan	La Asunción	Parroquia
	Apan	Ex Colecturía del Diezmo	Casa
	Apan	El Calvario	Capilla
	Almoloya	Purísima Concepción	Capilla
	Almoloya	Sin nombre	Capilla
	Las Alcantarillas	San Antonio	Capilla
	Santiago Chimalpa	Santiago	Capilla
	La Laguna	San Antonio	Capilla
	Ocotepec	San Francisco	Capilla
	San Antonio Tochac	San Antonio	Capilla
	San Isidro Tetlapáyac	San Isidro	Capilla
	San Juan Ixtilmaco	San Juan	Capilla
	San Vicente Malayerba	San Vicente	Capilla
	El Tepozán	Purísima Concepción	Capilla
	San Diego Tlalayote	San Diego	Capilla
	San Antonio Zotoluca	San Antonio	Capilla
	Acopinalco	San Rafael	Capilla
	San José Rancho Nuevo	San José	Capilla
	San José Rancho Nuevo	Nuestra Señora del Carmen	Capilla
	San Antonio Coatlaco	Purísima Concepción	Capilla
	Tezoyo	Sin nombre	Capilla
El Arenal (9)			
	El Arenal	El Señor de Las Maravillas	Santuario
	El Arenal	El Señor de Orizaba	Capilla
	Chicavazco	Santa Teresa de Jesús	Iglesia
	Jiadi	La Santísima Trinidad	Capilla
	Jiadi	Las Animas	Capilla
	San Jerónimo	San Jerónimo	Capilla
	Rincón	El Señor de Orizaba	Capilla
Atitalaquia (10)			
	Atitalaquia	San Miguel	Parroquia

Municipio	Localidad	Nombre	Tipo de construcción
	Tlamaco	San Jerónimo	Capilla
	Bojay Grande	San José	Capilla
Atotonilco El Grande (12)			
	Atotonilco El Grande	San Agustín	Parroquia
	Atotonilco El Grande	El Calvario	Capilla
	Santa María Amajaque	La Candelaria	Capilla
	Los Reyes	Los Santos Reyes	Capilla
	Sanctorum	San Pedro	Capilla
	San Martín	San Martín	Capilla
	Santa Catarina	Santa Catarina	Capilla
	Santiaguito	Santiago	Capilla
	San José Zoquital	San José	Capilla
	Vaquerías	San Pedro	Capilla
	El Xhaten	San Nicolás	Capilla
Atotonilco de Tula (13)			
	Atotonilco de Tula	Santiago	Iglesia
	El Progreso	La Purísima Concepción	Capilla
	Zacamulpa	San José	Capilla
Calnali (14)			
	Calnali	San Marcos	Parroquia
	Calnali	San Juan Bautista	Capilla
	Ahuacatlán	Nuestra Señora de los Dolores	Capilla
	Atempa	Santa Isabel	Capilla
	Coyula	Santa Lucía	Capilla
	San Andrés Chichayotla	San Andrés	Capilla
	Papatlatla	San Juan Evangelista	Capilla
	Santa Lucía	Santa Lucía	Capilla
	Tecpaco	San Francisco de Asís	Capilla
	Tostlamantla	San Pedro	Capilla
	Tula	Santa Elena de la Cruz	Capilla
	Pochula	San Juan Bautista	Capilla
	Tecueyacca	Santa María Magdalena	Capilla
Cardonal (15)			
	Cardonal	La Purísima Concepción	Parroquia

Municipio	Localidad	Nombre	Tipo de construcción
	San Andrés	San Andrés	Capilla
	Santa Teresa	El Señor de Santa Teresa	Capilla
	San Antonio Sabanilla	San Antonio de Padua	Capilla
	El Voto	San José	Capilla
	San Miguel de la Nopalera	San Miguel	Capilla
	El Santuario	Casa Cural	Predio edificado
	Santuario	El Santuario	Santuario
	Sauz	El Señor del Sauz	Capilla
	Tixqui	Santa María Magdalena	Capilla
	Jonacapa	El Señor de Santa Teresa	Capilla
Cuautepec de Hinojosa (16)			
	San AntonioCuautepec	San Antonio	Parroquia
	San Lorenzo	San Lorenzo	Capilla
	Santa María Nativitas	Santa María Nativitas	Iglesia
	Santiago	Santiago	Capilla
	Hueyapan	San Juan Bautista	Capilla
	Tezoquipa	San Antonio	Capilla
	Huistongo	El Sagrado Corazón	Capilla
	Paliseca	San José	Capilla
	San Miguel Pedregal	San Felipe	Capilla
Chapantongo (17)			
	Chapantongo	Santiago	Parroquia
	Amealco	Santa María	Capilla
	San Juan	San Juan	Capilla
	Tlaunilolpan	Santiago	Capilla
	Zimapantongo	San Isidro	Capilla
	San Bartolo	San Bartolomé	Iglesia
	San Bartolo	Sin nombre	Templo episcopal
Chapulhuacán (18)			
	Chapulhuacán	San Pedro	Parroquia
	Allende	Señora Santa Ana	Capilla
	Barrio	Nuestra Señora del Carmen	Capilla

Municipio	Localidad	Nombre	Tipo de construcción
	Iglesia Vieja	Nuestra Señora de Guadalupe	Capilla
	Ocote	El Señor del Enebro	Capilla
	Soledad	La Soledad	Capilla
	San Rafael	San Rafael	Capilla
Chilcuautla (19)			
	Chilcuautla	Santa María Asunción	Parroquia
	Texcatepec	San Francisco de Asís	Iglesia
	Tlacotlapilco	San Lorenzo	Iglesia
	Tunititlán	San Salvador	Iglesia
	Xhoté	El Santo Niño	Capilla
Epazoyucan (22)			
	Epazoyucan	San Andrés	Parroquia
	Epazoyucan	El Calvario	Capilla
	San Juan Tizahuapan	San Juan Bautista	Capilla
	Santa Mónica	Santa Mónica	Capilla
	El Ocote	Virgen de Guadalupe	Capilla
	San Marcos	Sagrado Corazón	Capilla
	San Miguel Nopalapa	Sagrado Corazón	Capilla
	Palacio	San José	Capilla
Francisco I. Madero (23)			
	Francisco I. Madero	San Agustín	Iglesia
	El Rosario	Nuestra Señora del Rosario	Iglesia
	San Juan Tepa	San Juan	Iglesia
	El Mexe	San Antonio el Mexe	Escuela agrícola
Huasca de Ocampo (24)			
	Huasca de Ocampo	San Juan Bautista	Parroquia
	Huasca de Ocampo	El Socorro	Capilla
	San Bartolo	San Bartolomé	Capilla
	San Sebastián	San Sebastián	Capilla
	Santo Tomás	Santo Tomás	Capilla
	La Luz	Nuestra Señora de la Luz	Oratorio

Municipio	Localidad	Nombre	Tipo de construcción
	Hueyapan	San Juan	Capilla
	Regla	Nuestra Señora de Loreto	Capilla
	Regla	San Miguel Arcángel	Capilla
	El Zembo	Señor de las Indulgencias	Capilla
	El Vito	El Señor de la Vida	Capilla
	Los Reyes	Los Reyes	Capilla
	La Bolsa	Guadalupe	Capilla
	Huautla	San Juan Bautista	Parroquia
	Acatepec	San José de Guadalupe	Capilla
	Aquexpalco	La Virgen de Guadalupe	Capilla
	Santo Domingo	Santo Domingo	Capilla
Huazalingo (26)			
	Huazalingo	La Ascención	Parroquia
	Chiatipan	San Nicolás Tolentino	Capilla
	Ixtlahuaca	San José	Capilla
	San Francisco	San Francisco de Asís	Capilla
	San Juan	San Juan Bautista	Capilla
	Santa María	Santa María Magdalena	Capilla
	Santo Tomás	Santo Tomás	Capilla
	Tlatzonco	San Antonio de Padua	Capilla
	Tlamamala	San Agustín	Capilla
	San Pedro Huazalingo	San Pedro	Capilla
	Cuamontax	San Antonio de Padua	Capilla
	Tzapotitla	Santa Cruz	Capilla
	Atlaltipa	San José	Capilla
Huehuetla (27)			
	Huehuetla	San Benito	Parroquia
	Acuautla	San José	Capilla
	Achiotepec	San Lorenzo	Capilla
	San Ambrosio	San Ambrosio	Capilla
	San Antonio	San Antonio	Capilla
	San Clemente	San Clemente	Capilla
	San Esteban	San Esteban	Capilla
	San Gregorio	San Gregorio	Capilla

Municipio	Localidad	Nombre	Tipo de construcción
	San Guillermo	San Guillermo	Capilla
	Santa Inés	Santa Inés	Capilla
	Santa Úrsula	Santa Úrsula	Capilla
	Río Blanco	San José	Capilla
Huejutla de Reyes (28)			
	Huejutla	San Agustín	Catedral
	Coacuilco	San Juan Bautista	Iglesia
	Ixcatepec	San Francisco Toneica	Capilla
	Jaltocan	San Juan Bautista	Capilla
	Pahuatlán	La Purísima Concepción	Capilla
	Tehuetlán	San José	Capilla
	Vinasco	San Nicolás	Capilla
	Ixcatlán	San Nicolás Tolentino	Capilla
	Macuxtepetla	San Agustín	Iglesia
	Zohuala	San José	Capilla
Huichapan (29)			
	Huichapan	San Mateo	Parroquia
	Huichapan	San Mateo	Capilla
	El Calvario	El Calvario	Capilla
	San José Atlán	San José	Capilla
	Tlaxcalilla	San Bartolo	Iglesia
	Jonacapa	San Antonio	Capilla
	Bondojito	La Santa Cruz	Capilla
	La Cruz	La Santa Cruz	Capilla
	Comodejé	María Auxiliadora	Capilla
	El Saucillo	La Virgen de Guadalupe	Capilla
	Tocofani	Nuestra Señora de los Dolores	Capilla
	Xajay	San José	Capilla
	El Cajón	El Santo Niño	Capilla
	Dantzibojay	El Señor de Buchesní	Capilla
	Maney	El Señor de Esquipulas	Capilla
	Sabinita	La Candelaria	Capilla
	Vitejé	La Virgen de Guadalupe	Capilla
Ixmiquilpan (30)			
	Ixmiquilpan	San Miguel	Parroquia
	San Antonio	San Antonio	Capilla

Municipio	Localidad	Nombre	Tipo de construcción
	San Miguelito	San Miguel	Capilla
	Tepé	El Señor de Chalma	Capilla
	Otra banda	El Santo Niño	Capilla (vieja)
	Otra banda	El Santo Niño	Capilla (nueva)
	El Carmen	El Carmen	Capilla
	Otra banda	Las Animas	Humilladero
	El Alberto	La Santa Cruz	Capilla
	El Espíritu	El Señor del Espíritu Santo	Capilla
	El Espíritu	Espíritu Santo	Capilla
	Nequetejé	La Santa Cruz	Capilla
	Orizabita	El Señor de Orizabita	Iglesia
	San Andrés	El Señor del Buen Viaje	Capilla
	Pechuga	El Señor de la Buena Muerte	Capilla
	Pechuga	Santo Tomás	Capilla
	Pueblo Nuevo	El Señor de Chalma	Capilla
	Remedios	Nuestra Señora de los Remedios	Iglesia
	San Juanico	San Juan Bautista	Capilla
	Maguey Blanco	El Señor de Santa Teresa	Capilla
	Bagandhó	El Señor de Santa Teresa	Capilla
	Capula	El Señor de Santa Teresa	Capilla
	Cortijo	Jesús	Capilla
	Cortijo	El Señor Santiago	Capilla
	Dios Padre	El Padre Eterno	Capilla
	Nandó	Nuestra Señora de Guadalupe	Capilla
	Mayé	San Antonio	Capilla
	El Nith	Santiago	Capilla
	San Nicolás	San Nicolás	Capilla
	Panales	San Miguel	Capilla
	La Cuesta de México	La Santa Cruz	Oratorio
Jacala de Ledezma (31)			
	Jacala	San Antonio	Parroquia

Municipio	Localidad	Nombre	Tipo de construcción
	El Calvario	El Calvario	Capilla
	Jacala	Templo evangélico metodista	Capilla
Juárez Hidalgo (33)			
	Juárez Hidalgo	San Nicolás Tolentino	Iglesia
	San Nicolás	San Guillermo	Iglesia
	San Agustín Eloxochitlán	San Agustín	Iglesia
	Jilo	San Pedro	Capilla
	Hualula	San Juan Bautista	Capilla
	Itztacoyotla	San Lorenzo	Parroquia
	San Nicolás	San Nicolás Tolentino	Capilla
	Santa María	La Natividad	Capilla
Lolotla (34)			
	Lolotla	Santa Catarina	Parroquia
	Acatepec	San Agustín	Capilla
	Chalma	San Cristobal	Capilla
	Chantasco	San José	Capilla
	Chinconcuac	San Juan Bautista	Capilla
	Chiquitla	San Agustín	Capilla
	Huitznopala	San Francisco de Asís	Capilla
	Itztacuatla	Santiago	Capilla
	Ixtlahuaco	San Juan Bautista	Capilla
	Mazahuacán	Santa Teresa	Capilla
	Ocotlán	San Pedro	Capilla
	Santiago	Santiago	Capilla
	Tlatepingo	La Purísima Concepción	Capilla
	Xalcuatla	Santa Magdalena de la Cruz	Capilla
	Contepec	San José	Capilla
	Xochipantla	Santo Niño de Atocha	Capilla
Metepec (35)			
	Metepec	El Señor de Metepec	Parroquia
	Apulco	El Señor del Buen Despacho	Capilla
	Temascalillos	Nuestra Señora de los Dolores	Capilla
	San Antonio la Palma	El Sagrado Corazón	Oratorio

Municipio	Localidad	Nombre	Tipo de construcción
	Apulco	Nuestra Señora de los Remedios	Capilla
San Agustín Metzquititlán (36)			
	Metzquititlán	San Agustín	Parroquia
	Metzquititlán	El Señor de la Salud	Santuario
	San Nicolás Atecoxco	San Nicolás Tolentino	Iglesia
	Carpinteros	El Señor del Olivo	Capilla
	Carpinteros	La Preciosa Sangre	Iglesia
	Xoxoteco	La Purísima Concepción	Iglesia
	Zahuastipán	Señor Santiago	Capilla
	Chichinapa	La Candelaria	Capilla
	Tuzanapa	La Purísima Concepción	Capilla
Metztitlán (37)			
	Metztitlán	La Comunidad	Ex convento
	Metztitlán	La tercena	Predio edificado
	Metztitlán	Los Santos Reyes	Parroquia
	Amajatlán	San Pedro	Capilla
	Azolzintla	San Juan Bautista	Capilla
	Coalquizque	Señor Santiago	Capilla
	Huisticola	Santo Tomás	Capilla
	Itztayatla	El Señor de la Salud	Capilla
	Itztacapa	Santo Santiago	Capilla
	Itztazacuala	San Agustín	Capilla
	Jihuilco	Santa María Magdalena	Iglesia
	Jilotla	San Pablo	Capilla
	Olotla	Santiago	Capilla
	San Juan Anajaque	San Juan Bautista	Capilla
	San Juan Tetztitlán	Nuestra Señora de Guadalupe	Capilla
	San Juan Tlatepexi	San Juan Bautista	Capilla
	San Pablo Tetlapaya	San Pablo	Capilla
	San Pedro Tlatemalco	San Pedro	Iglesia
	Santa Mónica	El Señor Aparecido	Iglesia
	Tlaxco	Señor Santiago	Iglesia

Municipio	Localidad	Nombre	Tipo de construcción
	Tolapa	Señor Santiago	Capilla
	Zoquizoquipan	Nuestra Señora de la Asunción	Santuario
	Alumbres	El Señor de las Indulgencias	Capilla
	Chalmita	El Señor de Chalma	Capilla
	El Tablón	San Sebastián	Capilla
	Tepatetipa	San Agustín	Iglesia
Mineral del Chico (38)			
	Mineral del Chico	La Purísima Concepción	Parroquia
	Mineral del Chico	Escuela Ignacio Zaragoza	Casa
	Mineral del Chico	La Cruz	Capilla
	Mineral del Chico	El Calvario	Capilla
	Capula	San Bartolo	Capilla
	Estanzuela	San Nicolás Tolentino	Capilla
	El Puente	El Señor de los Laureles	Capilla
Mineral del Monte (39)			
	Mineral del Monte	La Asunción	Parroquia
	Mineral del Monte	La Veracruz	Capilla
	Mineral del Monte	San Diego	Capilla
	Mineral del Monte	Jerusalem	Capilla
	Pueblo Nuevo	San Cayetano	Capilla
	Santa Rosalía	Santa Rosalía	Capilla
	Tezoantla	San Antonio	Capilla
	Escobar	Señor de lo Escobar	Capilla
La Misión (40)			
	La Misión	Nuestra Señora de Guadalupe	Capilla
	Jacalilla	El Sagrado Corazón	Capilla
	El Fresno	Nuestra Señora de Guadalupe	Capilla
	Palmitas	El Sagrado Corazón	Capilla
Mixquiahuala de Juárez (41)			
	Mixquiahuala	San Antonio de Padua	Parroquia
	Mixquiahuala	El Calvario	Capilla
	Tepeitic	Los Santos Reyes	Capilla

Municipio	Localidad	Nombre	Tipo de construcción
Molango de Escamilla (42)			
	Molango	Santa María	Parroquia
	Molango	Sin nombre	Casa solar
	Molango	El Calvario	Capilla
	Acayuca	Santiago	Capilla
	Atezca	San Martín	Capilla
	Cuxhuacán	San Miguel	Capilla
	Ixcatlán	San Pedro	Capilla
	Itzmolintla	La Asunción	Capilla
	Ixcuicuila	Santiago	Capilla
	Malila	San Bartolo	Capilla
	Naopa	San Lucas	Capilla
	San Antonio la Palma	San Antonio de Padua	Capilla
	San Bernardo	San Bernardo	Capilla
	Tenango	San Guillermo	Capilla
	Tlatzintla	San Agustín	Capilla
	Zacuala	Sin nombre	Capilla
Nicolás Flores (43)			
	Santa María Tepeji	Nuestra Señora de la Candelaria	Iglesia
	La Bonanza	El Señor de la Buena Muerte	Capilla
	Itatlaxco	San Agustín	Iglesia
Nopala de Villagrán (44)			
	Nopala	Santa María Magdalena	Parroquia
	Nopala	Palacio Municipal	Casa
	Nopala	Escuela de Niñas	Casa
	Nopala	Escuela de Niños	Casa
	Denthó	Hospital	Capilla y casa
	Denthó	La Santa Fe	Capilla
	San Sebastián	San Sebastián	Capilla
	San Sebastián	El Calvario	Capilla
	Numiní	El Calvario	Capilla
	Maravillas	La Santísima Trinidad	Capilla
Omitlán de Juárez (45)			
	Omitlán	El Refugio	Parroquia
	Omitlán	El Curato	Casa

Municipio	Localidad	Nombre	Tipo de construcción
	La Venta	Nuestro Señor de la Venta	Capilla
San FelipeOrizatlán (46)			
	San Felipe Orizatlán	San Felipe	Parroquia
	Huitzitzilingo	Santa Úrsula	Capilla
	Talol	San Antonio	Capilla
	Piedra Hindada	San Juan	Capilla
	Tultitlán (rancho)	San Nicolás	Capilla
Pacula (47)			
	Pacula	San Juan Bautista	Parroquia
	Jiliapan	San José	Iglesia
Pachuca de Soto (48)			
	Pachuca	San Francisco	Parroquia (ex convento)
	Pachuca	San Francisco	Cuartel de infantería
	Pachuca	San Francisco	Cárcel municipal
	Pachuca	San Francisco	Casa núm. 6 de la Calle Arista
	Pachuca	San Francisco	Casa núm. 10 de la Calle Arista
	Pachuca	San Francisco	Casa núm. 12 de la Calle Arista
	Pachuca	San Francisco	Jardín Colón
	Pachuca	San Francisco	Rastro de la ciudad
	Pachuca	San Francisco	Cárcel general del estado
	Pachuca	San Francisco	Hospital Civil
	Pachuca	San Francisco	Ex colegio de San Francisco
	Pachuca	La Asunción	Parroquia
	Pachuca	La Asunción	Ex curato
	Pachuca	Santuario de Nuestra Señora de Guadalupe	Santuario
	Pachuca	El Carmen	Capilla
	Pachuca	(San Juan de Dios)	Iglesia
		Instituto Científico y Literario	(ex convento)

Municipio	Localidad	Nombre	Tipo de construcción
	Pachuca	Casa Pastoral Metodista	Casa núm. 18 de la 4ª de Guerrero
	Pachuca	Casa de la 4ª de Guerrero núms. 24 y 26 de guerrero	
	Pachuca	Ex colegiatura del Diezmo	Casa esquina Matamoros y Victoria
	Pachuca	Escuela Julián Villagrán	Escuela Allende 14
	Pachuca	Casas 3, 5 y 7 de la Calle de Victoria	
	Pachuca	Casa núm. 92 de la 7ª Calle de Hidalgo	
	Pachuca	Baños y lavaderos públicos	Capilla
	El Cerezo	El Señor del Cerezo	Capilla
	Santiago Tlapacoya	Santiago	Capilla
	San Bartolo	San Bartolo	Capilla
Pisaflores (49)			
	Pisaflores	San José	Parroquia
	San Pedro Xochicuaco	San Pedro	Capilla
	La Avena	La Purísima Concepción	Capilla
	La Peña	Nuestra Señora de los Dolores	Capilla
	La Peña	Nuestra Señora de los Dolores	Capilla vieja
	San Rafael	El Sagrado Corazón	Capilla
Mineral de la Reforma (51)			
	Azoyatla	San Miguel	Capilla
	Pachuquilla	La Preciosa Sangre	Iglesia
San Agustín Tlaxiaca (52)			
	San Agustín Tlaxiaca	San Agustín	Parroquia
	Ixcuincuilapilco	San Mateo	Capilla
	Ixcuincuilapilco	El Calvario	Capilla
	San Juan Solís	San Juan Bautista	Capilla
	Tecajique	San Francisco de Asís	Capilla

Municipio	Localidad	Nombre	Tipo de construcción
	Tilcuautla	San Juan Bautista	Capilla
	Tornacuxtla	San Miguel	Capilla
San Bartolo Tutotepec (53)			
	San Bartolo Tutotepec	San Bartolo	Iglesia
	Diez Cerros	San José	Capilla
	San Andrés	San Andres	Capilla
	San Jerónimo	San Jerónimo	Capilla
	San Juan	San Juan	Capilla
	San Miguel	San Miguel	Capilla
	San Sebastián	San Sebastián	Capilla
	Santo Santiago	Santo Santiago	Capilla
	Tutotepec	Santos Reyes	Parroquia
San Salvador (54)			
	San Salvador	San Salvador	Iglesia
	Lagunilla	Santa Bárbara	Iglesia
	San Miguel	San Miguel	Capilla
	San Miguel	San Ramón	Capilla
	Santa María Amajac	Santa María Asunción	Iglesia
	Santa María Amajac	Guadalupe	Capilla
	Boxaxní	Sin nombre	Capilla
	Boxthá	Sin nombre	Capilla
	Caxuxi	San Francisco de Asís	Capilla
	Caxuxi	El Señor de Chalma	Capilla
	Demacú	La Santísima Trinidad	Capilla
	Olvera	Santa Quiteria	Capilla
	Olvera	Santo Niño	Capilla
	Olvera	La Natividad	Capilla
	Olvera	Santo Niño	Ermita
	Poxindejé	La Candelaria	Capilla
	San Antonio Motobatha	San Antonio	Capilla
	Teofani	Sin nombre	Capilla
	Bocajha	Guadalupe	Capilla
	El Durazno	El Señor de Orizaba	Capilla
	San José Tendhó	San José	Capilla
	La Palma o Bajhi	El Señor de Orizaba	Capilla
	Dencandhó	Los Santos Reyes	Capilla

Municipio	Localidad	Nombre	Tipo de construcción
Santiago de Anaya (55)			
	Santiago de Anaya	Señor Santiago	Iglesia
	Guerrero	San Sixto	Iglesia
	Santa Monica	Santa Mónica	Capilla
	Yolotepec	San Juan Bautista	Iglesia
	Xuchitlán	San Sebastián	Capilla
Singuilucan (57)			
	Singuilucan	El Señor de Singuilucan	Parroquia (ex convento)
	El Cebadal	Guadalupe	Capilla
	Tecanecapa	Guadalupe	Capilla
	Texcaltitla	San Miguel	Capilla
Tasquillo (58)			
	Tasquillo	San Bernardino	Parroquia
	Caltimacán	San Juan Bautista	Capilla
	Danghú	San José	Capilla
	Portezuelo	El Santo Niño	Capilla
	Remedios	Nuestra Señora de los Remedios	Capilla
	Rinconada	Nuestra Señora de Guadalupe	Capilla
	San Pedro	San Pedro	Capilla
	Santiago	Señor Santiago	Capilla
	Juchitlán	La Santa Cruz	Capilla
	Arbolado	La Santa Cruz	Capilla
	La Candelaria	La Candelaria	Capilla
	Tetzú	Santo Niño	Capilla
	La Villita	La Virgen de Guadalupe	Capilla
Tecozautla (59)			
	Tecozautla	Santiago	Parroquia
	El Calvario	El Calvario	Capilla
	Tecozautla	La Preciosa Sangre	Capilla
	Cerrito Colorado	La Virgen de Guadalupe	Capilla
	San Antonio	San Antonio de Padua	Capilla
	San Miguel	San Miguel	Capilla
	San Francisco	San Francisco de Asís	Oratorio
	Bonaxothá	La Santa Cruz	Capilla

Municipio	Localidad	Nombre	Tipo de construcción
	Bothé	Virgen de Guadalupe	Capilla
	Gandhó	La Virgen de Guadalupe	Capilla
	La Mesilla	La Virgen de Guadalupe	Capilla
	Pañthé	La Santa Cruz	Capilla
	Maguaní	El Santísimo	Capilla
	Maguaní	La Santa Cruz	Capilla
	Gumbó	La Virgen de Guadalupe	Capilla
Tenango de Doria (60)			
	Tenango de Doria	San Agustín	Parroquia
	San Nicolás	San Nicolás	Capilla
	San Pablo el Grande	San Pablo	Capilla
	Santa María Temascalapa	Santa María	Capilla
	Santa Mónica	Santa Mónica	Capilla
	El Toxi	Santa Ana	Capilla
	El Texmi	Nuestra Señora de Guadalupe	Capilla
Tepeapulco (61)			
	Tepeapulco	San Francisco	Parroquia (ex convento)
	San Bernabé Mal-País	Guadalupe	Capilla
	San Jerónimo	San Jerónimo	Capilla
	San Lorenzo	San Lorenzo	Capilla
	Santa Clara	Santa Clara	Capilla
	San Bartolomé de los Tepetates	San Bartolomé	Capilla
	San Isidro Tultengo	Jesús Nazareno	Capilla
Tepehuacán de Guerrero (62)			
	Tepehuacán de Guerrero	Santiago	Parroquia
	Acoxcatlán	San Pedro	Capilla
	Acoyotla	San José	Capilla
	Acuimantla	San Ildelfonso	Capilla

Municipio	Localidad	Nombre	Tipo de construcción
	San Juan Ahuehueco	San Juan Bautista	Capilla
	Aquilastec	La Asunción	Capilla
	San Miguel Ayotempa	San Miguel	Capilla
	Cuatolol	San Agustín	Capilla
	Chilijapa	La Santa Cruz	Capilla
	Petlapixca	San Isidro Labrador	Capilla
	San Simón	San Simón	Capilla
	Tamala	Santo Tomás	Capilla
	Texcapa	La Asunción	Capilla
	Teyahuala	San Juan Bautista	Capilla
	Xilitla	San Nicolás Tolentino	Capilla
	Zacualtipanito	Guadalupe	Capilla
	Acatlajapa	Santiago	Capilla
Tepeji del Río de Ocampo (63)			
	Tepeji del Río	San Francisco de Asís	Ex convento
	Tepeji del Río	San Juan	Capilla
	San Buenaventura	San Buenaventura	Capilla
	San Ignacio Nopala	San Ignacio	Capilla
	San Ildelfonso	San Idelfonso	Capilla
	San José Piedra	San José	Capilla
	Santa Ana	Santa Ana	Capilla
	Santa María Magdalena	La Magdalena	Capilla
	Santiago Tlapanaloya	Santiago	Capilla
	Tlautla	Santiago	Capilla
Tepetitlán (64)			
	Tepetitlán	San Bartolomé	Parroquia
	Santa María Daxthé	Santa María	Capilla
	Pino Suárez	Santa María del Pino	Iglesia
	San Mateo	San Mateo	Capilla
	San Pedro Nextlalpan	San Pedro	Capilla
	Sayula	San Francisco de Asís	Iglesia
Tetepango (65)			
	Tetepango	San Pedro	Parroquia
	Tetepango	El Santo Entierro	Capilla
	Ajacuba	Guadalupe	Capilla
	Santiago Tezontlale	Santiago	Capilla
	Tecomatlán	San Nicolás	Iglesia

Municipio	Localidad	Nombre	Tipo de construcción
Villa de Tezontepec (66)			
	Tezontepec	San Pedro	Parroquia (ex convento)
	Tezontepec	Escuela para niños	Casa
Tezontepec de Aldama (67)			
	Tezontepec de Aldama	San Juan Bautista	Parroquia
	Acayutlán	Santiago	Capilla
	Atengo	La Natividad	Iglesia
	San Gabriel	San Gabriel	Capilla
	Santa María Bathá	La Asunción	Capilla
Tianguistengo (68)			
	Tianguistengo	Santa Ana Tianguistengo	Parroquia
	Atecoxco	San Agustín	Capilla
	Coamelco	San Nicolás	Capilla
	Chapula	San Juan Bautista	Capilla
	Cholula	San Pedro y San Pablo	Capilla
	Ixcotitlán	San Gabriel	Capilla
	Joquela	San Pedro	Capilla
	Mazahuacán	San José	Capilla
	Pahuatlán	San Juan	Capilla
	San Sebastián Pemuxco	El Señor de las Tres Caídas	Capilla
	Polintotla	Santiago	Capilla
	San Miguel	San Miguel Arcángel	Capilla
	Santa Mónica	Santa Mónica	Capilla
	Soyatla	Los Santos Reyes	Capilla
	Tenexco	San Francisco	Capilla
	Tlacoechac	San Andrés	Capilla
	Tlacolula	Santo Tomás	Parroquia
	Tlahuiltepa	San Francisco	Capilla
	Tonchintlán	San Juan	Capilla
	Xalacahuantla	Santiago	Capilla
	Xochimilco	San Nicolás	Capilla
	Zacatlán	Nuestra Señora de Guadalupe	Capilla
	Conchintlán	San Agustín	Capilla
Tizayuca (69)			
	Tizayuca	La Transfiguración	Parroquia

Municipio	Localidad	Nombre	Tipo de construcción
	Huitzila	San Francisco de Asís	Capilla
	Huicalco	San Antonio	Capilla
Tlahuiltepa (71)			
	Tlahuiltepa	San Sebastián	Capilla
	Acapa	Santiago	Capilla
	Boca de León	Guadalupe	Capilla
	Camarones	Santa Rosalía	Capilla
	Cuazahual	San Agustín	Capilla
	Chichicaxtla	El Señor de la Resurrección	Vicaría fija
	San Andrés Miraflores	San Andrés	Capilla
	Tlaxcantitla	Santa Cruz	Capilla
	Xilocuatitla	Guadalupe	Capilla
	Santiago	Santiago	Capilla
Tlanalapan (72)			
	Tlanalapan	San Francisco	Parroquia
	Chiconcuac	Los Ángeles	Capilla
	San Isidro	San Isidro Labrador	Capilla
	San Pedro Tochatlaco	San Pedro	Capilla
	Tepechichilco	Loreto	Capilla
	Bella Vista	Sin nombre	Capilla
Tlanchinol (73)			
	Tlanchinol	San Agustín	Parroquia (ex convento)
	Acahuasco	San Francisco de Asís	Capilla
	Apantlazol	Santa Mónica	Capilla
	Cuatatlán	San Mateo	Capilla
	Cuatlimax	San José	Capilla
	Chichatla	El Señor de la Salud	Capilla
	Chichictepec	San Agustín	Capilla
	Chipoco	San Hipólito	Capilla
	Hidalgo	San Antonio	Capilla
	Hueyapa	La Soledad	Capilla
	Huitepec	Santa María Magdalena	Capilla
	Jalpa	San Pedro	Capilla
	Lontla	San José	Capilla
	Olotla	San Nicolás Tolentino	Capilla
	Peyula	San Felipe de Jesús	Capilla
	Pilcuautla	San Lucas Evangelista	Capilla

Municipio	Localidad	Nombre	Tipo de construcción
	San Cristóbal	San Cristóbal	Capilla
	San José Tepexhuacán	San José	Capilla
	San Salvador	San Salvador	Capilla
	Santa Lucía	Santa Lucía	Capilla
	Santa María Catzotipan	San Miguel Arcángel	Capilla
	Temango	Nuestra Señora de la Luz	Capilla
	Tianguis	Nuestra Señora del Carmen	Capilla
	Toctitlán	San Antonio de Padua	Capilla
	Totonicapa	San Bartolomé	Capilla
	Ula	Santa Marta	Capilla
	Acuapa	San Antonio de Padua	Capilla
	Quetzalzonco	San José	Capilla
	San Miguel	San Miguel	Capilla
Tlaxcoapan (74)			
	Tlaxcoapan	San Pedro	Parroquia
	Doxhey	San Bartolo	Capilla
	Telpitan de Juárez	La Preciosa Sangre	Capilla
	Tlahuelilpa de Ocampo	San Francisco de Asís	Iglesia (ex convento)
	Tlahuelilpa de Ocampo	La Purísima Concepción	Capilla
	San Miguel Chingú	San Miguel	Capilla
Tolcayuca (75)			
	Tolcayuca	San Juan Bautista	Parroquia
	Acayuca	San Francisco	Iglesia
	Acayuca	Templo Metodista	Capilla
	San Pedro Huaquilpa	San Pedro	Capilla
	San Pedro Huaquilpa	San Salvador	Capilla
	Santiago Tlajomulco	Santiago	Capilla
	Zapotlán	La Purísima Concepción	Capilla
	Huitepec	San Pedro	Capilla
	San Javier	Nuestra Señora de Guadalupe	Oratorio

Municipio	Localidad	Nombre	Tipo de construcción
Tula de Allende (76)			
	Tula de Allende	San José	Parroquia (ex convento)
	Bomintzhá	La Natividad	Capilla
	El Llano	La Purísima Concepción	Capilla
	Michimalaya	San Juan Bautista	Iglesia
	San Andrés	San Andrés	Capilla
	San Francisco de la Cal	San Francisco de Asís	Capilla
	San Lorenzo	San Lorenzo	Capilla
	San Lucas	San Lucas	Capilla
	San Marcos	San Marcos	Capilla
	San Miguel de las Piedras	San Miguel	Capilla
	San Miguel Vindhó	San Miguel Arcángel	Capilla
	Santa Ana Ahuehuepan	Santa Ana	Capilla
	Santa María Ilucán	Santa María Natividad	Capilla
	Santa María Macuá	La Natividad de María Santísima	Capilla
	Xochitlán	La Asunción	Capilla
	El Huerto	El Señor del Huerto	Capilla
	Michimaltongo	La Candelaria	Capilla
Tulancingo de Bravo (77)			
	Tulancingo	La Virgen de los Ángeles	Catedral
	Tulancingo	Ex colegio Guadalupano	Casa
	Tulancingo	Ex seminario conciliar	Casa
	Tulancingo	Hospital municipal	Casa
	Tulancingo	Escuela primaria	Casa
	Tulancingo	Nuestra Señora de los Ángeles	Iglesia
	Tulancingo	Nuestra Señora de Guadalupe	Capilla
	Tulancingo	Nuestra Señora de la Merced	Capilla
	Tulancingo	El Señor de la Expiración	Capilla

Municipio	Localidad	Nombre	Tipo de construcción
	Jaltepec	Sin nombre	Casa y terreno
	Jaltepec	San Francisco de Asís	Iglesia
	Santa Ana Hueytlalpan	Santa Ana	Capilla
	Santa María Asunción	Santa María Asunción	Iglesia
	Exquitlán	Sagrado Corazón	Capilla
Xochiatipan (78)			
	Xochiatipan	Santa Catarina	Parroquia
	Ixtazoquico	Santa Lucía	Capilla
	Pachiquitla	San Pedro	Capilla
	Santiago	Santiago	Capilla
	Tlatecatla	María Guadalupe	Capilla
	Chatipa	San José de Guadalupe	Capilla
	Pocantla	La Concepción	Capilla
	Texoloc	La Purísima Concepción	Capilla
	Xochicoatlán	San Nicolás Tolentino	Parroquia
	Xochicoatlán	San José	Capilla
	Acomulco	San Nicolás Tolentino	Capilla
	Coatencalco	Santa Mónica	Capilla
	Cuatlamayan	Los Santos Reyes	Capilla
	Jalamelco	Nuestro Señor de la Salud	Capilla
	Mazahuacán	San Jerónimo	Capilla
	Mecapala	Santa María Magdalena	Capilla
	Nonoalco	San Nicolás	Iglesia
	San Miguel Papaxtla	San Miguel Arcángel	Capilla
	Tenango	San José	Capilla
	Texcaco	San Ambrosio	Capilla
	Tlaxcoya	San Francisco de Paula	Capilla
	Tuzancoac	San Marcos	Capilla
	Zapocoatlán	San Mateo	Capilla
	Cuatitlamixtla	Santa Cruz	Capilla
	Michumitla	Santa Lucía	Capilla
Yahualica (80)			
	Yahualica	San Juan Bautista	Parroquia
	Aguacatitla	San Agustín	Capilla
	Atlalco	San José	Capilla
	Atotomoc	San Juan Bautista	Capilla

Municipio	Localidad	Nombre	Tipo de construcción
	Cochotla	Señor Santiago	Capilla
	Tecacahuaco	La Concepción	Capilla
	Xoxolpa	San Agustín	Capilla
	Achiquihuitla	San José	Capilla
	Cochiscuatitla	San Diego Isidro	Capilla
	Hueyactel	Santa Cruz	Capilla
	Ixtacuatitla	San Pedro	Capilla
	Izocal	San Juan y San José	Capilla
	Mesa Larga	San José	Capilla
	Pepeyocatla	San José	Capilla
	Santo Tomás	Santo Tomás	Capilla
	Tetla	Santa Cruz	Capilla
	Tlachiyahualica	El Señor de la Salud	Capilla
	Santa Teresa	Santa Teresa	Capilla
	Zoquitican	El Señor de la Salud	Capilla
Zacualtipán de Ángeles (81)			
	Zacualtipan	Santa María de la Encarnación	Parroquia
	Coatlila	San Diego	Capilla
	Jalapa	San José	Capilla
	Matlatlán	San Juan	Capilla
	Mimiahuaco	San Juan Bautista	Capilla
	Olonteco	Antigua Capilla de Nuestra Señora de los Ángeles	Terreno
	San Bernardo	Sin nombre	Terreno
	San Bernardo	San Bernardo	Iglesia
	Santo Domingo	Santo Domingo	Capilla
	Sietla	La Guadalupana	Capilla
	Tehuitzila	San Nicolás	Capilla
	Tetzimico	San Bartolo	Capilla
	Tizapan	San Andrés	Capilla
	Tlahuelompa	San Francisco	Iglesia
	Tzincoatlán	San Juan	Capilla
	Atopizco	El Señor de Chalma	Capilla
	Xicopantla	Santiago Apóstol	Capilla
	La Mojonera	Nuestra Señora de los Ángeles	Capilla
Zempoala (83)			
	Zempoala	Todos Santos	Parroquia

Municipio	Localidad	Nombre	Tipo de construcción
	San Antonio Ostoyuca	San Antonio de Padua	Capilla
	San Agustín Zapotlán	San Agustín	Capilla
	San Agustín Zapotlán	Iglesia Metodista	Iglesia
	San Gabriel	San Gabriel	Iglesia
	San Juan Tepemasalco	San Juan	Capilla
	Santa María Tecajete	La Asunción	Capilla
	Santo Tomás	Santo Tomás	Vicaría vieja
	Tepeyahualco	Santiago	Capilla
	Tlajomulco	San Mateo	Capilla
	Tlaquilpan	San Pedro	Capilla
	Mazatepec	San José	Capilla
	San Antonio Tochatlaco	San Antonio	Capilla
	San Antonio Xala	San Antonio	Capilla
	Tepa Chico	La Soledad	Capilla
	Tepozoyuca	Sagrado Corazón	Capilla
	Zontecomate	Sin nombre	Capilla
	Acelotla	San Francisco de Asís	Capilla
	Acelotla	La Santísima Trinidad	Templo
	San José Gazave	San José	Capilla
	Santa Clara	Nuestra Señora del Carmen	Capilla
Zimapán (84)			
	Zimapán	San Juan Bautista	Parroquia
	Zimapán	Casa Cural	Casa
	Zimapán	La Veracruz	Capilla
	Zimapán	El Calvario	Capilla
	Zimapán	Templo Metodista	Capilla
	Guadalupe	La Virgen de Guadalupe	Capilla
	San José del Oro	San José	Capilla
	Los Remedios	La Virgen de los Remedios	Capilla Capilla
	San Pedro	San Pedro	
	Santiago	Señor Santiago	Capilla
	Santo Domingo Adjuntas	Santo Domingo	Capilla
	Temuthé	La Santa Cruz	Capilla

MAPA 15. *Conventos*

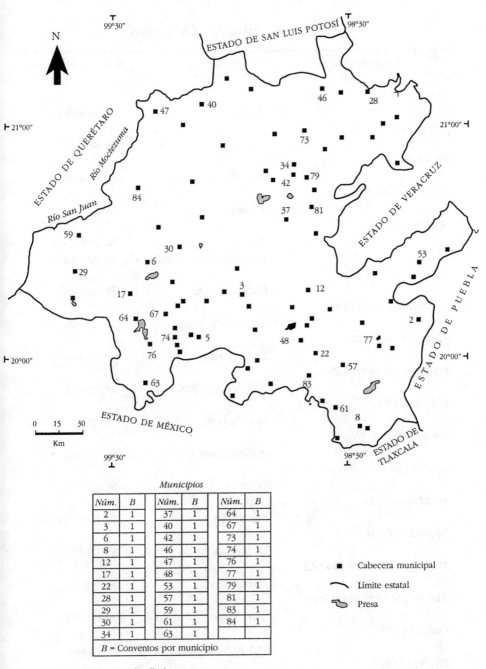

Núm.	B	Núm.	B	Núm.	B
2	1	37	1	64	1
3	1	40	1	67	1
6	1	42	1	73	1
8	1	46	1	74	1
12	1	47	1	76	1
17	1	48	1	77	1
22	1	53	1	79	1
28	1	57	1	81	1
29	1	59	1	83	1
30	1	61	1	84	1
34	1	63	1		
B = Conventos por municipio					

Municipios

■   Cabecera municipal

⌒   Límite estatal

🗺   Presa

NOTA: Véase información detallada en anexo.
FUENTE: Azcue *et al.*, 1940-1942.

Municipio	Localidad	Nombre del convento
Acatlán (1)		
	Acatlán	Se ignora
Actopan (3)		
	Actopan	Se ignora
Ajacuaba (5)		
	Ajacuba	Se ignora
Alfajayucan (6)		
	Alfajayucan	Se ignora
Apan (8)		
	Apan	Se ignora
	Atotonilco el Grande	Se ignora
Chapantongo (17)		
	Chapantongo	Se ignora
Chapulhhuacán (18)		
	Chapulhhuacán	Se ignora
Epazoyucan (22)		
	Epazoyucan	Se ignora
Huejutla de Reyes (28)		
	Huejutla de Reyes	Se ignora
Huichapan (29)		
	Huichapan	Se ignora
Ixmiquilpan (30)		
	Ixmiquilpan	Se ignora
Lolotla (34)		
	Lolotla	Se ignora
Metztitlán (37)		
	Metztitlán	La Comunidad
La Misión (40)		
	La Misión	Se ignora
Molango de Escamilla (42)		
	Nahuapan	Se ignora
San Felipe Orizatlán(46)		
	San Felipe Orizatlán	Se ignora
Pacula (47)		
	San Juan Bautista Pacula	Se ignora
Pachuca (48)		
	Pachuca	San Francisco
San Bartolo Tutotepec (53)		
	San Bartolo Tutotepec	Se ignora

Municipio	Localidad	Nombre del convento
Singuilucan (57)		
	Singuilucan	El Señor de Singuilucan
Tecozautla (59)		
	Tecozautla	Se ignora
Tepeapulco (61)		
	Tepeapulco	San Francisco
Tepeji del Río de Ocampo (63)		
	Tepeji del Río	San Francisco de Asís
Tepetitlán (64)		
	Tepetitlán	Se ignora
Tezontepec de Aldama (67)		
	Tezontepec	San Pedro
Tlanchinol (73)		
	Tlanchinol	San Agustín
Tlaxcoapan (74)		
	Tlahuelilpa de Ocampo	San Francisco de Asís
Tula de Allende (76)		
	Tula de Allende	San José
Tulancingo de Bravo (77)		
	Tulancingo de Bravo	Se ignora
Xochicoatlán (79)		
	Xochicoatlán	Se ignora
Zacualtipán de Ángeles (81)		
	Zacualtipán de Ángeles	Se ignora
Zempoala (83)		
	Zempoala	Se ignora
Zimapán (84)		
	Adjuntas	Se ignora
	Tolimán	Se ignora

MAPA 16. *Haciendas de labor*

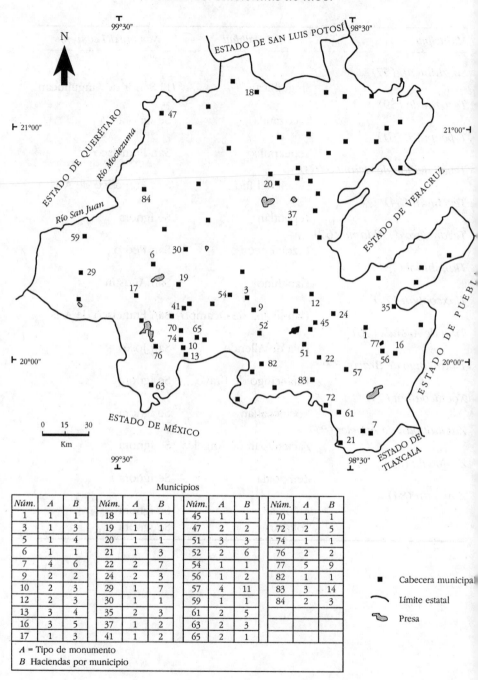

Municipios

Núm.	A	B	Núm.	A	B	Núm.	A	B	Núm.	A	B
1	1	1	18	1	1	45	1	1	70	1	1
3	1	3	19	1	1	47	2	2	72	2	5
5	1	4	20	1	1	51	3	3	74	1	1
6	1	1	21	1	3	52	2	6	76	2	2
7	4	6	22	2	7	54	1	1	77	5	9
9	2	2	24	2	3	56	1	2	82	1	1
10	2	3	29	1	7	57	4	11	83	3	14
12	2	3	30	1	1	59	1	1	84	2	3
13	3	4	35	2	3	61	2	5			
16	3	5	37	1	2	63	2	3			
17	1	3	41	1	2	65	2	1			

A = Tipo de monumento
B Haciendas por municipio

■ Cabecera municipal
⌒ Límite estatal
🞓 Presa

NOTA: Véase información detallada en anexo.
FUENTE: Monterrubio *et al.*, 1991-1993.

ANEXO DE MAPA 16. *Haciendas de labor*

Municipio	Localidad	Nombre	Tipo de hacienda
Acatlán (1)			
	Totoapa el Grande	Hacienda de Totoapa el Grande	Agrícola y ganadera
Actopan (3)			
	Chicavasco	Hacienda Chivasco	Agrícola y ganadera
	La Estancia	Hacienda de la Estancia	Agrícola y ganadera
	San Diego Canguihuindo	Hacienda de San Diego	Agrícola y ganadera
Ajacuba (5)			
	Ajacuba	Hacienda de Tenguedó	Pulquera
	Colonia Santo Niño	Hacienda el Mezquite	Pulquera
	Ignacio Zaragoza	Hacienda de Ignacio Zaragoza	Hacienda
	Tulancalco	Hacienda de Guadalupe	Hacienda
Alfajayucan (6)			
	Golondrinas	Hacienda de Golondrinas	Agrícola y ganadera
Almoloya (7)			
	Buenavista	Hacienda de Buenavista	Agrícola y pulquera
	Coatlaco	Hacienda Coatlaco	Pulquera
	Ocotepec	Hacienda de Ocotepec	Pulquera
	Santiago Tetlapayac	Hacienda de Santiago Tetlapayac	Pulquera
	Tepepatlaxco	Hacienda de Tepepatlaxco	Mixta
	Tepozán	Hacienda de Tepozán	Agrícola y ganadera
El Arenal (9)			
	Cabañas	Hacienda Cabañas	Agrícola y ganadera
	San José Tepenené	Hacienda de San José	Agrícola y ganadera
Atitalaquia (10)			
	Colonia Dendhó	Hacienda San Miguel Chingú	Pulquera, agrícola y ganadera

Municipio	Localidad	Nombre	Tipo de hacienda
	San Isidro Bojayito	Hacienda de Bojayito	Agrícola y ganadera
	San José Bojay	Hacienda Bojay Grande	Agrícola y ganadera
Atotonilco el Grande (12)			
	El Zoquital	Hacienda de Zoquital	Hacienda
	San José Zoquital	Hacienda de San José Zoquital	Ganadera
	San Pedro Vaquerías	Hacienda de vaquerías	Ganadera
Atotonilco de Tula (13)			
	Bateje	Hacienda de Bateje	Agrícola
	El Refugio	Hacienda del Refugio	Agrícola y ganadera
	Montero	Hacienda de Montero	Agrícola y pulquera
	Vito	Hacienda de Baños	Agrícola y ganadera
Cuautepec de Hinojosa (16)			
	San Lorenzo	Hacienda Chililico	Agrícola y ganadera
	San Miguel Pedregal	Hacienda de San Miguel	Agrícola y ganadera
	Tecocomulco	Hacienda de Tecocomulco	Pulquera
	Tezoquipa	Hacienda de Tezoquipa	Agrícola y Pulquera
	Hueyapan	Hacienda de Hueyapan	Agrícola y ganadera
Chapantongo (17)			
	El Sauz	Hacienda del Sauz	Agrícola y ganadera
	San José el Marqués	Hacienda del Marqués	Agrícola y ganadera
	Tenería	Hacienda de Tenería	Agrícola y ganadera
Chapulhuacán (18)			
	Cahuazas	Hacienda de Cahuaza	Agrícola y ganadera
Chilcuautla (19)			
	Tunititlán	Hacienda de Demañó	Agrícola y ganadera
Eloxochitlán (20)			
	Jiliapa	Hacienda de Jiliapa	Agrícola y ganadera
Emiliano Zapata (21)			
	Emiliano Zapata	Hacienda de San Lorenzo	Pulquera

Municipio	Localidad	Nombre	Tipo de hacienda
	Malpaís	Hacienda de Malpaís	Pulquera
	Santa Clara	Hacienda Santa Clara	Pulquera
Epazoyucan (22)			
	El Ocote	Hacienda el Ocote	Mixta
	Huerta Grande	Hacienda Huerta Grande	Mixta
	Nopalapa	Hacienda de San Miguel	Mixta
	Nopalapa	Hacienda de San José	Mixta
	San José Palacio	Hacienda de San José Palacio	Mixta
	San Marcos	Hacienda de San Marcos	Ganadera
	Tepozotlán	Hacienda de Tepozotlán	Mixta
Huasca de Ocampo (24)			
	Magueyes Verdes	Hacienda de la Luz	Pulquera
	San Juan Hueyapan	Hacienda de San Juan Hueyapan	Mixta
	San Miguel Cacaloapan	Hacienda de San Miguel Cacaloapan	Pulquera
Huichapan (29)			
	Astillero	Hacienda de Astillero	Agrícola y ganadera
	Bondojito	Hacienda de Bondojito	Agrícola y ganadera
	Cocol	Hacienda el Cocol	Agrícola y ganadera
	Comodejé	Hacienda de Comodejé	Agrícola y ganadera
	El Saucillo	Hacienda del Saucillo	Agrícola y ganadera
	Xajay	Hacienda de Xajay	Agrícola y ganadera
	Yonthé	Hacienda de Yonthé	Agrícola y ganadera
Ixmiquilpan (30)			
	Ocotza	Hacienda	Agrícola y ganadera
Metepec (35)			
	Apulco	Hacienda de Apulco	Agrícola y ganadera y ganadera
	San Antonio la Palma	Hacienda de San Antonio la Palma	Hacienda ganadera y pulquera
	Temascalillos	Hacienda de Temascalillos	Agrícola y ganadera

Municipio	Localidad	Nombre	Tipo de hacienda
Metztitlán (37)			
	Huijastla	Hacienda de Huijastla	Agrícola y ganadera
	Huijastla	Hacienda de Huijastla	Agrícola y ganadera
Mixquiahuala de Juárez (41)			
	Colonia Benito Juárez	Hacienda	Probablemente, agrícola y ganadera
	Dos Cerros	Hacienda Dos Cerros	Agrícola y ganadera
Omitlán de Juárez (45)			
	Venta de Guadalupe	Hacienda de la Venta	
Pachuca de Soto (47)			
	Pachuca	Hacienda de Loreto	
	San Antonio		
	El Desmonte	Hacienda en ruinas	Agrícola
Mineral de la Reforma (51)			
	Colonia el Chacón	Hacienda de Cadena	
	Hacienda de Chavarría	Hacienda de Chavarría	Pulquera
	La Providencia	Hacienda la Providencia	Agrícola y pulquera
San Agustín Tlaxiaca (52)			
	Chapultepec de Pozos	Hacienda Rancho Nuevo	Pulquera
	El Tepozán	Hacienda del Tepozán	Pulquera
	Guadalupe Victoria	Hacienda de Temoaya	Pulquera, agrícola y ganadera
	San Agustín Tlaxiaca	Hacienda de Santa Bárbara	Pulquera
	San Agustín Tlaxiaca	Hacienda de Tecama	Pulquera
	San Juan Tilcuautla	Hacienda de la Concepción	Pulquera
San Salvador (54)			
	Ejido de Daxtha	Hacienda Casablanca	Agrícola y ganadera
Santiago Tulantepec de Lugo Guerrero (56)			
	Palpa	Hacienda de Palpa	Agrícola y ganadera
	Sayola	Hacienda de Sayola	Agrícola y ganadera
Singuilucan (57			
	Buenavista	Hacienda Buenavista	Agrícola y pulquera
	El Cebadal	Hacienda del Cebadal	Pulquera

Municipio	Localidad	Nombre	Tipo de hacienda
	Matías Rodríguez	Hacienda de Cuyamaloyan	Agrícola y ganadera
	Mirasoles	Hacienda de Mirasoles	Pulquera
	Sabanetas	Hacienda de Sabanetas	Agrícola
	San Joaquín	Hacienda de San Joaquín	Agrícola y ganadera
	Santa Ana Chichicuautla	Hacienda de Santa Ana Chichicuautla	Pulquera
	Somorriel	Hacienda de Pedernales	Pulquera
	Tecanecapa	Hacienda de Tecanecapa	Pulquera
	Texcaltitla	Hacienda de Texcaltitla	Agrícola y pulquera
	Tlalayote	Hacienda de Tlalayote	Agrícola
Tecozautla (59)	San Francisco	Hacienda de San Francisco	Agrícola y ganadera
Tepeapulco (61	Exhacienda de Guadalupe	Hacienda de Guadalupe	Pulquera
	Irolo	Hacienda de Irolo	Pulquera
	San Isidro Tultengo	Hacienda de San Isidro Tultengo	Pulquera, agrícola y ganadera
	San jerónimo	Hacienda de San Jerónimo	Pulquera
	Tepetates	Hacienda de San Bartolomé de los Tepetates	Pulquera
Tepeji del Río de Ocampo (63)	El Salto	Hacienda El Salto	Agrícola y ganadera
	Tepeji del Río	Hacienda de Caltengo	Pulquera, agrícola y ganadera
	Xajay	Hacienda de Xajay	Pulquera, agrícola y ganadera
	Ulapa de Ocampo	Hacienda de Ulapa	Pulquera, agrícola y ganadera

Municipio	Localidad	Nombre	Tipo de hacienda
	Tlahuelilpan	Hacienda de Tlahuelilpan	Agrícola y ganadera
Tlanalapa (72)			
	Bellavista	Hacienda de Bellavista	Pulquera
	San Isidro Tultengo	Hacienda de San Isidro	Pulquera
	San Juan Ayahualulco	Hacienda de San Juan Ayahualulco	Presumiblemente, pulquera
	Tepechichilco	Hacienda de Tepechichilco	Pulquera
	Tlanalapa	Hacienda de San Pedro Tochatlaco	Pulquera, agrícola y ganadera
	Estación Teocalco	Hacienda el Gavillero	Agrícola
Tula de Allende (76)			
	San Antonio Tula	Hacienda de San Antonio	Agrícola y ganadera
	San Francisco Bojay	Hacienda de Bojay	Agrícola
Tulancingo de Bravo (77)			
	El Abra	Hacienda del Abra	Ganadera y pulquera
	Exquitlán	Hacienda de Exquitlán	Agrícola y ganadera
	Huajomulco	Hacienda de Huajomulco	Ganadera y pulquera
	Huapalcalco	Hacienda de Huapalcalco	Almacén de grano
	Jaltepec	Hacienda de Tepenacasco	Pulquera y cebadera
	Napateco	Hacienda de Napateco	Agrícola
	San Antonio	Hacienda de San Antonio Farías	Agrícola y ganadera
	San Isidro	Hacienda de San Isidro	Agrícola
	San Nicolás	Hacienda de San Nicolás el Grande	Agrícola
Zapotlán de Juárez (82)			
	Huitepec	Hacienda de Huitepec	Pulquera

Municipio	Localidad	Nombre	Tipo de hacienda
Zempoala (83)			
	Arcos	Hacienda de Arcos	Mixta
	La Trinidad	Hacienda de la Trinidad	Pulquera
	Mazatepec	Hacienda de Mazatepec	Hacienda
	Metepec	Hacienda de Metepec	Pulquera
	Miontecillos	Hacienda de Montecillos	Pulquera
	San Antonio Tochatlaco	Hacienda de San Antonio Tochatlaco	Mixta
	San Antonio Xala	Hacienda de San Antonio	Mixta
	San José Tetecuentla	Hacienda de San José Tetecuentl	Mixta
	San Juan Pueblilla	Hacienda de San Juan Pueblilla	Pulquera
	Santa Rita	Hacienda de Santa Rita	Pulquera
	Tecajete	Hacienda de Tecajete	Mixta
	Tepa el Chico	Hacienda de Tepa el Chico	Hacienda
	Tepozoyuca	Hacienda de Tepozoyuca	Mixta
	Zontecomate	Hacienda de Zontecomate	Pulquera
Zimapán (84)			
	El Cuarto	Hacienda El Cuarto	Agrícola y ganadera
	Pueblo Nuevo	Hacienda Pueblo Nuevo	Agrícola y ganadera
	Tzijay	Hacienda de Tzijay	Agrícola y ganadera

MAPA 17. *Caminos carreteros y de herradura*

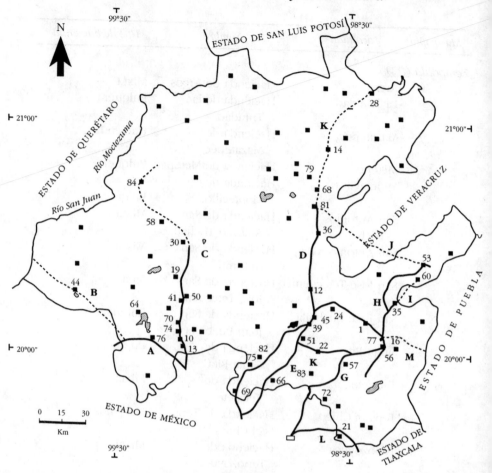

Núm.	Nombre
1	Acatlán
10	Atitalaquia
12	Atotonilco el Grande
13	Atotonilco de Tula
14	Calnalí
16	Cautepec de Hinojosa
19	Chilcuautla
21	Emiliano Zapata
22	Epazoyucan
24	Huasca de Ocampo
28	Huejutla de Reyes
30	Ixmiquilpan
35	Metepec

Núm.	Nombre
36	San Agustín Mezquititlán
39	Mineral del Monte
41	Mixquiahuala de Juárez
44	Nopala de Villagarán
45	Omitlán de Juárez
50	Progreso de Obregón
51	Mineral de la Reforma
53	San Bartolo Tutotepec
56	Santiago Tulantepec de Lugo Gro.
57	Singuilucan
58	Tasquillo
60	Tenango de Doria
66	Villa de Tezontepec

Núm.	Nombre
68	Tianguistengo
69	Tizayuca
70	Tlahuelilpan
72	Tlanalapa
74	Tlaxcoapan
75	Tolcayuca
76	Tula de Allende
77	Tulancingo de Bravo
79	Xochicoatlán
81	Zacualtipán de Ángeles
82	Zapotlán de Juárez
83	Zempoala
84	Zimapán

■ Cabecera municipal   Límite estatal   Presa

FUENTE: Estadística del Departamento..., 1980.

A) *Huehuetoca-San Juan del Río*
   Tula de Allende
   La Goleta
   Calpulalpa
B) *Tula–Tequixquiapan*
   Tula
   San Antonio
   Santa María Macua
   Acaxochitlán
   Nopala
   Tlaxculitla
C) *Huehuetoca-Zimapan–San José del Oro*
   Buey Grande
   Atitalaquia
   Chingié
   Tlahuelilpan
   Mixquiahuala
   Ixmiquilpan
   Zimapan
   San José del Oro
C) *Tecamac–Zacualtipan-Huejutla*
   Tizayuca
   Xaltepec
   El Palmar
   Pachuca
   Mineral del Monte
   Morán
   Omitlán
   La Venta
   Atotonilco el Grande
   Mexquititlán
   Zacualtipán
   Chetla
   Tianguistengo
   Mecapala
   Calnalí
   Chichatla
   Tlanala
   Pahuatlan
   Huejutla

E) *Tecamac – Mineral del Monte*
   Temascalapa
   Santa María Ixtlahuaca
   Los Telles
   Galeana
   Azoyatla
F) *Omitlán-Tulancingo–Cocinillas*
   Santo Tomás
   San Miguel Regla
   Tepezala
   Santo Domingo
   Acatlán
   Tepenacaxco
   Xaltepec
   Tulancingo
   Santiago
   Tecocomulco
G) *Teotihuacan–Tulancingo*
   Santiago
   Venta de la Cruz
   San Antonio
H) *Tulancingo-Tutotepec*
   Desviación a Metepec
   Apulco
I) *Tulancingo–Tenango*
   Metepec
J) *Zacualtipan-Tutotepec*
   Huayacocotla
K) *Galeana–desviación a Tulancingo*
   Nopalapa
   Xalapilla
   San Joaquín
L) *Teotihuacan–San Nicolás*
   San Lorenzo
   Chimalpa

Nota: En el mapa, las líneas sólidas son caminos carreteros, y las punteadas, son caminos de herradura; las letras señalan el transecto descrito

CRONOLOGÍA*

PREHISTORIA

9000 a.C. Testimonios líticos de la presencia del hombre en algunos sitios del Valle del Mezquital.

8000-6000 a.C. Testimonios líticos de la presencia del hombre en Tulancingo y Sierra de las Navajas.

CLÁSICO

200-800 Presencia teotihuacana en Tepeapulco, el entorno de Tula y el valle de Tulancingo.

600-650 Arribo de grupos de las culturas ñähñu y coyotlatelco al Valle del Mezquital.

700-800 Desplazamiento de los grupos de la cultura coyotlatelca al entorno de Tula.

POSCLÁSICO

800-1000 Presencia de nonoalcas y tolteca-chichimecas en Tula.

1150-1200 Colapso de Tula.

1000-1200 Presencia de migrantes chichimecas en la parte sur del estado.

* Véanse cronologías detalladas de Lau y Sepúlveda (1994), fundamentalmente para el siglo XIX; *División territorial...*, 1997, en relación con la creación y modificación de los municipios entre 1810 y 1995; *Diccionario... de la Revolución mexicana* (1991), respecto de dicha etapa; y Kugel y Márquez (1998), para el desarrollo histórico de Chilcuautla (referencias completas en la bibliografía).

1433-1521 Expansión del imperio tenochca en territorio del estado, exceptuando los señoríos independientes de Metztitlán y Tutotepec.

CONQUISTA

1519-1526 Ocupación española de territorio hidalguense.

COLONIA

1530-1540 Creación de la mayoría de los corregimientos.

1537 Explotación del primer fundo minero en Cardonal.

1552 Primer denuncio minero de la comarca de Pachuca.

1555 Descubrimiento de Bartolomé de Medina para refinar la plata mediante el sistema de beneficio de plata.

1528 Inicia el proceso de evangelización, primero, con misioneros franciscanos y, después, agustinos.

1576-1581 Epidemia de *cocolixtle.*

1590-1600 Conformación de congregaciones indígenas.

1604-1607 Epidemia de *cocolixtle.*

1743 Asociación de Pedro Romero de Terreros y José Alejandro de Bustamante para la explotación de minas en Real del Monte.

1766 Comienzo de un prolongado conflicto entre el conde de Regla y los operarios de sus minas.

1775 Reinicio de labores en las minas del conde de Regla.

1780 Muere don Pedro Romero de Terreros, conde de Regla.

1786 Establecimiento de subdelegaciones en la intendencia de México, conforme al sistema de intendencias decretado como parte de las reformas borbónicas.

1810-1816 Enfrentamientos de tropas realistas e insurgentes.

1819 Paralización de labores en las minas del conde de Regla.

INDEPENDENCIA

1821   Proclamas de la consumación de la Independencia en distintas poblaciones del estado.
Creación de la Compañía de Aventureros de las Minas de Real del Monte.
(14 de diciembre) Concesión del título de villa al pueblo de Huichapan por los servicios prestados al movimiento de Independencia.

1827   Rebeliones contra el gobierno en Apan, Alfajayucan e Ixmiquilpan; José Manuel Montaño proclama el Plan que lleva su nombre.

1828   Llegada de Nicolás Bravo a Tulancingo procedente de México para unirse con los que se han rebelado contra el gobierno.

1847   (6 de agosto) Envío de 2 000 hombres a la prefectura de Huejutla para hacer frente al ejército estadunidense.

1848   Adquisición de la compañía minera de Real del Monte y Pachuca por inversionistas mexicanos.

1856   Promulgación del Acta de Jacala, mediante la cual se pretende respaldar la Ley Juárez.

1861   Presentación del proyecto para la creación de una nueva entidad con el nombre de Hidalgo.

1862   División del Estado de México en tres distritos militares, el segundo de los cuales corresponde al territorio que actualmente es Hidalgo, para hacer frente a la Intervención francesa.

1863   Ocupación de Pachuca y Tulancingo por el ejército francés.
1865 Maximiliano, establecido ya el Segundo Imperio, visita Pachuca, Real del Monte y Tulancingo.

1868   Presentación del proyecto para la creación del estado de Hidalgo al Congreso de la Unión.

1869   (16 de enero) Se erige un nuevo estado de la federación con el nombre de Hidalgo.

1869   (6 de marzo) Inician las clases en el Instituto Científico y Literario del estado de Hidalgo.
Inauguración del telégrafo entre Pachuca y la ciudad de México.

1870   (30 de enero a 5 de agosto) Estado de sitio en Hidalgo.
(21 de mayo) Promulgación de la primera Constitución política del estado.
(5 de septiembre) Reconocimiento a Benito Juárez como benemérito del estado.
(22 de octubre) Organización de las fuerzas de seguridad en el estado.
(13 de diciembre) Promulgación de la ley orgánica para las elecciones de los poderes del estado.
(7 de diciembre) Autorización para establecer líneas telegráficas de Pachuca a Tulancingo y a otros puntos.

1871   (15 de agosto) Declaración sobre la no vigencia de los decretos expedidos por el gobierno del segundo distrito del Estado de México.

1876   (20 de noviembre) Desconocimiento de Sebastián Lerdo de Tejada como presidente de la República por parte del Congreso del estado.

1881   (23 de octubre) Reconocimiento del general Porfirio Díaz y de Manuel González como ciudadanos del estado.

1884   (10 de octubre) Reconocimiento de Francisco Cravioto como ciudadano del estado.

1885   (9 de mayo) Celebración del contrato entre el Ejecutivo estatal y Gabriel Mancera, representante de la empresa del Ferrocarril de Hidalgo.

1886   (17 de junio) Celebración de contrato entre el Ejecutivo estatal y García Otamendi para el establecimiento de ferrocarriles urbanos y expropiación de los terrenos necesarios para la construcción de vías férreas.

1889   (10 de octubre) Decreto para que los sellos de las oficinas del estado contengan el busto de don Miguel Hidalgo y Costilla.

1890   (10 de mayo) Promulgación de la Ley Orgánica de Instrucción Pública.
        (2 de diciembre) Inicia el servicio del ferrocarril Ometusco-Pachuca.

1891   (5 de diciembre) Autorización para que Antonio Omaña pueda abrir un canal de irrigación en el Río de Tula para llevar aguas a ese distrito y a los de Ixmiquilpan y Actopan.
        (20 de junio) Inicia el servicio del ferrocarril Tula-Pachuca.
        (16 de octubre) Declaración del 30 de julio como día de duelo por la muerte del benemérito don Miguel Hidalgo y Costilla.

1892   (25 de octubre) Aprobación de un nuevo contrato entre el Ejecutivo estatal y Gabriel Mancera.

1893   (2 de junio) Inauguración del ferrocarril Pachuca-Tulancingo.

1894   (15 de septiembre) Promulgación de una nueva Constitución Política del estado que, derogada la de 1870, divide el estado en 15 distritos y 72 municipios.

1899   (26 de octubre) Celebración de los convenios sobre límites con el estado de Querétaro.

1900   (27 de mayo) Establecimiento de la Corporación Patriótica Privada en la ciudad de Pachuca.

1902   (1º de noviembre) Establecimiento del Banco de Hidalgo.

1902   (16 de noviembre) Establecimiento de la Sociedad Mutualista 33 Hidalgo en Pachuca.

1905   (21 de agosto) Inauguración de la sucursal del Banco Nacional de México en Pachuca.

1906   (12 de noviembre) Celebración de un contrato para el establecimiento de una red telefónica en el estado.

1907   (21 de marzo) Fundación de la sociedad mutualista para profesores de Pachuca.

1910   (16 de enero) Fundación del primer club político antirreeleccionista del estado denominado Benito Juárez en Pachuca.

REVOLUCIÓN

1910   (29 de mayo) Recepción de don Francisco I. Madero en Pachuca con un mitin antirreeleccionista.

(15 de septiembre) Inauguración del reloj monumental conmemorativo del centenario de la Independencia en Pachuca.

(16 de octubre) Fundación de la Sociedad Mutualista Hidalguense.

1911   (6 de enero) Pronunciamiento de Francisco de P. Mariel en Huejutla en favor del Plan de San Luis.

(15 de mayo) Ocupación de Jacala por Nicolás Flores, y de Tulancingo por los maderistas al mando de Gabriel Hernández.

1917   (18 de agosto) Autorización para comprometer el crédito del estado en la reparación de vías y equipo de Ferrocarriles Nacionales por daños sufridos durante la Revolución.

1918   Visita a la capital del estado de Hidalgo de don Venustiano Carranza, recibido por el gobernador Nicolás Flores.

1919   (16 de diciembre) Promulgación de la ley de educación primaria y rural en el estado de Hidalgo.

1920   (1º de octubre) Promulgación de la nueva Constitución Política del estado, que deroga la de 1894.

(24 de noviembre) Promulgación de la ley orgánica electoral.

1922   (28 de noviembre) Promulgación de la ley sobre descanso dominical y semanario.

1925 (19 de mayo) Promulgación del decreto por el cual los particulares que contratan a obreros o empleados por más de ocho horas diarias de trabajo sufrirán una pena de 10 a 500 pesos o el arresto correspondiente.

1926 (23 de enero) Promulgación de la ley de enseñanza pública.

1931 (8 de octubre) Fundación del Banco Agrícola Ejidal del Estado de Hidalgo, designando a la Liga de Comunidades Agrarias para manejar los fondos bajo la vigilancia del gobierno.

1941 (1º de diciembre) Declaración de Felipe Ángeles como hijo predilecto del estado.

1948 Reforma de los artículos 59, 60, 61 y 62 de la Constitución Política del estado de Hidalgo para otorgar el voto a la mujer.

1954 (16 de noviembre) Reconocimiento del centro industrial de Irolo como ciudad con el nombre de Fray Bernardino de Sahagún.

1961 (16 de marzo) Creación de la Universidad Autónoma de Hidalgo.

1969 (27 de diciembre) Declaración del año de 1969 como Año del Centenario de la Erección del Estado de Hidalgo.

GOBERNADORES

Licenciado y coronel Juan Crisóstomo Doria, gobernador provisional, 21 de enero al 27 de mayo de 1869.

Antonio Tagle, primer gobernador constitucional, 28 de mayo de 1869 al 28 de enero de 1872; 2 de agosto de 1872 al 31 de marzo de 1873.

Licenciado Francisco de Asís Osorio, gobernador provisional, 28 de enero al 2 de agosto de 1872.

Justino Fernández, 1º de abril de 1873 al 5 de noviembre de 1876.

Licenciado Joaquín Claro Tapia, gobernador provisional, 5 al 25 de noviembre de 1876.

General Rafael Cravioto, gobernador provisional, 25 noviembre de 1876 a diciembre de 1876.

General Francisco Cravioto, gobernador provisional, diciembre de 1876 al 26 de enero de 1877.

Manuel Ayala, gobernador provisional, 26 de enero al 1º de abril de 1877.

General Rafael Cravioto, 1º de abril de 1877 al 31 de marzo de 1881.

Simón Cravioto, 1º de abril de 1881 al 31 de marzo de 1885.

General Francisco Cravioto, 1º de abril de 1885 al 31 de marzo de 1889.

General Rafael Cravioto, 1º de abril de 1889 al 31 de marzo de 1893; 1º de abril de 1893 al 31 de marzo de 1897; 1º de abril al 30 de octubre de 1897.

General Pedro L. Rodríguez, gobernador provisional, 3 de noviembre de 1897 al 31 de marzo de 1901; 1º de abril de 1901 al 31 de marzo de 1905; 1º de abril de 1905 al 31 de marzo de 1909, y 1º de abril de 1909 al 16 de mayo de 1911.

Licenciado Joaquín González, gobernador provisional, 16 de mayo al 5 de junio de 1911.

Notario Jesús Silva, gobernador provisional, 5 de junio al 4 de noviembre de 1911.

Ramón M. Rosales, gobernador provisional, 4 de noviembre de 1911 al 18 de octubre de 1912.

Licenciado Miguel Lara, gobernador provisional, 18 de octubre de 1912 al 31 de marzo de 1913.

Ramón M. Rosales, 1º de abril al 3 de julio de 1913.

Agustín Sanginés, gobernador provisional, 4 de julio al 4 de agosto de 1913.

Agustín Pérez, gobernador provisional, del 4 al 5 de agosto de 1913.

Froilán Jiménez, gobernador provisional, 5 de agosto al 6 de octubre de 1913.

Filiberto Rubio, gobernador provisional, 6 al 20 de octubre de 1913.

General Nicolás Flores (constitucionalista), gobernador provisional, 20 de octubre de 1913 a 1914; de enero al 10 de febrero de 1915.

General Manuel Medinaveytia (villista), 1914.

Almaquio Tovar, 1914.

Daniel Cerecedo Estrada (convencionalista), gobernador provisional, de 1914 al 19 de enero de 1915.

General Nicolás Flores, con residencia oficial en Zimapán; general Roberto Martínez y Martínez, con residencia oficial en Ixmiquilpan; general Vicente Salazar, con residencia oficial en Pachuca, gobernadores provisionales, de enero al 10 de febrero de 1915.

General Fortunato Maicot, 10 al 23 de febrero de 1915.

Alfredo Machuca, 23 de febrero al 3 de julio de 1915.

Miguel Gómez Noriega, 3 al 26 de julio de 1915.

José de la Luz Romero, 26 al 28 de julio de 1915.

Miguel Gómez Noriega, 28 de julio de 1915.

General Nicolás Flores, gobernador provisional, 29 de julio de 1915 al 5 de enero de 1917.

Alfredo Rodríguez, gobernador provisional, 5 de enero al 28 de junio de 1917.

General Nicolás Flores, 28 de junio de 1917 al 31 de marzo de 1921.

General Amado Azuara, 1º de abril de 1921 al 2 de noviembre de 1923.

General Antonio Azuara, gobernador provisional, 2 de noviembre de 1923 al 31 de marzo de 1925.

Coronel Matías Rodríguez, 1º de abril a octubre de 1925; 20 de diciembre de 1925 al 31 de marzo de 1929.

Lauro Albuquerque, gobernador provisional, octubre al 20 de diciembre de 1925.

Ingeniero Bartolomé Vargas Lugo, 1º de abril de 1929 al 31 de marzo de 1933.

Ernesto Viveros, 1º de abril de 1933 al 31 de marzo de 1937.

Licenciado Javier Rojo Gómez, 1º de abril de 1937 al 31 de marzo de 1941.

General Otilio Villegas, 1º de diciembre de 1940 al 31 de marzo de 1941.

José Lugo Guerrero, 1º de abril de 1941 al 31 de marzo de 1945.

Licenciado Vicente Aguirre del Castillo, 1º de abril de 1945 al 31 de marzo de 1951.

Quintín Rueda Villagrán, 1º de abril de 1951 al 31 de marzo de 1957.

Licenciado y General Alfonso Corona del Rosal, 1º de abril de 1957 al 31 de diciembre de 1958.

Mayor Oswaldo Cravioto Cisneros, enero de 1959 al 31 de marzo de 1963.

Licenciado Carlos Ramírez Guerrero, 1º de abril de 1963 al 31 de marzo de 1969.

Profesor Manuel Sánchez Vite, 1º de abril de 1969 al 31 de marzo de 1975.

Doctor Otoniel Miranda Andrade, 1º al 28 de abril de 1975.

Licenciado Raúl Lozano Ramírez, gobernador provisional, 29 de abril al 7 de septiembre de 1975.

Licenciado Jorge Rojo Lugo, 7 de septiembre de 1975 al 1º de diciembre de 1976; 1º de junio de 1978 al 31 de marzo de 1981.

Licenciado José Luis Suárez Molina, gobernador provisional, 2 de diciembre de 1976 al 31 de mayo de 1978.

Arquitecto Guillermo Rossell de la Lama, 1º de abril de 1981 al 31 de marzo de 1987.

Licenciado Adolfo Lugo Verduzco, 1º de abril de 1987 al 31 de marzo de 1993.

BIBLIOGRAFÍA COMENTADA

La bibliografía aquí referida no representa en ningún sentido un registro exhaustivo de fuentes primarias ni secundarias sobre el territorio hidalguense como objetivo fundamental, o que complementen con datos e informes que den cuerpo a una temática distinta. En cambio, destacan dos trabajos contemporáneos que cumplen dicho propósito. Con el respaldo de una bibliografía esencial, que comprende estudios sobre la época colonial, una amplia revisión de títulos en relación con el siglo XIX y valiosas referencias para las primeras décadas del siglo XX, particularmente las desprendidas de la consulta del Archivo Histórico de la Secretaría de la Defensa Nacional, está el de Ana Lau Jaiven y Ximena Sepúlveda Otaiza, *Hidalgo, una historia compartida*, Instituto de Investigaciones Doctor José María Luis Mora, México, 1994. Y, aunque sólo para el caso de la explotación minera en Pachuca y Real del Monte, de manera similar, un vasto número de fuentes documentales, hemerográficas y secundarias sustenta la tesis de doctorado de Rocío Ruiz de la Barrera, *La Empresa de Minas del Real del Monte y Pachuca (1849-1906)*, El Colegio de México, México, 1995.

En tanto ambos estudios constituyen un apoyo sustantivo para el presente trabajo, la finalidad de esta sección es más bien selectiva. Al citar los textos fundamentales que dan vida a este estudio, se destacan nuevas aportaciones, tanto publicadas recientemente como aún inéditas, cuyas fuentes tampoco se detallan en este espacio; referencias bibliográficas, documentales y hemerográficas no citadas en los volúmenes que sustentan éste, y obras del siglo pasado que, aun señaladas en ellos, pueden ser más accesibles al lector en tanto ediciones facsimilares actuales previstas de algún estudio preliminar.

Por otra parte, cabe mencionar la utilidad de obras enciclopédicas en atención a la riqueza informativa que aportan en su conjunto, mismas que son de consulta obligada: una de las pioneras, la de Alberto Leduc *et al.*, *Diccionario de geografía, historia y biografía mexicanas*, Librería de la Vda. de Ch. Bouret, México, 1910; el *Diccionario Porrúa de historia, biografía y geografía de México,* Editorial Porrúa, México, 1995; y *la Enciclopedia de México,* Enciclopedia de México/Secretaría de Educación Pública (SEP), México, 1987. De manera particular para el estado de Hidalgo, César Vieyra Salgado, *Diccionario de legislación hidalguense,* s. e., Pachuca, 1983; y *Estado de Hidalgo: división territorial de 1810 a 1995,* Instituto Nacional de Estadística, Geografía e Informática (INEGI), Aguascalientes, 1997, que, además de ocuparse de la situación actual de los municipios, atiende a su creación y cambios de manera cronológica, con referencias al aspecto jurídico.

Asimismo, como marco de referencia general se consultaron para la dimensión nacional: *Historia mínima de México,* El Colegio de México, México, 1997; *Historia general de México,* El Colegio de México, 2 tomos, México, 1997. Con una perspectiva regional, la de Fernando Rosenzweig *et al., Breve historia del Estado de México,* El Colegio Mexiquense/Gobierno del Estado de México, Toluca, 1987. Como una selección de notas sobre episodios particulares, José Vergara Vergara *et al.* (eds.), *Tempo de Pachuca, periódico histórico retrospectivo de 1810 a 1988,* Serie Facsitomos, Universidad Autónoma de Hidalgo (UAH), Pachuca, 1989. Y, en relación con temas específicos, José Antonio Zambrano, *Monografía de Tepeji del Río, Hidalgo,* H. Ayuntamiento Municipal/Desarrollo Rural de Tepeji del Río, México, 1993; y Víctor Manuel Ballesteros García, *Breve historia de la Universidad Autónoma del Estado de Hidalgo,* Colección Raíces Hidalguenses, UAH, Pachuca, 1998.

EL MOMENTO ACTUAL

El contexto geográfico territorial de la entidad tiene como base dos publicaciones. Por una parte, la *Síntesis geográfica del esta-*

do de Hidalgo, INEGI, Aguascalientes, 1992, que ofrece una visión integrada de la geografía física en atención a los aspectos climatológicos, geológicos e hidrológicos. Asimismo, se consultó a A. R. Geyne *et al.*, *Geología y depósitos minerales del distrito Real del Monte, estado de Hidalgo, México*, Consejo de Recursos Naturales no Renovables, México, 1963.

LA VIDA PREHISPÁNICA

Una buena colección de trabajos sobre las investigaciones arqueológicas realizadas en distintos sitios del estado de Hidalgo durante la década pasada es el libro que recoge las memorias presentadas en un encuentro de especialistas en esta materia, coordinado por Enrique Fernández Dávila, *Simposium sobre arqueología en el estado de Hidalgo. Trabajos recientes*, Instituto Nacional de Antropología e Historia (INAH), México, 1989. El volumen inicia con el artículo de Francisco Javier Sansores, "Desplazamientos de población previos a las migraciones chichimecas", que sirve de introducción a los 10 siguientes. Sobre la época clásica escribe Carlos Hernández Reyes, "Rescate de una tumba zapoteca en Tepeji del Río"; en torno a la misma región, pero respecto de la cultura tolteca, consignan su conocimiento el mismo Enrique Fernández Dávila, "La producción de artefactos líticos en Tula, Hidalgo", y Susana Gómez Serafín, "Costumbres funerarias prehispánicas"; y para el mismo espacio, sólo que en relación con el imperio tenochca, escriben Susana Gómez Serafín y Enrique Fernández Dávila, "Tula y su relación con los mexicas". Las experiencias en el vecino Valle del Mezquital son presentadas por Fernando López Aguilar, "El proyecto Valle del Mezquital. Una propuesta metodológica", e "Historia prehispánica del Valle del Mezquital"; y por Ricardo A. Martínez Magaña, "Un rescate en el Cerro del Elefante, Tunititlán, Hidalgo". Un acercamiento a la Sierra Alta lo proporcionan Ana María Álvarez y Gianfranco Cassiano, "Metztitlán, Hidalgo: historia y datos arqueológicos preliminares". Un tema por demás interesante es el de la explotación de la obsidiana en el sureste de la entidad, abordado por Rafael Cruz Antillón y Alejandro Pastrana, "Sierra de las Navajas, Hidalgo: nuevas investigaciones sobre la explotación prehispánica de obsidiana"; y Guadalupe Sánchez Miranda y Alejandro Pastrana, "Sobre un taller de raspadores, navajas prismáticas y excéntricos en el yacimiento de la Sierra de las Navajas, Hidalgo".

Cuatro estudios también están plasmados con base en el trabajo de campo: un artículo sobre hallazgos líticos en el valle de Tulancingo de Florencia Müller, "Tres objetos de piedra de Huapalcalco, estado de Hidalgo", en *Homenaje a Pablo Martínez del Río,* INAH, México, 1961. Los otros tres se ocupan de la estudiada zona de Tula: sobre la época teotihucana, el de Clara I. Díaz, "Chingú, un sitio clásico del área de Tula, Hidalgo", SEP/INAH, México, 1980; sobre un periodo posterior, el de Alba Guadalupe Mastache y Robert H. Cobean, "La cultura coyotlatelca en el área de Tula", en Alba Guadalupe Mastache *et al.* (coords.), *Las industrias líticas coyotlatelco en el área de Tula,* INAH, México, 1990; y respecto de los toltecas, el de Blanca Luz Paredes Gudiño, *Unidades habitacionales en Tula, Hidalgo,* INAH, México, 1990.

El enfoque arqueológico sobre los toltecas se complementa con la perspectiva histórica de Xavier Noguez, "La zona del altiplano central en el Posclásico: la etapa tolteca", en Linda Manzanilla y Leonardo López Luján (coords.), *Historia antigua de México,* INAH/Universidad Nacional Autónoma de México (UNAM)/Grupo Editorial Miguel Ángel Porrúa, México, 1995.

Por otra parte, destacan dos trabajos que son referencia obligada. Para penetrar en los antecedentes del pueblo ñähñu está la obra de Jacques Soustelle, *La familia otomí-pame del México central,* Fondo de Cultura Económica (FCE)/Centro de Estudios Mexicanos y Centroamericanos (CEMCA), México, 1993 (aunque la primera edición en francés fue de 1937); y la de Pedro Carrasco Pizana, *Los otomíes. Cultura e historia prehispánica de los pueblos mesoamericanos de habla otomiana,* Gobierno del Estado de México/Fonapas, México, 1979. En relación con la escasamente estudiada Huasteca hidalguense, es básico el libro de Lorenzo Ochoa *Historia prehispánica de la Huaxteca,* UNAM, México, 1979. Sobre la presencia de los mexicas en general, y los tenochcas en particular, resalta el esfuerzo editorial de Jesús Monjarás-Ruiz *et al.* por rescatar las *Obras* de Robert H. Barlow, de las cuales atañen a Hidalgo *Los mexicas y la Triple Alianza,* t. III, INAH/Universidad de las Américas (UDLA), México, 1990, y *La extensión del imperio de los culhúa mexica,* t. IV, INAH/UDLA, México, 1992. Con una nueva perspectiva sobre la extensión imperial de los reinos aliados en la que estaba incluido el territorio hidalguense, se distingue la reciente obra de Pedro Carrasco, *Estructura político-territorial del imperio tenochca. La Triple Alianza de Tenochtitlan, Tezcoco y Tlacopan,* El Colegio de México/Fideicomiso Historia de las Américas/FCE, 1996.

Finalmente, el análisis que se desprende de los trabajos antes mencionados se complementa con valiosas referencias del sureste del estado proporcionadas por el arqueólogo Oswaldo Sterpone, adscrito al Centro INAH Hidalgo. Asimismo, la elaboración de mapas temáticos sobre sitios arqueológicos se facilitó con el registro de sitios arqueológicos consignado por Antonio Lorenzo Monterrubio *et al.* en *Catálogo del patrimonio cultural del estado de Hidalgo,* 7 tomos, Gobierno del Estado de Hidalgo, 1991-1993, México. (Aunque el primero no ha sido editado, se consultó la versión automatizada que lo contiene, la cual fue proporcionada por los autores.) Otra referencia valiosa es la de Carmen Lorenzo Monterrubio, *Las pinturas rupestres del estado de Hidalgo,* 2 tomos, Gobierno del Estado de Hidalgo, 1992-1993, México.

CONQUISTA Y DESARROLLO DURANTE LA COLONIA

De consulta fundamental resulta para el periodo de la conquista la *Historia de Nueva España, escrita por su esclarecido conquistador Hernán Cortés y aumentada con otros documentos y notas por Francisco Antonio Lorenzana,* edición facsimilar de la Carta de relación que D. Fernando Cortés publicara en 1770, 4 tomos, Secretaría de Hacienda y Crédito Público (SHCP)/Miguel Ángel Porrúa, México, 1981. Asimismo, es obligado revisar las detalladas descripciones de importantes núcleos indígenas, como Atitalaquia, Zempoala, Epazoyuca, Tetliztaca, Zimapán, Huejutla, Tepeapulco, Metztitlán y Tornacuxtla, que se encuentran en René Acuña (ed.), *Relaciones geográficas del siglo XVI: México,* t. I-III, UNAM, México, 1986; posteriormente, para el siglo XVIII las de Huejutla e Ixmiquilpan están en Francisco Solano (ed.), *Relaciones geográficas del Arzobispado de México,* 1743, t. I, Consejo Superior de Investigaciones Científicas, Centro de Estudios Históricos, Madrid, 1988. Como un caso particular, con un enfoque multidisciplinario, está la reciente publicación de Guy Stresser-Péan sobre las raíces y características de una población enclavada en el acceso a la Sierra Alta, *Los lienzos de Acaxochitlán (Hidalgo) y su importancia en la historia del poblamiento de la Sierra Norte de Puebla y zonas vecinas,* Gobierno del Estado Hidalgo/Instituto Hidalguense de Educación Media Superior y Superior (IHEMSYS)/Consejo Estatal para la Cultura y las Artes de Hidalgo (CECAH)/Cemca, México. Estas fuentes, simultáneamente con la obra ya clásica e imprescindible de Peter Gerhard, *A Guide to the Historical Geography of New Spain,* University Press, Cambridge, 1972, permiten que, a partir de una asociación de unidades territoriales parciales, se logre una visión de conjunto. Con esta base, la evolución de la división administrativa colonial se facilita a través de las páginas de Edmundo O'Gorman, *Historia de las divisiones territoriales de México,* Editorial Porrúa, México, 1966, y las de Áurea Commons, *Las intendencias de la Nueva España,* UNAM, México, 1993. Asimismo, el proceso que dio lugar a las instituciones de la vida colonial cobra sentido mediante la lectura de Charles Gibson, *Los aztecas bajo el dominio español,* 1519-1810, Siglo XXI, México, 1996.

De manera similar se entiende la misión evangelizadora. A partir de estudios breves que abordan temas y espacios sumamente puntuales, se puede dar forma al aspecto religioso. Tiene relación con la presencia franciscana en un importante núcleo de población indígena el artículo de Héctor Samperio Gutiérrez, "Tepeapulco y fray Andrés de Olmos: una comunidad en crisis", *Primer coloquio de historia regional. Memoria*, UAH, 1986. Un proyecto de gran trascendencia a lo largo de la colonia es del que se ocupa acertadamente, aunque de manera sucinta, José Vergara Vergara, *El convento y colegio de San Francisco de Pachuca*, Colección Cuadernos Hidalguenses, núm. 5, CECAH, México, 1995. Sin embargo, el impacto de esta congregación se refleja en Héctor Gutiérrez Samperio, "Misiones del colegio apostólico de San Francisco en la sierra de Zimapán", en *Historiografía hidalguense II*, número extraordinario, Fondo Nacional para Actividades Sociales y Culturales (Fonapas)/Centro Hidalguense de Investigaciones Históricas (Cehinhac), Pachuca, 1979; y en Lino Gómez Canedo, *Sierra Gorda, un típico enclave misional en el centro de México (siglos XVII-XVIII)*, Cehinhac, Pachuca, 1976. En cuanto a los agustinos, aunque más orientado a la historia del arte, hay un acercamiento en la lectura de Víctor Manuel Ballesteros García, *San Andrés de Epazoyucan, arte agustino del siglo XVI*, colección Patrimonio Cultural Hidalguense, UAH, Pachuca, 1998; en la de José Vergara Vergara, quien escribe "La parroquia de Santa María Asunción de Chilcuautla", y en la de Verónica Kugel, que aborda el tema en "De encomenderos a hacendados y de agustinos a seglares", ambos en Verónica Kugel y Pedro Gabriel Martínez (coords.), *Chilcuautla, reflejo de la historia de México, Valle del Mezquital, Hidalgo, 200 aniversario de la iglesia parroquial, 1798-1998*, s. e., México, 1998, donde el tema central se entreteje con el devenir de la población durante dos siglos a partir de fuentes documentales y del rescate oral de la memoria histórica para tiempos más recientes. Finalmente, la visión de conjunto, aunque para la época temprana de la colonia, la proporciona Elena Vázquez Vázquez en *Distribución geográfica y organización de las órdenes religiosas en la Nueva España (siglo XVI)*, UNAM, México, 1965.

El problema de la depresión demográfica se refleja en algunas de las relaciones geográficas ya citadas y en un estudio de caso sobre la población indígena de Ixmiquilpan, localizado en el Valle del Mezquital, en José Miranda, *Estudios novohispanos,* UNAM, México, 1995. Asimismo, éste es uno de los temas que aborda la tesis doctoral de Fernando López Aguilar, "Símbolos del tiempo. Los pueblos de indios del Valle del Mezquital durante la colonia", UNAM, México, 1997, trabajo que destaca como caso único de historia regional a lo largo del virreinato. Y vinculados en cierta medida con las consecuencias de esta declinación están los análisis de textos de congregaciones de Jesús Ruvalcaba y Ariane Baroni, *Congregaciones civiles de Tulancingo,* Colección Miguel Othón de Mendizábal, Centro de Investigaciones y Estudios Superiores en Antropología Social (CIESAS), México, 1994, y de Ernesto de la Torre Villar, *Las congregaciones de los pueblos de indios. Fase terminal: aprobaciones y rectificaciones,* UNAM, México, 1995.

Para comprender la economía de la época en un contexto fundamentalmente rural es imprescindible partir de la distribución y el trabajo de la tierra. Herman W. Konrad, *Una hacienda de los jesuitas en el México colonial: Santa Lucía, 1576-1767,* FCE, México, 1995, proporciona una visión amplia y detallada de uno de los latifundios más poderosos que incluían una buena parte del territorio hidalguense. Sobre cuatro casos particulares, aunque tratados de manera muy somera, se hace referencia a partir de las ilustraciones de fincas rurales en Atitalaquia y Tecozautla en el estudio de Gisela von Wobeser, *La formación de la hacienda en la época colonial. El uso de la tierra y el agua,* UNAM, México, 1989. En otro sentido, el de la economía indígena, se aborda el tema en Jesús Ruvalcaba Mercado, *Agricultura india en Cempoala, Tepeapulco y Tulancingo. Siglo XVI,* Unión de Ciudades Capitales Iberoamericanas/Departamento del Distrito Federal, México, 1985. La vinculación de la Iglesia con la economía se aprecia, aunque para finales de la colonia, en Gisela von Wobeser, *El crédito eclesiástico en la Nueva España, siglo XVIII,* UNAM, México, 1989, donde figura información sobre bienes raíces localizados en Hidalgo que garantizaban las inversiones de capellanías y obras pías.

Entendida como motor de la economía novohispana y del territorio hidalguense en particular, la minería ha sido estudiada con cierto detenimiento. Tres artículos sobre temas específicos se encuentran en *Primer coloquio de historia regional. Memoria,* UAH, 1986: uno de Guillermo Porras Muñoz, "Alonso de Villaseca, el rico", otro de Adolfo Langenscheidt, "Apuntes para la historia de la metalurgia en Zimapán", y el tercero, de Víctor M. Ballesteros G., "La tecnología minera en la región de Pachuca en el siglo XVIII". De manera más profunda se analiza la minería como sector medular de la dinámica económica en dos reales estratégicos entre los siglos XVI y XVII, en Gilda Cubillo Moreno, *Los dominios de la plata: el precio del auge, el peso del poder. Empresarios y trabajadores en las minas de Pachuca y Zimapán, 1552-1620,* Colección Divulgación, INAH, México, 1991. Alan Probert, *En pos de la plata,* Compañía Real del Monte y Pachuca/Secretaría de Energía, Minas e Industria Paraestatal (SEMIP), México, 1987, toca puntos específicos sobre la explotación minera en Pachuca a principios y finales del siglo XVII, periodo un tanto olvidado ante el esplendor que alcanzaron las minas de Real del Monte durante la administración del conde de Regla, al que hace referencia con una perspectiva laboral Doris M. Ladd, *Génesis y desarrollo de una huelga: Las luchas de los mineros mexicanos de la plata en Real del Monte, 1766-1755,* Alianza Editorial, México, 1992, al referirse a la primera huelga en el Nuevo Mundo. Sin embargo, una perspectiva más particular sobre el personaje la facilita Verónica Zárate Toscano, "La muerte del conde de Regla", ponencia presentada en el II Foro sobre el municipio de Pachuca, Vida e Imagen, Pachuca, 1992.

Por otra parte, destaca el trabajo sobre la actividad comercial de Clara Elena Suárez Argüello, *Camino real y carrera larga. La arriería en la Nueva España durante el siglo XVIII,* CIESAS, México, 1997. La zona occidental de la entidad es contemplada por la autora dentro de un contexto mucho más amplio, tierra adentro.

La Independencia se comprende a partir de Antonio Cadena Guerrero (comp.), *Fuentes para la biografía del bachiller José Manuel Correa, cura independentista de Nopala,* Colección

Orígenes, Gobierno del Estado de Hidalgo, Sistema de Educación Pública de Hidalgo (SEPH) CECAH, H. Ayuntamiento de Nopala, Querétaro, 1996; de Virginia Guedea, *La insurgencia en el Departamento del Norte, los Llanos de Apan y la Sierra de Puebla, 1810-1816,* UNAM/Instituto Doctor José María Luis Mora, México, 1996; y de Rocío Ruiz de la Barrera, "Julián Villagrán: figura regional durante la guerra por la Independencia de México", trabajo presentado en el seminario Independencia y Cultura Política, El Colegio de México, 1990.

Finalmente, el resultado conjunto de los trabajos citados se complementa con valiosas referencias del sureste del estado proporcionadas por el historiador José Vergara Vergara, adscrito al Centro INAH Hidalgo. Asimismo, la localización de construcciones religiosas en mapas temáticos se facilitó con el registro de estas edificaciones consignado por M. Azcue *et al., Catálogo de construcciones religiosas del estado de Hidalgo,* 2 tomos, Comisión de inventarios de la primera zona 1929-1932, SHCP/Dirección General de Bienes Nacionales/Gobierno del Estado de Hidalgo, 1940-1942, México.

El primer siglo de vida del México independiente

Centrado fundamentalmente en el acontecer decimonónico de las postrimerías del periodo virreinal y las agitadas décadas con que inició el siglo XX, está la obra ya mencionada de Ana Lau Jaiven y Ximena Sepúlveda Otaiza, *Hidalgo, una historia compartida,* Instituto de Investigaciones Doctor José María Luis Mora, México, 1994. Constituye una valiosa aportación en tanto brinda al lector una visión global sobre el devenir histórico de la entidad en esa época y además proporciona una detallada cronología.

Existen importantes descripciones geográfico-económicas. Para las primeras décadas de vida independiente es necesario recurrir a *Estadística del departamento de México, formada por la comisión nombrada por el Ministerio de Fomento, y presidida por el Sr. D. Joaquín Noriega; de septiembre de 1853 en que comenzó sus trabajos, a febrero de 1854 en que los concluyó,* Biblioteca Enciclopédica del Estado de México, edición facsimilar de la de 1854, Gobierno del Estado de México/Fonapas, México, 1980; y a Francisco Ortega, *Descripción geográfica y estadística del distrito de Tulancingo, 1825,* Paleografía, introducción y notas de René García Castro, CIESAS, México, 1995. Para la segunda mitad del siglo XIX existen trabajos como los de Ramón Almaraz (coord.), *Memoria de los trabajos ejecutados por la Comisión Científica de Pachuca en el año de 1864,* edición facsimilar de la de 1864, edición, estudio preliminar, notas y apéndices de Víctor Manuel Ballesteros García, UAH, Pachuca, 1993; y de Manuel Rivera Cambas, *Hidalgo pintoresco, artístico y monumental (impresiones de viaje 1880-1883),* estudio preliminar y notas de Luis Rublúo, Gobierno del Estado de Hidalgo/Casa Hidalguense de la Cultura, 1976; y, con un enfoque distinto, Antonio Lorenzo Monterrubio, *Arquitectura, urbanismo y sociedad en Pachuca (periodo del Porfiriato),* Colección Orígenes, Gobierno del Estado de Hidalgo/SEPH/CECAH, Pachuca, 1997.

En relación con la explotación del maguey, una nueva aportación es la de Mario Ramírez Ricaño, "La aristocracia pulquera", en *Siglo XIX. Cuadernos de Historia,* IV:10 (septiembre-diciembre 1994); y sobre el reclamo de justicia se cuenta con el estudio de Arturo Herrera Cabañas, *Los movimientos campesinos en el estado de Hidalgo, 1850-1876,* Biblioteca Arturo Herrera Cabañas, Gobierno del Estado de Hidalgo, Pachuca, 1995, el cual se aprecia mejor después de la lectura de Moisés González Navarro, *Anatomía del poder en México (1848-1853),* El Colegio de México, México, 1983.

Ensayos cortos sobre temas muy puntuales son los siguientes: uno en materia de educación enfocada a la minería, de Eduardo Flores Clair, "La escuela práctica de minas de Pachuca, 1861-1909", ponencia presentada en el II Foro sobre el Municipio de Pachuca. Vida e imagen, Pachuca, 1992; y acerca de máquinas de vapor en la explotación de yacimientos es el de Belem

Oviedo Gámez, "Dificultad, ejemplo de tecnología minera, 1886-1890", ponencia presentada en la primera Reunión de Historiadores de la Minería Latinoamericana, Zacatecas, 1990. La amplia experiencia en minas de Inés Herrera Canales y Rina Ortiz Peralta, reflejada en diversas publicaciones, la concentran ellas mismas en "La minería en Hidalgo. De la colonia al siglo xx", en José Alfredo Uribe Salas (coord.), *Recuento histórico bibliográfico de la minería en la región central de México,* Morelia, Universidad Michoacana de San Nicolás de Hidalgo, 1994. También de manera sintética está el trabajo de Javier Ortega Morel, *Una aproximación a la historia de la minería del estado de Hidalgo,* Colección Raíces Hidalguenses, uah, Pachuca, 1997. Una investigación más detallada, particularmente para la segunda mitad del siglo, es la tesis de doctorado de Rocío Ruiz de la Barrera, *La Empresa de Minas del Real del Monte (1849-1906),* El Colegio de México, México, 1995. Y, con un enfoque distinto pero complementario, está la tesis de licenciatura de Víctor Miguel Licona Duarte, *Los mineros cornish en el distrito minero de Pachuca y Real del Monte. Una minoría étnica en México (1849-1906),* Escuela Nacional de Antropología e Historia (enah), México, 1998.

Sobre el desarrollo industrial del estado se cuenta con una monografía sobre una importante fábrica de casimires: *Santiago, cien años,* Santiago Textil, México, 1991; y un conjunto de notas descriptivas sobre distintos giros, en Francisco Zárate Ruiz y Federico García y Alva, *Los estados y sus progresos. Hidalgo moderno. Álbum descriptivo del estado,* Gobierno del Estado, Pachuca, 1902. Asimismo, véase "Una gran empresa mexicana. Ferrocarriles Hidalgo y Nordeste", *El Mundo Ilustrado,* I:4 (junio de 1901), que destaca la prosperidad, trayectoria y servicios de esta empresa.

Los movimientos militares que tuvieron lugar en territorio hidalguense se encuentran en Daniel Escorza Rodríguez, "La ocupación norteamericana en Pachuca y Real del Monte en 1848", en Laura Herra Serna (coord.), *México en guerra (1846-1848). Perspectivas regionales,* Colección Regiones, Museo

Nacional de las Intervenciones/Conaculta, México, 1997; Luis Ramos Gómez-Pérez, "Semblanza biográfica de D. Cayetano Gómez y Pérez", en *Primer coloquio de historia regional. Memoria*, UAH, 1986; y "Noticias sobre las fuerzas liberales en el marco del Segundo Imperio", en *El Estandarte Nacional, Periódico semi-oficial del gobierno del segundo distrito*, 1867, consultado en el Archivo General del Estado de Hidalgo. Para una época posterior, el preámbulo del Porfiriato es de interés en el estudio de Maricruz Carvajal, "El general Rafael Cravioto y su llegada a Pachuca", ponencia presentada en el II Foro sobre el Municipio de Pachuca, Vida e imagen, Pachuca, 1992.

En cuanto a la creación de la entidad está, por una parte, Víctor Manuel Ballesteros García, *La creación del estado de Hidalgo*, CECAH, Pachuca, 1995. Y en un esfuerzo por analizar con más detalle el proceso que dio lugar a la existencia de Hidalgo existen dos trabajos de David Lugo Pérez, uno como coordinador *Hidalgo, documentos para la historia de su creación*, Pachuca, Gobierno del Estado de Hidalgo/Instituto Hidalguense de Desarrollo Cultural e Investigaciones Sociales (Ihdecis), 1994; y otro como autor, *Estado de Hidalgo: historia de su creación*, Colección Orígenes, Gobierno del Estado de Hidalgo/SEPH/CECAH, Pachuca, 1997. Además, se cuenta con la *Memoria que el gobernador provisional del estado de Hidalgo, C. Juan C. Doria, presenta al H. Congreso del mismo, dando cuenta de los actos de su administración en cumplimiento del art. 2 de los transitorios de la ley de 16 de enero del presente año*, edición facsimilar de la de 1869, con notas de Juan Manuel Menes Llaguno, Cuadernos Legislativos, s. e., Pachuca, 1997. Comprender este proceso se facilita en cierto sentido a partir del análisis de las finanzas públicas. Antes de la creación del estado de Hidalgo es obligado recurrir a Manuel Miño Grijalva, "Fiscalidad, estado y federación. El Estado de México en el siglo XIX", y a Carlos Marichal, "La hacienda pública del Estado de México desde la independencia hasta la república restaurada, 1824-1870", ambos en *El primer siglo de la hacienda pública del Estado de México*, Historia de la hacienda pública del Estado de México, tomo I, El Colegio Mexiquense/Gobierno del Estado de México, México, 1994, así como a las memorias de hacienda del segundo tomo. Centrado fundamentalmente en la última mitad del siglo, se cuenta con el trabajo de Rocío Ruiz de la Barrera, "La hacienda pública del estado de Hidalgo en el siglo XIX", trabajo presentado en el seminario Historia de las Finanzas en México, El Colegio de México, 1991, que utiliza como fuentes primarias las memorias de hacienda de distintas administraciones, tanto conservadas en el archivo del Congreso estatal como publicadas sin sus anexos en el periódico del Poder Legislativo *La Tribuna* entre 1881 y 1890, también conservado en dicho acervo.

Finalmente, resulta sugestivo el protocolo y la participación de los hidalguenses en los festejos de *El 89 aniversario de la Independencia Nacional en el estado de Hidalgo,* edición facsimilar de la de 1899, Biblioteca Arturo Herrera Cabañas, Gobierno del Estado de Hidalgo, Pachuca, 1995.

EL SIGLO XX

La sección que corresponde a Hidalgo en el tercer volumen del *Diccionario histórico y biográfico de la Revolución Mexicana,* Instituto Nacional de Estudios Históricos de la Revolución Mexicana (INEHRM), México, 1991, aunque de índole enciclopédica, es de gran utilidad. A partir de un bosquejo histórico redactado por Arturo Herrera Cabañas y Juan Marcial Guerrero Rosado, se presenta un panorama regional del movimiento revolucionario para después facilitar referencias sobre biografías, acciones de guerra, asociaciones y planes, así como una cronología para esta etapa. La obra se complementa con los tres últimos capítulos de la obra *Hidalgo, una historia compartida,* ya citada. Y para una administración en particular está la *Memoria de las labores del Gobierno Constitucional del C. Ing. Bartolomé Vargas Lugo, durante el cuatrienio 1929-1933,* Talleres Linotipográficos del Gobierno del Estado, Pachuca, s. f. Asimismo, tanto el acontecer durante la Revolución como en el inicio del nuevo orden se reseña en el trabajo de Teodomiro Manzano, *Historia del Estado de Hidalgo,* Talleres Linotipográficos del Gobierno, Pachuca, 1934, provechoso en función de su gran riqueza informativa.

Ya sobre la etapa constructiva posterior a la Revolución, particularmente alrededor del periodo cardenista, un panorama general lo brinda Alicia Hernández Chávez, *Historia de la Revolución mexicana, periodo 1934-1940. La mecánica cardenista,* El Colegio de México, México, 1979. De manera particular, están los trabajos específicos sobre el dirigente político de este periodo, quien es descubierto en las páginas de Juan Manuel Menes Llaguno, *Javier Rojo Gómez. Apuntes biográficos,* s. e., México, 1980; y *Javier Rojo Gómez. Un hombre de este pueblo,* Gobierno del Estado de Hidalgo, México, 1992. En cuanto al desarrollo económico de la entidad, la versión oficial se encuentra *en Geografía económica del estado de Hidalgo,* Secretaría de la Economía Nacional, México, 1939.

La vida estatal entre las décadas que van de 1940 a 1960 se recoge mediante la información que se desprende de algunas memorias de gobierno, como son las siguientes: *Informe que el C. José Lugo Guerrero, gobernador del estado de Hidalgo, rinde ante la H. XXXVIII Legislatura Local, sobre su gestión administrativa, en el último año de su ejercicio constitucional,* s. e., Pachuca, 1945; *Informe que el C. Quintín Rueda Villagrán, gobernador constitucional del estado de Hidalgo, rinde ante la H. XLI Legislatura de esta entidad, correspondiente al tercer año de su gestión administrativa, 1953-1954,* s.p.i., y finalmente están tres informes que rinde el C. Oswaldo Cravioto Cisneros, gobernador del estado de Hidalgo, para dar cuenta del estado que guardan los diversos ramos de la administración pública, Pachuca, s. e., 1959, 1960, 1961, respectivamente.

El desarrollo polarizado del estado entre progreso y marginación durante los decenios de 1960, 1970 y 1980 se perfila desde diferentes perspectivas con una visión no oficial en *La economía del estado de Hidalgo,* Colección de Estudios Regionales, Investigación del Sistema Bancos de Comercio, México, *ca.*

1967; Pablo E. Vargas González e Irma Eugenia Gutiérrez Mejía (coords.), *Tula: el impacto social del proceso de industrialización*, UAH/Pemex/(Conacyt), Pachuca, 1989, donde se recoge en seis artículos la problemática de este polo urbano de desarrollo. Con un juicio crítico, Irma Eugenia Gutiérrez pone al descubierto la evolución social, política y económica de la entidad en los últimos años, en *Hidalgo*, Biblioteca de las Entidades Federativas, UNAM, México, 1990; y el problema de la tierra en la Huasteca hidalguense, cuyas consecuencias han estremecido a Hidalgo en los últimos años, nos introduce Juan Briseño Guerrero, *¿Cuántos muertos más quieren?*, CIESAS, México, 1994; así como María Eugenia Jurado y Gonzalo Camacho, "Aquí ya no hay mujeres... Mujeres y migración", y Miguel Ángel Sámano Rentería y Rafael Jiménez Juárez, "Situación actual de la población indígena en la Huasteca hidalguense", ambos en Jesús Ruvalcaba Mercado (coord.), *Nuevos aportes al conocimiento de la Huasteca*, CIESAS/Centro de Investigaciones Históricas de San Luis Potosí/Cemca/Instituto Politécnico Nacional (IPN)/Universidad Autónoma Chapingo (UACH)/Instituto Nacional Indigenista (INI), México, 1998.

Un panorama más reciente sobre las características demográficas que resumen el proceso histórico del comportamiento socioeconómico, político e incluso cultural se puede observar de manera estadística en *Hidalgo, breviario demográfico 1990*, UAH/Gobierno del Estado de Hidalgo/Ihdecis, 1994; y, en forma comentada, en Pablo Vargas González *et al.*, *La población del estado de Hidalgo*, Colección Raíces Hidalguenses, UAH, Pachuca, 1997. Asimismo, esta información se complementa con la que brinda la bibliografía que el INEGI publicó en los primeros años de la presente década sobre Hidalgo en cuanto a su perfil sociodemográfico, a sus resultados de los censos generales de población y vivienda, industrial, comercial y de servicios, agropecuario, y ejidal; a sus conteos de población y vivienda; y a sus datos estadísticos referente a los 26 municipios más representativos y al estado.

Finalmente, el resultado conjunto de los trabajos citados se complementa con las valiosas referencias que proporcionó la doctora Verónica Kugel, quien se ha entregado a desentrañar el pasado y el presente del estado, particularmente el Valle del Mezquital. Desde la perspectiva de la antropología y la historia, durante los últimos años ha conjugado su conocimiento sobre las fuentes primarias y secundarias con la convivencia cotidiana en dicha zona.

ÍNDICE

Primera Parte
TESTIMONIOS DE UN PASADO LEJANO

Segunda Parte
LA CONFIGURACIÓN INICIAL DE UN·ESPACIO COMÚN

Este libro se terminó de imprimir en septiembre
de 2000 en los talleres de Impresora
y Encuadernadora Progreso, S. A. de C. V.
(IEPSA), Calz. de San Lorenzo, 244; 09830
México, D. F. En su composición se usaron
tipos Garamond de 12:14 y 11:13 puntos.
La edición consta de 3 000 ejemplares.